영남좌도 左道
역사 산책

글
이 도 국

그림
김 성 복

도서출판세종

책을 내면서 / 따뜻한 역사 따뜻한 그림

역사는 사람의 이야기이다.

그 속에는 사람의 심성이 오롯이 담겨 있다. 사랑과 증오, 탐욕과 오만, 분노와 질시, 미움과 한, 따뜻함과 슬픔이 옥수수알처럼 알알이 박혀 있다. 그중에서 기쁘지 않은 부분을 강조하면 불행한 역사가 되고 별로 드러내고 싶지 않은 부분을 강조하면 치욕의 역사만 있었던 것처럼 보이게 된다.

나는 따뜻한 역사가 좋다. 들을수록 뭉클하고 읽을수록 재미있는 조상들의 이야기가 좋다. 주어진 운명과 신분에 순응하며 사람답게 살아온 사람들, 흥겨운 노랫가락에 어깨 들썩이며 한 맺힌 세월 속에서도 맑은 시냇물이 졸졸 흐르는 이야기가 좋다. 아픈 부분은 쌀뜨물처럼 부옇게 만들고 따뜻한 이야기는 돋보기로 확대하여 더 잘 보이게 만든 그런 역사책이 좋다.

역사의 기록이란 무척 어렵다. 관찰이란 객관성보다 기록이란 글쓴이의 주관이 앞서기 때문이다. 우리가 대단하게 여기는 역사적인 사건도 그 시절의 관점으로 되돌아가서 보면 그냥 지나가는 바람일 수도 있고 그 반대일 수도 있다. 예컨대 수시로 발생하던 역병은 사서(史書) 모퉁이에 빛바랜 몇 글자로 남아 있지만 당시에는 나라 인구의 일할 이상이 사라지는 큰 사건이기도 했다.

다른 나라를 여행하는 것이 보편화가 된 오늘날, 동서양 여러 나라를 다녀보면 우리나라만큼 역사나 문화가 괜찮은 나라가 별로 없다. 알면 알수록 좋아하게 되고 자랑스럽다. 우리말과 글이 있고 풍성한 기록 문화를 가지고 있으며 동양 고전에 박식한 조상들과 그들이 쓴 이야기가 많이 있다. 오랜 역사를 유지해 왔음에도 국가 기틀이 망가진 적은 극히 짧았고 종족 문제는 아예 없었다. 전란의 피폐함과 어려움을 잘 극복했고 평화시대가 길었다. 어떤 이들은 조상의 기록물이 전부 중국 문자인 한자로 되어 있다고 타박하는데 라틴어와 희랍어가 없는 서양 고전은 어디 있는가? 지금도 영어란 외국 문자가 인류문화를 지배하고 있지 아니한가?

역사는 왕들만의 이야기가 아니다. 왕조사 중심에서 최근 개인 집안의 소장 기록물과 문집이 하나둘씩 세상으로 나오는 것을 보니 반갑다. 우두머리 역사에서 그물망 역사로 옮겨지니 읽을거리가 많아졌다.

사람들은 역사책을 왜 읽는가? 배우기 위해서 읽는다고 한다. 역사 그 자체를 배우고 역사를 통해서 역사의 가르침을 배우기 위해 역사책을 읽는다고 한다. 나는 즐겁기 때문에 역사책을 읽는다. 아픈 이야기, 불행한 사건을 확대하고 부풀린 이야기에 대해서 애써 공감을 가지려고 하지 않는다. 역사는 신들의 이야기가 아닌 사람들의 이야기이므로 인간 심성의 복잡하고 불완전한 흔적이 담겨있다. 아픈 부분은 자꾸 건드리면 덧나게 되고 좋은 감정을 자꾸 불러일으키면 모두가 즐겁다.

영남좌도는 서울의 관점으로 보아 낙동강 좌측(동쪽)에 있는 37개 고을을 말한다. 크게 안동권, 대구권, 경주권에 속해 있다. 험준한 고개 남쪽에는 낙동강이란 큰 강이 흐르고 있고 큰 고을이 많으며 수운이 활발하여 행정 편의상 좌·우도로 나누었다. 실제로는 아무런 장벽이 없고 왕래가 빈번했다. 안동과 상주, 대구와 성주·구미가 더욱 그러하다. 동래는 좌도에 김해는 우도에 속했다. 내 이야기도 좌·우도를 넘나들었다.

이번 책은 안동 이야기가 많다. 영남좌도는 아무래도 가장 많이 다닌 곳이므로 보고 들은 것이 많았다. 〈영남좌도 역사 산책〉이라고 마음으로 길을 내며 써 내려갔다. 낯선 곳을 다녀도 옛날 문물이나 세월의 향기가 물씬 나는 곳으로 발품을 팔다 보니 그동안 쌓아 두었던 것이 많았나 보다. 책을 내어야겠다고 마음을 먹으니 옛날에 휘갈겨 놓았던 잡문이 많이 있었다.

내 글에서 쓰고 그려낼 수 없는 아름다움과 따뜻함을 그림에서 느껴보라고 야생화 그림을 쉼터처럼 많이 넣었다. 어찌 보면 내 글보다 싸리재 만항재의 야생화 그림이 주는 따뜻한 울림이 훨씬 크다. 따뜻함을 느끼고 즐겁다면 그림이든 글이든 무슨 상관이 있겠는가? 따뜻한 그림과 함께 할 수 있도록 허락해 주셔서 감사하다.

 개량종의 화려함에 밀려 좋은 자리를 다 내어주고 이름 모르는 관심 밖의 식물인 된 들꽃과 무슨 일이 닥치더라도 주어진 직분에 만족하며 천연덕스럽게 억척스럽게 살아온 조상들의 이야기는 서로 닮았다. 야생화의 특질을 사람의 언어로 이야기하면 끈기 절약 도주 저항 등이다. 내 역사 속에서 만난 많은 사람들의 이야기도 그러하다

 시골 야산 어디를 가더라도 마을을 내려다보고 있는 고즈넉한 무덤들, 나와 아무런 인연이 없지만 이들의 두런두런 이야기 소리가 들리는 듯하고, 놀다 가라고 손짓하는 것 같아 친척 집 가듯이 불쑥 들리곤 했다. 비문이나 상석을 보고 어느 집안의 선영인지 혼반은 어느 집안하고 맺었는지 살펴보곤 한다. 항상 본관이 제일 먼저 나온다. 어떤 연유로 그들의 조상이 먼 이곳까지 내려와 정착하고 집안을 일으키고 일생을 마쳤는지... 그들의 이야기가 역사이다.

 이번 글에는 문중을 많이 언급했다. 조상의 이야기로 문중을 불렀고 특정인의 뿌리나 수월성을 강조하려는 것이 아니다. 점차 색깔이 옅어져 가고 있지만 수백 년을 이어온 동족마을의 이야기가 우리의 역사이다.

 조상과 오늘의 우리와 생물학적 유사성은 어떠한가? 실제로 4대 고조 핏줄, 팔촌을 벗어나면 유전학적 DNA의 유사성이 10% 이하로 떨어진다고 한다. 조상들은 그것을 지식으로 알지 못했지만, 지혜로써 '당고조 8촌'이라 했다. 지금은 사라진 용어이지만 그것을 '당내친'이라고 했고 같은 조상

을 모시고 제례의식을 함께하는 일가붙이라 했다. 우리 주변을 둘러보더라도 팔촌을 벗어나면 얼굴 생김도 체형도 닮지 않은 것을 볼 수 있다. 조상의 지혜는 대단히 놀랍다.

따라서 역사상 훌륭한 인물의 DNA는 직계 후손들에게만 온전히 물려준 것은 결코 아니라. 세월의 흐름을 타고 얽히고설켜 전 국민에게 골고루 퍼져 있다. 인구가 국력인 오늘날, 좋은 집안이란 후손이 많이 번창하여 종족이 전국 곳곳에 골고루 퍼져있는 문중이 아닐까 생각된다.

어제의 습관으로 오늘을 사는 것이 인간인데 무사히 직장생활을 끝낸 뒤 책을 읽고 글을 쓸 수 있는 인생 2막의 열락에 감사하다. 만 권의 책을 읽고 만 리 길을 떠나라 했는데 고작 수백 권도 읽지 않은 채 내 이름이 박힌 책을 세상에 던지니 깃털처럼 가벼운 인생이 심히 두렵다. 어찌하랴, 이미 넘쳐 내 수중에서 떠난 것임을.

다음은 혼돈과 역동의 시대, 14세기 인물사를 쓰고 싶다.

넘쳐야 흘러나오는데 넘치도록 도와준 가족과 친구들이 고맙고, 가슴 따뜻한 사람과 함께하기 좋은 책을 만들어 주신 변사장님께 감사드린다.

2020. 1

경주 동남산 농막에서 이도국

영남좌도 역사 산책 / 목차

책을 내면서 / 3

1 선비의 노래

낙남(落南)과 낙향(落鄕) / 17
도산서원에 과거 시제(試題)가 걸린 까닭은? / 31
현판에 새긴 뜻은? / 43
만대루 · 만대정 · 만대헌 / 55
서울양반 어디가고 안동양반만 남아있네 / 65

2 사랑과 한(恨)

육십 년의 한(恨)은 하늘을 울리고 / 85
안동에서 만난 네 명의 조선 여인 / 97
육신사에 얽힌 이야기들 / 119
이백 년 만에 뿌리를 찾아 회귀하다 / 131
얼자의 눈물, 천(賤)이란 무엇인가? / 143

3 영남좌도는 꽃길이다

한음과 노계가 역사 밖에서 친교를 맺다 / 163

68년간 쓴 일기, 조선의 삶 / 177

학봉의 격문이 영남 선비를 울리고 / 195

평영남비와 경상우도의 눈물 / 211

병호시비와 호계서원의 복원 / 223

4 역사는 따뜻하다

신라 · 백제 · 고구려 이야기 / 239

문중으로 읽는 고려시대 / 263

서양사학자 눈으로 본 조선의 붕당 / 279

경화사족 연리광김을 아시나요? / 289

명현의 명문장 네 편 / 305

학도병 정철수와 대륙의 딸 장융 / 321

우포늪 79.5×51.5cm 장지에 분채

1부
선비의 노래

낙남(落南)과 낙향(落鄉) / 17
도산서원에 과거 시제(試題)가 걸린 까닭은? / 31
현판에 새긴 뜻은? / 43
만대루·만대정·만대헌 / 55
서울양반 어디가고 안동양반만 남아있네 / 65

낙남(落南)과 낙향(落鄕)

낙남과 낙향의 풀이 / 낙남 집안 / 낙향 선비 / 논구이순신차 / 낙향과 회향

낙남과 낙향의 풀이

서울에 사는 선비가 수도의 난을 피해 남쪽 지방으로 피신하는 것을 낙남(落南), 서울에서 관리 생활을 마치고 혹은 물러설 때를 알아 관리 생활을 그만두고 주로 남쪽에 있는 자신의 고향으로 돌아가는 것을 낙향(落鄕)이라 풀이한다.

낙남은 15세기에 일어난 정난(靖難)이나 사화에 연루되어 가문이 멸문의 위기에 처해졌을 때 난을 피하고자 생겨났다. 정난이란 국난의 어려움을 잘 처리했다는 의미로 왕의 시각에서 본 용어이고 세조의 왕위찬탈 사건이 계유정난이다. 낙남이나 낙향은 모두 서울에서 보면 조령이나 죽령의

높은 고개를 넘어 남쪽(嶺南)으로 내려가는 것은 같다.

관리가 되어 출세하려면 수도에 거주하는 편이 유리하다는 것을 신라시대부터 알았다. 신라 골품제는 권력의 중앙 집중화를 부추겼으므로 수도에 거주하지 않으면 골품에서 이탈하기 쉽고 권력에서 쉽게 멀어졌다. 5소경을 만들어 지방 분산을 꾀했지만 권력의 중심은 언제나 수도 경주였다. 고려와 조선시대에도 수도와 지방간 문화적 정치적 차이는 매우 컸다. 수도를 벗어나면 지방은 깡촌이었다.

다산 정약용은 전라도 강진 유배 중 자식에게 보낸 편지에서 한양 도성을 벗어나 거주하지 말라고 당부했다. 서울에서 살아야 기회가 생기고 인맥도 끊어지지 않는다고 했다. 사람은 태어나면 서울로 가야 한다는 속담까지 생겼다.

조정에서는 미운 신하를 지방으로 유배 보내는 것을 큰 벌로 여겼다. 지금은 풍광이 좋은 관광지이지만 그 당시 수도에서 멀리 떨어진 남쪽 따뜻한 지방은 유배지였다. 경상도 장기나 언양, 전라도 광양이나 강진이 단골지였다. 섬지방 유배지를 절해고도라 표현했고 골치가 아픈 신하는 절해고도에 안치했다. 추사와 정온은 제주도, 정약전은 흑산도, 김만중은 남해도, 이광사는 신지도에서 귀양살이 했다.

관리 근무지도 내직과 외직을 엄격히 분리했다. 외직 근무를 싫어했고 짧은 외직을 마치면 반드시 내직으로 돌아왔다.

조선 선비들은 유배 가서도 즐겁게 지내려고 노력했다 귀양지의 네 가지 맛을 적거사미(謫居四味)라 불렀다. 맑은 새벽에 머리를 빗는 맛, 늦은 아침밥을 먹고 천천히 산보하는 맛, 환한 창가에 앉아 햇볕을 쬐는 맛, 등불을 밝히고 책을 읽는 맛을 즐기며 유배지의 한가로움을 노래했다.

낙남 집안

연산군 때 일어난 사화를 피해 많은 선비들이 낙남했다. 당시에는 서울만 벗어나 지방으로 숨어들면 중앙의 통제권이 미치지 못했다. 수도의 관리들이 난을 피해 지방으로 흩어져 곳곳에 자리를 잡았고 그 후손들이 세월의 흐름을 타고 반가 집성촌을 만들었다.

15세기는 처가거주혼 시대로 처가로 장가를 드는 것이 다반사였고 재산 상속은 남녀균등이었다. 지방의 토호들은 중앙의 관리 출신들과 통혼하여 자신들의 위세를 높였고 낙남한 선비들은 처가의 재산을 상속받아 경제력을 가지고 일가를 다시 일으켰다.

서울과 기호지방에 본관을 둔 양반 가문이 연고도 없는 삼남지방에 뿌리를 내린 것은 대부분 입향조가 난을 피해 지방으로 피신했기 때문이다. 대표적인 낙남집안으로 한양조씨와 광주이씨가 있다.

수도 한양이 본관인 한양조씨는 여말 원나라 지배 시절부터 세력을 떨치다가 조선 개국의 일등공신으로 크게 번창했다. 중종조에 사림을 이끌던 조광조가 기묘사화로 화를 입어 가문에 먹구름이 다가오자 일족 몇몇이 조령 너머로 경상도 땅으로 피신을 했다. 풍기, 임하, 서후에 정착하였고 후손들이 대과에 급제하여 다시 가문을 일으켰다. 일부는 영양으로 넘어가

일월과 주실에 집성촌을 만들었고 주실마을은 의병장 조승기와 청록파시인 조지훈의 출생지로 뛰어난 학자를 많이 배출한 곳으로 유명하다.

  광주이씨는 고려시대부터 경기도 광주(현 강동구 둔촌동)에서 세거를 하던 집안으로 고려 말 유학자 둔촌 이집의 후손이다. 조선 초 대표적인 벌족 집안인데 성현의 용재총화에서 당대 최고 문벌집안으로 광주이씨를 꼽았다. 갑자사화에 연루되어 일족이 큰 화를 입었는데 연산군 생모인 폐비 윤씨에게 사약을 가져간 형방승지가 일족임에 발단이 되었다.

  피비린내가 진동하던 연산군 횡포에 일족 40여 명이 연루되고 팔극 중 넷째 집안은 전라도 보성으로, 여덟째 집안은 군산 옥구와 경상도 칠곡으로 낙남하였다. 다섯째 자손은 경기도 벽촌에서 몇 대가 숨어살았다. 경상도 칠곡으로 낙남한 후손은 한강 정구의 학풍을 이어받아 17세기 이원정이 이조판서가 되어 영남남인의 마지막을 화려하게 장식하였다.

  현대에 들어와 칠곡낙남과 보성낙남에서 국무총리와 대법원장을 비롯한 큰 인물이 많이 배출되어 왕대밭에 왕대가 난다고 하여 보학애호가들의 관심을 끌고 있다. 경기도 벽촌으로 몇 대가 숨어살다가 명문가로 장가들어 영의정이 된 인물이 한음 이덕형이다.

  안동의 고성이씨도 낙남이라고 할 수 있다. 경남 고성이 본관인 이 집안은 대대로 서울에 살다가 세종조 좌의정 이원이 집안을 일으켰고 그의 아들 이증이, 익재 이제현 현손인 경상도관찰사 이희의 사위가 되어 처가거주혼으로 안동 입향조가 되었다. 이증의 아들, 손자 5명이 사화에 연루되어 큰 화를 입게 되자 일족은 안동으로 낙남했다. 아들 둘은 안동에 정착하여 중국 남북조시대 시인 도연명의 귀거래사를 떠올리게 하는 멋진 건물을 지었다.

형조좌랑을 지낸 이명은 안동부성 동쪽 법흥동에 99칸의 대저택을 짓고 임청각이라 당호를 부쳤다. 임청각의 당호는 도연명의 귀거래사 다음 구절에서 따왔다.

동쪽 언덕에 올라 시를 읊조리고	登東皐以舒嘯
맑은 물에 이르러 시를 지으리라	**臨淸**流而賦詩
그저 세상 이치에 따라 다하고자 함이니	聊乘化以歸盡
천명을 즐김에 다시 무엇을 의심하리오	樂夫天命復奚疑

둘째아들 이굉은 개성유수를 마치고 낙동강변 정상동에 귀거래사 이름을 빌어 귀래정을 세우고 오백 년 세거지를 만들었다. 수십 년 전 400년 만에 무덤에서 출토되어 세상을 놀라게 한 원이엄마의 한글편지, 먼저 세상을 떠난 남편에 대한 사랑을 애절하게 읊은 조선여인 원이엄마는 정상동 입향조의 후손 며느리가 된다.

인조 때 난을 일으킨 이괄이 먼 일족인 관계로 고성이씨는 한동안 과거장 출입이 제한되었지만 꾸준히 대과 급제자를 배출하였고 우리나라 독립운동사의 큰 별, 임정 국무령의 석주 이상룡이 임청각 출신이다. 첫째 후손은 더 남쪽으로 낙남하여 청도에 정착, 아름다운 유호연지 만들고 군자정을 세웠다.

낙남도 잘 풀리면 다행이지만 보통 어려움을 많이 겪었다. 갑자기 닥친 화를 피해 물설고 낯설은 곳에 터를 잡는 일은 울분과 두려움의 연속이었다. 귀양살이와 별반 다르지 않았다. 언젠가 수도 한양으로 돌아가 가문을 다시 일으켜 세우겠다는 일념으로 버티었고 울분은 시가 되었다.

귀양이든 낙남이든 조선선비들이 어려움에 처했을 때 단골로 읊조리는 것이 중국 전국시대 굴원이 쓴 이소(離騷)이다. 이소는 "어려움을 만나 짓다"라는 뜻으로 동양 유배문학의 전범이다. 초나라 재상인 굴원이 추방당한 후 유랑 중에 쓴 작품으로 천고에 빛나는 낭만주의의 걸작이다. 울분 속에서도 빛나는 서정성으로 조선선비들이 짚방석에 앉자 이소를 읊조리며 미래를 기약했다. 이소의 몇 구절이다.

> 내 수레를 돌려 되돌아 가리
> 잘못 들었던 길은 아직 멀리 오지 않았네
> 내 말을 난초 우거진 연못에 거닐게 하고
> 나는 산초 언덕으로 달려가 잠깐 여기서 쉰다
> 아득하고 까마득하게 길은 멀어서
> 내 장차 오르내리며 현군을 찾으리라

낙향 선비

벼슬살이를 마치고 고향으로 낙향한 이들이 수없이 많지만 그 중에서도 퇴계의 낙향은 각별하다. 벼슬살이보다 위기지학(爲己之學 자신을 위한 학문)에 더 관심이 많았던 퇴계는 그의 호가 그러하듯이 여러 번 왕에게 물러나기를 청했다. 퇴계(退溪)의 한자어 의미는 〈물러나 시냇가에 머물다〉이다.

1534년 34세에 문과 급제해 1569년 69세로 마지막 낙향할 때까지 모두 여섯 차례나 출향과 물러나기를 반복했다. 다섯 가지 자문(自問)이 담긴 마지막 상소를 올리고 만류하는 선조임금의 허락을 겨우 받아 마침내 귀향길에 올랐다. 서울에서 안동 예안까지 550리를 12일에 걸쳐 걷고 고개를 넘고 배를 타야 하는, 칠십 줄의 노학자에게 힘들고 긴 여정이었다.

고향에 돌아온 퇴계는 도산서당에서 후학을 가르치다가 이듬해 고족제자 여덟(八高弟)에게 둘러 싸여 편안하게 세상을 마감하였다. 벼슬을 버리고 돌아오는 퇴계 마지막 낙향 길을 귀향 450주년을 맞아 최근에 도산서원 선비수련원 주관으로 재현행사가 열렸다. 귀향길 구간마다 퇴계가 벗들과 나눈 시를 낭송하고 꽃 피는 봄날에 흰 도포자락을 펄럭이며 그렇게 돌아왔듯이 대학자의 귀향의 뜻은 오백 년 시공을 타고 넘실거렸다.

서애 류성룡의 낙향도 이채롭다. 서애는 국가 위기관리의 총 책임자로서 국난 극복에 책임을 다한 명재상이었다. 북인으로부터 탄핵을 받아 관직이 삭탈당하자 미련없이 던져버리고 59세 나이에 고향 하회로 돌아왔.

"어지러운 난리를 겪을 때 중요한 책임을 맡아서 그 위태로운 판국을 바로잡지도 못하고 넘어지는 형세를 붙들지도 못하였다"며 스스로를 책망하는 서애의 모습에 낙향하는 관리의 회한과 자신에게 준엄했던 대가의 일생을 엿볼 수 있다.

아울러 나라를 위한 숭고하고 거룩한 뜻을 담아 "지난 일을 징계하여 뒷날의 근심거리를 그치게 한다."는 시경의 구절을 따서 「징비록」을 남겼다. 노정객의 일생은 준열했고 낙일은 장려했다.

당시 낙동강변의 하회마을은 벽촌 중의 벽촌이었다. 문경새재의 세 관문을 넘고 예천을 거쳐 서안동으로 오는 귀향길은 멀고도 험했다. 경상도 선비들은 소백산맥을 넘을 때 죽령보다 조령을 택했다. 죽령은 어감이 죽죽 미끄러진다고 해서 피했다.

새재(조령)를 넘으면 서울의 경사스러운 소식을 듣는 고을, 한자어 들을 문(聞)에, 경사 경(慶)의 문경(聞慶)이었다. 과거 급제 소식이, 조정에서 다시 부르는 어명이 가장 먼저 들리는 고을로 문경이라 했다. 문경을 지나면 예천이다. 물맛이 감주처럼 달다고 예천(醴泉)이라 했고 옛 지명은 감천이었다. 예천을 지나면 서안동은 지천이다. 도연명의 귀거래사 중 가장 아름다운 부분의 시구가 저절로 떠올려진다.

> 마침내 저 멀리 고향 집 처마가 보이자 기쁜 마음으로 급히 뛰어갔다.
> 머슴아이는 길에 나와 나를 반기고 어린 것이 문에서 손 흔들며 나를 맞는다.
> 동구 밖 세 갈래 길에 잡초가 무성하지만 소나무와 국화는 아직도 꿋꿋하다.
> 어린놈 손을 잡고 방으로 들어오니 항아리에는 향기로운 술이 가득하구나
> 술 단지를 당겨 스스로 잔에 따라 마시고 고향 뜰을 바라보며 웃음 짓는다.

> 乃瞻衡宇 載欣載奔 僮僕歡迎 稚子候門 三徑就荒 松菊猶存
> 携幼入室 有酒盈樽 引壺觴以自酌 眄庭柯以怡顔

서애의 낙향 심정을 대변한 귀거래사의 끝부분으로 부질없는 벼슬살이를 끝내고 고향으로 돌아오는 이들에게 불후의 구절이 되었다.

논구이순신차 (論救李舜臣箚)

서애와 비슷한 시기에 조령을 넘어 남으로 낙향한 인물로 약포 정탁(1526~1605)이 있다. 청주정씨로 한강 정구와 같은 집안이다. 예천에서 태어나 어린 시절 안동에서 공부를 하고 노후 예천에 터를 잡아 정착하였다. 서애보다 16살이나 많지만 평생을 같은 조정의 신료로 함께 보냈다. 1597년 정유재란이 일어나자 조정에서는 어명을 거역했다고 이순신을 하옥시키고 국문할 때, 우의정을 역임하고 지중추부사로 물러나 있던 72세의 노대신 정탁은 역사에 길이 남은 상소문 '논구이순신차(論救李舜臣箚)'를 올려 이순신을 구한다.

"순신은 참으로 장수의 자질을 가졌고 바다와 육지에서 많은 적을 물리쳤습니다. 이러한 인물은 쉽게 얻지 못할뿐더러 백성들이 의지하는 바가 크고 적이 무서워하는 사람이옵니다. 만일 죄명이 엄중하다고 해서 조금도 용서할 이유가 없다고 하여, 공과 허물을 서로 비견해 보지도 아니하고 앞으로 더 큰 공을 세울 능력이 있고 없음을 생각하지도 않고 또 그간 사정을 천천히 살펴볼 여유도 없이 적들이 두려워하는 장수에게 끝내 큰 벌을 내리면 공이 있는 자와 능력이 있는 자들은 앞으로 스스로 나라를 위해 애쓰지 않을 것입니다"

이순신을 역경에서 구하여 나라에 바치고 정탁은 1599년 고향 예천으로 낙향한다. 금모래 고운 내성천 동호언덕에 강호를 품는다는 뜻의 읍호정(挹湖亭)을 짓고 여생을 고향 산천과 함께 보낸다. 읍호정 벽에는 퇴계의 차운시, 정온의 읍호정기, 윤두수의 송별시가 걸려 있다. 산촌벽지에서 몸을 일으켜 80평생을 진충보국에 힘쓴 늙은 신하는 심정을 이렇게 노래했다.

> 많은 책을 읽고 세상을 구제하리라 애를 썼건만
> 풍진 속에서 돌아다닌 세월이 몇 해이던가
> 칠년 대란을 만나 한 가지 계책도 내지 못하고
> 백발이 된 몸으로 고향을 찾으니 부끄러움만 남네

나이가 들어 고향에 돌아와도 아직 변하지 않고 남아 있는 옛 맛이 있다. 물맛, 귀맛, 눈맛이다. 물맛은 고향집 우물 맛이다. 수십 년이 지난 뒤에도 고향 우물 맛은 변치 않았고 한 모금의 물은 형언할 수 없는 감동으로 목젖을 타고 폐부 깊숙이 스며듦을 느낀다. 그 물은 모유와 함께 어린 우리를 키웠다.

귀맛은 고향 사투리이다. 오랜만에 고향 말을 들으면 그 익숙한 억양에 퇴보되었던 청각 기능이 다시 살아나고 오랫동안 잊어버렸던 유년의 기억을, 먼저 간 고향 친구를 떠오르게 한다.

마지막으로 고향 산천의 모습이다. 타향살이가 힘들 때 눈만 감으면 떠오른 것은 마치 늙은 암소의 등줄기 같은 느릿한 고향 산등성이 모습이다. 어스름이 들면 별이 몇 개 뜨는지, 달이 어느 동산으로 뜨는지 다 아는 가무퇴퇴한 모습이 때로는 늙은 할매의 굽은 등 같아서 보기 싫었지만 지우려고 애써도 더욱 또렷이 나타나곤 했다.

그래서 그 속에 잠들려고 병든 육신을 이끌고 힘들게 오거나 죽어서 뼛가루라도 고향산천에 뿌리곤 한다.

낙향과 회향

우리는 고향으로 돌아오는 것을 낙향이나 귀향이라 하는데 중국인은 회향(回鄕)이라고 한다. 중국인의 회귀 의식은 유별나다. 땅덩어리가 넓어서 그러한지 몰라도 인물에 대해 이야기할 때 반드시 무슨 성 어디 출신이라고 언급을 하고 고향은 가는 곳이 아니라 원래 떠난 곳이기에 되돌아간다고 한다. go home이 아니고 return home이다.

일 마치고 집으로 가는 것은 귀가(歸家)가 아니고 회가(回家)이다. 유학이나 해외여행을 끝내고 돌아올 때 귀국(歸國) 비행기를 타는 것이 아니고 회국(回國) 비행기를 탄다.

그러한 고향 회귀 의식이 많은 문학작품으로 나타나곤 했는데 당나라 때 관리 생활을 마치고 50년 만에 고향 저장성 샤오싱(紹興)으로 돌아오면서 쓴 초당 시인 하지장(659~744)의 회향우서(回鄕偶書)는 귀향시편의 백미이다.

그의 칠언절구 중 2행의 향음무개(鄕音無改)는 이후 수많은 아류를 낳았다.

젊어서 고향 떠나 늙어서 돌아오니	少小離家老大回
고향 사투리는 그대로인데 귀밑머리만 세었구나	鄕音無改鬢毛衰
아이들은 나를 알아보지 못하고	兒童相見不相識
손님은 어디에서 오셨느냐고 웃으며 물어보네	笑問客從何處來

산들바람 64×52cm 장지에 분채

도산서원에 과거 시제(試題)가 걸린 까닭은?

도산별시 / 영남만인소 / 영남인물고 / 별시가 남긴 뜻은?

도산별시

 1792년 정조 16년 음력 3월 25일, 곡우 입하의 절기였다. 낙동강변의 수양버들은 삼단 같은 실가지를 늘어뜨리고 농부는 푸른 보리밭을 매면서 농가월령가를 부르는 춘삼월 모춘이었다.

 안동 예안의 도산서원에서는 조선 역사상 처음으로 영남 별시(특별과거시험)가 열렸다. 조정에서 택한 길일에 영남선비 7,228명은 의관을 정제하고 과거장으로 몰려들었다. 구경꾼까지 합하면 만 명이 족히 넘었다. 밀려드는 선비로 서원 앞마당이 좁아 낙동강 건너 언덕 위로 과거장을 옮겼고 소나무에 과거시험의 글제인 시제(試題)를 걸었다.

반변천, 길안천을 건너고 풍산들을 가로질러 예안길 따라 흰 도포자락이 펄럭거렸다. 안동 명문가 삼십여 문중에서 내노라 하는 선비들은 모두 응시했다. 영남 명현인 상주의 우복, 구미의 여헌, 성주의 한강, 경주의 회재, 영양의 갈암 후학은 물론, 멀리 영해 괴시리 사족까지, 무신란에 살아남은 우도 선비들도 절치부심하여 달려왔다. 서원을 가진 문중 장로는 질손 학동들을 일찍부터 엄하게 채찍질하지 않았음을 후회했고 서원 강당에는 밤늦도록 글을 읽는 소리가 낭랑했다.

안동 유림사회는 1623년 인조반정 이후 조정의 대궐문이 닫히고 반쯤 열어 두었던 쪽문도 1694년 숙종조 갑술년 패배로 완전히 닫혀 버렸다. 설상가상으로 30여 년 뒤 1728년 무신년 영조 때 발생된 이인좌의 난에 반역향으로 낙인찍혀 과거장 출입이 제한되어 조정에 발을 붙이지 못하게 되었고 대구부성 남문 앞에는 영남을 평정했다는 '평영남비'가 세워졌다. 점필재, 퇴계, 회재, 서애, 학봉, 한강, 여헌 등 동방오현을 비롯한 영남명유 후손들은 농부가 되어 농토를 넓히고 향약을 만들어 향촌을 이끌었다.

그동안 영남 유림에게 한이 많은 세월이었다. 100년 동안 당상관 관리는 남의 나라 이야기였고 65년 동안 불온 지역으로 감시의 눈초리를 받았다. 수많은 집안이 사조무현관(四祖無顯官)이 되었다. 부, 조부, 증조부, 외조부 가운데 관리가 없는 집안은 과거 응시에 제한을 받게 되니 양반가문으로 존폐 위기를 맞게 되었다. 이 시절 영남 모습을 당시 경상도관찰사인 소론 온건파 풍양조씨 귀록 조현명이 1733년 영조에게 올린 장계에 잘 나타내었다.

"영남은 1694년(갑술환국) 이후 벼슬길이 막히고 1728년 난(이인좌의 난)에 의해 여전히 반역의 땅으로 취급받고 있습니다. 이 지역 선비들이 다른 논의를 내면 역적으로 몰리고 과거에 응시해도 출입이 막히거나 급제하여도 조정에서 버림을 받으니 농사를 지어 먹고 사는 것 외에 달리 다른 방도가 있겠습니까? 라고 합니다. 심지어 명현의 후손이라도 향촌의 품관(좌수와 별감)으로 떨어져 농부가 되기를 달갑게 여깁니다. 그들은 포의(베옷, 벼슬없는 선비)를 입고 새재를 넘는 일(한양으로 가는 일)이 부끄럽게 여기는 듯합니다."

탕평군주로 알려진 영조는 영남남인까지 눈을 돌릴 여유가 없었다. 탕평책은 노론 소론의 싸움을 막는 미봉책이었다. 영남 백성을 반역의 땅에 사는 골치 덩어리로 취급하기 일쑤였다. 정조가 등극한지 십여 년이 지나 채제공, 정약용 등 기호남인이 정조를 보필하게 되자 채제공을 통하여 영남남인이 오랫동안 곤경에 처해 있음을 정조는 알게 되었다. 또한 최근 천주교가 전국적으로 번질 때 오직 영남지방만 퇴계의 가르침에 따라 바른 학문(正學)을 지켜 왔기 때문에 천주교 신자가 한 명도 나오지 않았다고 여겨 높이 평가하였다.

호학군주인 정조는 혹세무민의 세상에서 영남 정학(正學)이 나라의 보루 역할을 할 것이라 믿었다. 자신의 믿음을 영남 유림에게 알리고 우군 세력을 키우기 위해 도산서원과 옥산서원에 특사를 보내 치제(왕이 지내는 제사)를 지내게 했고 정조 자신이 직접 제문을 지어 내렸다. 아울러 오랫동안 과장(科場) 문이 닫혔던 영남선비를 위하여 도산서원에서 별시를 열었다.

과거 응시자 7,228명 중 합당한 시권(試券)을 지은 자가 3,632명이었다. 답안지는 정조가 직접 채점하였다. 과거 급제자는 진주강씨 강세백, 내앞의성김씨 김희락으로 2명 나왔는데 김희락은 대산 이상정의 제자였다. 김상구 등 28명은 특별상을 내렸고 합격자의 답안은 활자화되어 〈교남빈흥록〉이란 책자로 묶어 영남 전역에 배포했다. 교남(嶠南)은 '높은 산 남쪽'이란 뜻으로 영남의 또 다른 이름이고 빈흥록(賓興錄)은 '과거 행사 전반에 관해 기록한 책'이다. 별시라 할지라도 응시인원 비해 급제자가 너무 적었다. 중앙 진출의 발판을 만들기에는 미흡했고 100년간 닫혔던 빗장이 비로소 풀렸음에 만족해야 했다.

정조는 영남남인을 등용하려 하였으나 인재의 씨가 말랐다. 100년 동안 싹이 잘려버린 영남남인은 동량재에 쓸 재목이 없었다. 모두가 등굽은 소나무가 되어 고향 선산을 지키고 있었을 뿐이다. 그동안 중앙 정계에 기웃거린 기호남인은 중용되었지만 조정과 담을 쌓은 조령 이남의 영남인들은 여전히 이방인이었다.

하지만 근왕정신이 투철하고 '충(忠)'이 유력가문의 가훈인 이들에게 다시 중앙 진출의 문을 열어준 성은에 보답하고자 수십 년간 금기시되었던 사도세자 문제에 정면으로 도전하게 된다. 사도세자는 지금까지 입을 열기만 해도 역적으로 몰리는 금기의 언어였다.

영남남인은 몰락 잔반의 울분 속에 목숨을 걸은 선비의 기개를 담아 만명이 넘은 유생들이 동참하는 만인소를 올렸다.

영남만인소

1792년 윤 4월 27일 정조 16년, 영남유림 10,057명은 불과 두 달 전 도산별시를 통해 한껏 고양된 기세로 사도세자 모함의 사실관계를 따져 의리를 밝혀달라는 만인소를 죽음 무릅쓰고 조정으로 올리게 된다. 이는 오랫동안 가슴에 품고도 입을 열지 못했던 사도세자의 죽음을 수면 위로 끌어올리는 기폭제가 되었다.

이것이 1차 영남만인소(嶺南萬人疏)이다. 봉화 유곡의 삼계서원에서 열린 영남유림대회에서 소두(소의 대표자)를 대산 이상정의 조카, 소산 이광정의 아들, 면암 이우로 선출하였다. 삼계서원은 충재 권벌을 모신 안동권씨 대표 서원이다. 소두 이우는 여말 대학자 목은 이색의 한산이씨 후손으로 선조가 서애 류성룡의 외동딸과 혼인하여 안동 일직에 정착하였으며 퇴계학맥을 잇고 있었다. 만인소는 이렇게 시작한다.

"오호라, 신(臣)들이 한 가지 의리를 가슴속에 간직한 채 살아온 지 이미 30여 년이 지났습니다. 감히 입을 열지 못하고 가슴만 치면서 살고 싶지 않았습니다. 이에 사도세자를 죽음으로 몰고 간 역적들을 반드시 다스리는 일은 하늘이 허락하고 신명이 굽어본 바이니 이들을 극형으로 벌해야만 의리가 밝아질 것입니다. 신(臣)들이 산을 넘고 물을 건너 천리 길을 와서 호소하는 것은 사도세자의 무고함이 지금까지 해명되지 않음이 통탄스럽기 때문입니다. … … "

정조임금은 소두인 이우와 김희택을 어전으로 불렀다. "내 앞에서 상소문을 읽어라" 이우가 큰소리로 상소문을 읽었다. 정조는 듣는 내내 감정이 북받쳐서 울음을 참느라고 목이 메었다. 말을 하려 해도 입을 열 수 없는 상태가 지속되었다. 감정을 추스른 정조는 한참 만에 입을 열었다. "마음이 미어져서 말이 나오지 않는다. 문자로 기록하지 못해 대면하여 이야기를 하려고 했다. 내 어찌 너희들의 상소를 차마 들을 수 있겠느냐?" 사관을 돌아보며 말했다. "오늘의 대화에서 차마 들을 수 없고 차마 쓸 수 없는 것을 제외하고는 사실과 어긋나지 않게 상세히 기록으로 남겨두라" 1) 정조가 상소자 소두에게 내린 비답이다.

"영남은 바로 국가의 근본이 되는 땅으로 위급할 때 믿는 곳이니 내가 영남에게 바라는 것은 다른 곳에 비할 바가 아니다. 나의 본 뜻 이와 같으니 너희들은 모름지기 나의 뜻을 가지고 돌아가 영남 백성들에게 전하도록 하여라."

동병상련인지 정조를 통곡하게 만들었던 영남만인소는 정치적으로 소외되었던 영남남인들의 위상을 향상시켰고 영남 유림사회를 결집시켰다.

길이가 96.5m, 폭이 1.11m의 한지 두루마리로 되어 있는 만인소에는 영남 유생 10,057명의 수결(手決)이 찍혀있다. 한지 한 장에 80명 영남 유림의 이름, 신분, 수결이 담겨있다. 130장의 수결지를 받기 위해 춘양,

---

1) 정민의 다산독본 43. 안동별시와 영남만인소, 2018, 한국일보

순흥, 상주, 예천, 의성, 예안, 진보, 영양, 멀리는 영해, 경주까지 흰 도포 자락 휘날리며 내성천, 반변천, 길안천, 금호강 따라 안동선비들은 발품을 팔았다.

선왕 영조조 무신년 난에 참화를 입은 거창의 동계 정온, 합천의 조정립 일가를 비롯하여 영남우도 선비들도 수결을 찍었다.

무엇이 이들로 하여금 윤사월 꽃피는 봄날에 짚신을 갈아 신으며 풍산들, 사벌들, 해평들을 가로지르게 하였는가? 조정은 오래도록 자기를 버렸지만 충효를 가슴에 품고 살아온 영남 유학자의 도리인 까닭이다. 도(道)가 동쪽으로 온 이유이다.

자색 칠함(漆函)에 넣은 상소문은 100여 명의 소청인과 함께 조령을 넘어 충주, 용인, 양재를 지나 열흘 만에 514리 길을 걸어 한양에 도착한다. 가다가 호의적인 지방 수령을 만나면 역참이나 객사에 묵었고 그렇지 않으면 흩어져 친지의 집이나 지방 재지사족에게 신세를 졌다.

정조는 크게 감동을 받았지만 충동적으로 할 수 없었다. 조정을 에워싸고 있는 반대 세력이 여전히 강력했다. 상소자는 처벌을 면했고 영예롭게 귀향했다.

영남인물고

백 년 동안 중앙정계와 멀어져 있었던 영남남인에 대해 조정은 몰라도 너무 몰랐다. 조정에는 영남남인 당상관은 거의 사라졌고 퇴계학은 관심

밖의 학문이었다. 경연에서 퇴계학은 철저히 배제되었고 왕은 퇴계와 관련된 저술을 읽지 않았다.

　이러한 사실을 인식한 체재공은 영남의 인물을 파악하여 국정에 활용하고자 정조에게 건의하여 1798년 〈영남인물고〉를 집필한다. 채홍원, 정약전, 이유수, 한치응 등 여러 사람이 고을별로 분담 집필하였다. 조선 초기부터 정조대까지 영남이 배출한 655명의 학자와 관리에 관한 전기 자료를 엮었다. 고을별로 인물 수를 집계하면 다음과 같다. 안동141 상주78 예안37 경주33 성주35 의성20 진주42 영천30 대구25 영주38명 등이다.

　정조와 조정 중신은 100여 년 동안 잊힌 고을에서 묻혀서 살았던 인물이 이렇게 많은 것을 알고 놀란다. 이중환의 택리지에서 조선인재의 반은 영남에서 나왔다는 것이 사실로 나타났다.

　〈영남인물고〉는 그동안 '미숙하고 고집스러운 시골선비'로 여겨 온 남쪽 고을 인물에 대하여, 1623년 인조반정 이후 6대 선왕께서 '편협한 백성'으로 내버려 두었던 영남인에게 정조 치하 조정이 보내는 정중한 헌사(獻辭)였다.

　다산 정약용은 둘째형 정약전(자산어보 저술자)이 편찬인물이 관계로 초고를 들어다 보고 이렇게 말했다. 책의 서문 일부이다.

"어찌 위대하지 않는가? 불과 수백 년 동안에 한 지방의 어진이가 이처럼 많은 것이 위대하지 않는가? 행실이 단정하여 믿음이 가고 덕성과 신의가 높아 명사로서 뚜렷한 자취를 남긴 자가 이처럼 혁혁하단 말인가? 그대는 그러한 까닭을 아는가? 가르침의 바탕이 있었기 때문이다. 영남은 향교나 서원을 가숙(家塾)으로 알고 스승과 벗을 친척으로 여겨 더불어 배우고 익혀 왔으니, 바탕이 참으로 좋다면 어찌 성취하지 않을 수 있겠는가. 사람은 가르침이 없어서는 아니 된다."

별시가 남긴 뜻은?

영남인물고를 발간한 뒤 제대로 활용할 기회를 만들어 보지 못한 채 이듬해 정조가 세상을 떠나게 되고 조정은 정조독살설에 휩싸이게 된다. 어린 순조를 대신하여 정순왕후가 섭정 하면서 영남 유림은 또다시 좌절하게 된다. 1차 만인소가 정조의 신중론에 의해 성과를 얻지 못하고 정조 사후 노론 세력이 전횡을 일삼자 60년 뒤 영남유림은 다시 결집하여 만인소의 통문을 돌린다.

"나라의 의리가 영남에 있다"는 정조의 의리를 앞세우며 1855년 철종 6년에 퇴계종손 이휘병을 소두로 도산서원에서 사도세자 탄생 120년을 맞이하여 사도세자 추존의 만인소를 올린다. 이때 퇴계정맥을 이었다는 무실의 전주류씨 정재 류치명이 병조참판으로 있다가 협조한 죄로 전라도 신안 지도로 유배를 당하는 등 반대세력의 벽을 넘지 못했다.

소청인 10,094명의 수결이 선명한 이 만인소는 뜻을 이루지는 못했지만 이후 150년 동안 도산서원에 보관되어 있었다. 보존상태가 양호하여 유네스코 세계기록문화유산으로 등재 추진 중이다.

다시 한 세대가 지난 1881년 고종 12년, 개항으로 쇄국 빗장이 풀리고 나라가 혼란의 길로 가고 있을 때, 영남남인은 또 만인소를 올리게 되는데, 이휘병의 아들 퇴계종손 이만손이 소두가 되고 강진규, 이만운 등이 중심이 되어 영남유생 10,430명이 수결을 찍었다. 이것이 위정척사 만인소이다. 민씨 정권의 민태호는 소두 이만손을 전라도 신지도로 유배를 보냈지만 만인소는 구한말 위정척사 불길을 일으키는 시발점이 되었다.

그 후 위정척사 불길은 의병활동과 독립운동으로 이어졌다. 안동 유력문중 대부분은 도산별시가 열린 뜻과 선조의 유훈을 받들어 독립 우국지사를 배출하였고 그 숫자가 700명이 넘었다. 당시 안동 인구는 수만에 불과했다. 안동을 비롯한 영남좌도는 독립운동의 성지가 되었다.

마타리꽃 들판 45×61cm 장지에 분채

현판에 새긴 뜻은?

신안구가 / 강려할배 / 오헌고택 / 만취헌 / 선비 가풍 / 현판에 새긴 뜻은?

신안구가

유서 깊은 고택이나 풍광 좋은 정자에 걸려 있는 현판을 보고 있으면 예스러운 글씨에 느낌이 오고 마음이 끌리지만 읽지도 못하는 얕은 나의 지식에 부끄러운 생각이 들곤 했다. 요즈음에는 휴대폰으로 즉석에서 찍어대지만 옛날에는 전서체 글씨를 그림 그리듯이 그리곤 하였다.

추사가 쓴 「신안구가(新安舊家)」도 그중 하나였다. 허름한 목로주점에 걸려 있는 추사 글씨 복사본에 필이 꽂혀 일부러 건수를 만들어 자주 주점에 들리곤 했다. 막걸리에 취해 주인에게 팔라고 떼를 쓰고 문자향(文字香) 서권기(書券氣)라고 치기 어린 오기를 피우던 40대가 있었다.

　신안구가는 〈신안에 있는 옛집〉이라는 뜻이다. 신안은 주자학의 주희가 태어난 고향으로 중국 강남 안후이성에 있다. 조선 유학자들이 평생 사표로 삼아 성인으로 숭앙했고 개인의 학문적 성취를 존칭하여 주자학이라 불렀다. 그 주희가 태어난 옛집은 너무 숭고하여 두 손 모아지고 성리학의 기운이 넘실대는 그곳을, 추사를 비롯한 조선선비들은 정신적 고향으로 여기고 멋진 완당체로 집을 지었다. 원본 글씨는 간송미술관에 있다.

　고택에 걸려있는 현판은 고택의 심장 같아서 집안의 모든 것을 함축적으로 나타낸다. 한자로 만든 당호(집의 이름)를 목판에 새겼다. ○○古宅(고택) ○○舊廬(구려) ○○堂(당) ○○軒(헌)으로 표시하는데 구려란 어려운 단어를 자주 썼다. 구려의 '려'는 농막집으로 삼국지 제갈량의 삼고초려에서 나왔다. 실제로 고택을 기와로 멋지게 지어놓고 겸양의 의미로 초막 같다고 구려라 했다.

　글씨는 당대 서법(書法) 대가들의 웅혼한 필체이다. 도산서원 현판은 한석봉이 썼고 금계의 학봉종택 현판은 미수 허목, 무실의 정재고택 현판은 위당 신헌이 썼다. 편액이 많은 춘양 만산고택의 현판은 흥선대원군의 솜씨이다. 해강 김규진이 쓴 백선산방이란 글씨는 선비의 여유와 풍류가 춤추는 듯 구름 위에서 신선이 노니는 듯하다.

　누각이나 정자의 현판은 고택보다 운치 있게 이름을 지었다. 당호를 본인의 아호에 부치든지 아니면 당송시문이나 유가 경전에서 따왔다. ○○亭舍(정사) ○○書室(서실) ○○山房(산방) ○○齋(재) ○○停(정) ○○樓(루)

로 초서나 전서체로 써서 읽기는 어렵지만 풍류와 멋을 한층 뽐내었다. 명사의 글로 시판(詩板)이나 서판(書板)을 만들어 함께 걸어 두기도 한다.

현판의 글씨를 당대 명필로 소문난 대가에게서 받는데 까닭이 있다. 옛말에 주향(酒香)은 백리이고 묵향(墨香)은 천리라 했다. 종갓집 종부가 대대로 내려온 비법으로 빚은 명주는 이웃 고을 백리까지 술 향기를 풍겨 주향백리(酒香百里)라 했고 서권기가 넘치는 묵향은 천리 밖에서도 선비의 도포자락을 펄럭이게 만들었다고 묵향천리(墨香千里)라 했다.

추사의 향기는 삼천리가 좁아 연경에서 탐하였고 원교 이광사의 붓끝은 남도 제일로 쳤다. 석재 서병오의 결기에는 조선선비의 혼이 담겼고 해강 김규진의 필력은 불가의 자비 산문을 밝혔다. 재력이 있는 사대부 집안에서는 만금이 들더라도 대가의 필력으로 현판을 빛냈다. 현판의 품위가 고택을 빛나게 하고 집안을 번성시킬 것이라고 믿었다.

강려할배

내가 서실 분위기를 접한 것은 고등학교 시절의 우연한 기회였다. 낙동강변에 있는 친구 집으로 놀러 가면 늘 사랑채로 들어가 인사드렸다. 친구 조부인 강려할배가 계시는 사랑채에는 진기한 것으로 가득찼다. 여헌의 후손으로 윗대 그 윗대로부터 물려받은 사랑채는 방 두 칸으로 되어 있는데 고서와 진적과 목판이 벽장에 가득 차 있었고 윗목에는 벼루와 먹, 문진과 연적, 두루마리 한지가 잘 정돈되어 있었다. 크고 작은 붓들이 꽂혀 있는 대나무 큰 붓통은 할배의 보물이었다. 묵향이 그윽하다고 하지만 고등학교 그 시절에는 그냥 할배 냄새로 여겨 그윽한 줄 몰랐다.

친구와 빨리 낙동강으로 놀러 갈 요령으로 힘주어 먹을 갈고 있으면 "먹은 죽 먹은 힘으로 갈아야 하느니라"라고 말씀하셨다. 먹 가는 일이 얼마나 힘이 드는데 죽 먹은 힘으로 어떻게 먹을 갈지? 하고 무슨 뜻인지 알 듯하였지만 실제로 몰랐다.

초서로 큰 글씨를 쓰시는 날이면 친구와 둘이서 한지를 부드럽게 구겨서 수건뭉치처럼 둘둘 말아 할아버지 양옆에 굵어앉자 대기했다. 굵은 붓으로 초서를 휙 써 내려갈 적에 틈을 봐서 큰 글씨의 먹물이 많이 번지지 않도록 한지 뭉치로 찍었다. 친구 한번 내 한번 교대로 찍었다. 조심해서 찍으면 실패해서 꾸중을 들으니 과감하게 찍어야 했다. 다 끝내고 할아버지께서 말씀이 없으시면 그날은 성공했다. 재미있었고 즐거웠고 기뻤다.

당시에는 할아버지 초서가 대단한 줄 몰랐다. 한지 위에 쓴 먹물 글씨는 시냇물이 흘러가는 듯했고 논두렁이 무너지지 않도록 박혀있는 검은 돌처럼 할아버지 글씨는 원래부터 그 자리에 있었던 돌 같았다.

먼 훗날 내가 중국의 고대 4대 서원 – 장시성 주장의 백록동서원과 후난성 창사의 악록서원을 여행하면서 서원 벽에 새겨진 고대 중국의 초서 글씨를 보며 맨 처음 떠올린 것이 강려할배 글씨였다. 구름에 달 가듯이, 죽 먹은 힘으로 먹을 갈 듯, 취한 듯 부드러움이 경쾌하게 리듬을 타고, 정(靜)과 동(動)이 결코 다르지 않음을, 까마득하게 잊고 있었던 강려할배 글씨가 서원 벽 너머 춤추고 있었다. 한지 뭉치가 아닌 내 마음덩어리가 그 글씨를 찍고 있었다. 나도 몰랐지만 강려할배 냄새 같았던 사랑채의 그윽한 묵향이 수십 년간 내 곁에 머물고 있었다.

오헌고택

고졸한 기품과 품고 있는 의미가 특별해 마음속에 길게 여운을 주는 현판이 어디 한두 개이겠냐마는 그래도 뜻이 남달라 오랫동안 기억에 남는 현판으로 오헌고택(吾軒古宅)과 만취헌(晩翠軒)이 있다.

「오헌(吾軒)」은 나의 집이다. Oh my sweet home이다. 오헌고택은 내성천의 멋진 외나무다리, 영주 문수의 무섬마을에 있다. 무섬마을은 반남박씨와 예안(신성)김씨 집성촌으로 예안김씨 총각이 반남박씨 집안으로 장가들어 처가거주혼으로 정착하여 두 집안이 사이좋게 살고 있다.

오헌고택의 현판글씨는 환재 박규수가 썼다. 연암 박지원의 손자인 박규수가 1854년에 영남좌도 암행어사로 내려왔을 적에 일족인 무섬마을에 들러 썼다고 한다. 무섬의 반남박씨는 퇴계 학풍을 이어받은 남인계열이고 박규수는 수도에 거주하는 노론 명문가 반남박씨인데 당색이 달라도 이렇게 일족끼리는 교류를 할 수 있구나 하고 처음으로 느꼈다. 순수 우리나라 고유 성씨인 박씨는 밀양박씨가 대성이지만 무반 인재가 많았고 조선시대 문반 벌족은 반남박씨이다. 반남은 전남 나주에 있다.

무섬은 물 위에 떠 있는 섬을 뜻하는 수도리(水島里)의 우리말로 참으로 예쁜 이름이다. 청록파 시인 조지훈도 이 마을로 장가를 드는 등 이야깃거리가 많은 곳이다. 영주의 반남박씨는 세조조 서울선비 박숙이 능성구씨 집안으로 장가를 들어 처가 따라 영주로 내려오면서 입향조가 되었다. 오헌은 무섬 출신으로 병조참판에 오른 박재연의 호이다.

안목이 높고 깊기로 유명한 박규수는 오헌이란 당호가 도연명의 독산해경에 나오는 아래 구절에서 따왔음을 밝히고 있다.

새 떼들도 깃들 곳에 즐거워하고　衆鳥欣有託
나 또한 내 집을 사랑하노라　　　吾亦愛吾軒

　새들은 깃들 곳을 지을 때 먼저 숲을 고른다. 해가 지면 새들은 숲속에 마련한 보금자리로 기쁘게 지저귀며 돌아간다. 동서고금을 막론하고 따뜻하고 아늑한 우리 집은 최고의 안식처이다. 그래서 오헌이 돋보인다.

만취헌

　만취(晩翠)란 글자도 조선 선비들이 무척 좋아하는 낱말이다. 늦을 만(晩) 푸를 취(翠)를 쓰는데 '늦게까지 푸른' '겨울에도 변하지 않는' '늙어서도 자신의 뜻을 포기하지 않는'의 표현으로 선비들의 필독서인 소학에 나오는 구절이다. 그래서 그런지 만취헌, 만취당의 당호가 전국 곳곳에 있다.

　만취헌는 동해안 영덕 영해에 있는 난고종택의 사랑채 이름이다. 영양남씨 남노명, 남구명 형제가 숙종조 대과에 나란히 급제하여 영양남씨 집안 이름을 영남 유림에 떨친 후 관리생활을 하다가 갑술년 축출로 남인이 정계에서 물러날 때 향리로 돌아와 1698년에 지은 고택이다. 동해안 7번 국도변에 있는 우리나라에서 가장 동쪽의 바닷가 양반 마을이다. 이곳에 들리면 깡촌같은 바닷가 어촌에 버젓한 반촌이 있음에 놀라고 세거 역사가 천년이 넘었음에 다시 놀란다. 고려 말 삼은 중 한 사람인 목은 이색이 외가인 이곳에서 태어났다.

현판 글씨는 당대 명필인 성재 이진휴가 썼다. 이진휴는 택리지를 쓴 이중환의 아버지로 이 집안은 기호남인이기에 조선 후기 어려움을 많이 겪었고 영남남인과 교유가 많았다.

만취당이라는 당호는 영남좌도에 세 곳이 있다. 의성 점곡의 사촌마을 안동김씨 누각과 영천 금호의 창녕조씨 사랑채 및 영주 이산의 연안김씨 정자 당호가 만취당이다. 모두 고졸한 기품을 지닌 건축물이고 명문세가인 이 집안들의 현판 글씨는 당대 대가의 필력을 담았다.

만취(晚翠)란 낱말은 입신보다는 인격도야가 먼저라는 가르침이 담긴 책, 조선선비들의 필독서였던 소학의 다음 구절에서 가지고 왔다

  더디게 자란 냇가 소나무는   遲遲澗畔松
  울창하여 **늦게까지 푸르름을** 간직하고 있다.   鬱鬱含**晚翠**

타고난 운명에 빠르고 더딤이 정해져 있으니, 입신출세를 사람의 힘으로 다루기는 어렵다. 조급하게 나아감은 부질없는 일이라고, 급함과 눈앞의 이익에 물든 오늘날 '만취'란 뜻은 우리에게 느림의 미학을 이야기해 주고 있다.

선비 가풍

고려시대에는 삼한갑족이니 해동명족이니 하면서 가문이 거창한 벌족임을 과시하였지만 조선시대에 들어와서 유학의 영향으로 윤리와 예를 중시

했다. 유교적 소양이 가득한 선비집안에서는 선조 유훈이나 가풍을 목각, 전각, 빗돌에 새겨 가학의 근원으로 삼고 그 뜻을 자손 대대로 물려준다. 후손들은 성장하면서 은연중에 이를 몸으로 익히고 실천하려고 애쓰며 명가의 일원으로 긍지를 가지게 된다.

청백전가(淸白傳家)와 적선지가 필유여경(積善之家 必有餘慶)이 그러하다. 우리 가문은 맑고 깨끗함이 대대로 내려오는 집안이라고 하며, 남에게 도움을 많이 준 집안은 반드시 경사가 생긴다는 뜻으로 후손들에게 자부심을 심어주었다.

비슷한 의미로 덕문집경(德門集慶), 인택홍상(仁宅弘祥), 물태위선(勿怠爲善)이 있다. 덕이 있는 집안에는 경사가 모이고, 선행을 쌓은 집안에는 상서로운 일이 생기고, 착한 일을 하는 데는 게으름을 피우지 말라고 했다.

선비집안은 관직보다 절의를 앞세웠다. 조선시대 선비에 대한 평가 순위는 학문을 가장 앞세우고 그다음에 절의와 문장 그리고 관직을 맨 나중에 두었다. 실제로는 관직을 무척 선호했고 출사는 평생의 목표였다. 그러나 학문 즉 도학을 가장 앞선 순위로 평가하였으므로 퇴계 같은 대학자는 존경의 대상이었고 산림이나 유종이 우대를 받았다.

절의를 풍류문화까지 넓힌 사회가 조선이었다. 올곧은 지조를 오매월류의 풍류로 멋진 절구를 만들었다. 선조 때 영의정을 지낸 상촌 신흠이 자신의 수필집 야언(野言)에 '매불매향(梅不賣香)'의 이름으로 절의를 이렇게 읊었다.

동천년로항장곡(桐千年老恒藏曲) 매일생한불매향(梅一生寒不賣香) 월

도천휴여본질(月到千虧餘本質) 유경백별우신지(柳經百別又新枝)- 오동나무 거문고는 천년을 묵어도 곡조를 간직하고 매화는 평생 추위에 떨어도 그 향기를 팔지 않는다. 달은 천 번을 이지러져도 그 본질이 남아 있고 버드나무는 백 번을 꺾이어도 새 가지가 올라온다.

봉황은 오동나무가 아니면 앉지를 않고 죽순이 아니면 먹지를 않는다고 했다. 매난국죽(梅蘭菊竹)의 고결함이든 오매월류(梧梅月柳)의 풍류이든 매화는 꼭 들어갔다.

현판에 새긴 뜻은?

현판의 탄생지는 유가 12경이다. 이는 주역 상서 시경 예기 춘추 논어 효경 등 12개의 유학 경전으로 동양 유교문화의 근원이다.

중국 산시 시안에 있는 비림(碑林)은 유가 12경을 새긴 비석의 숲이다. 당나라 때 과거시험의 주요 과목은 유가 12경이었다. 인쇄술이 발달하지 아니한 당시에 필사본으로 공부하던 유생들이 베끼고 또 베끼니 오류가 많이 나오고 나중에는 본래의 의미와 다른 내용이 되기도 하였다.

이러한 잘못을 방지하면서 경전의 권위를 세우고 올바른 내용으로 통일시키고자 조정에서 과거시험 필독서인 유가 12경을 돌에다 새겨 놓았다. 이른바 석경(石經)이다. 개성석경이라 부르며 114개 비석에 65만 252자 글자를 새겨 놓았다. 지금 시안 비림의 일곱 개 전시실 가운데 제1 전시실에 개성석경이 있다. 석경의 숲이 비림의 시작이고 비림은 동양 유교문화의 마르지 않는 샘물이 되었다.

유방백세(流芳百世)라고 조선 선비가문이 좋아하는 글귀가 있다. 가풍의 향기를 후대까지 널리 전한다는 내용이다. 그런데 '유'자를 어떤 한자로 쓰는 것이 맞는가가 논쟁거리였다. 흐를 流, 남길 遺, 머무를 留 어느 것이 바른가?

향기가 흐르면 어떻고, 남기면 어떻고, 머무르면 또 어떠한가? 세 글자 모두 어울림이 좋다. 단지 풍미가 다를 뿐. 서로 다른 생각과 뉘앙스의 차이가 한자문화를 꽃피웠다. 그래서 퇴고(推敲)라 하지 않는가?

요즈음 한글로 된 현판이 더러 보이지만 고래부터 현판은 한자문화의 꽃이었다. 종갓집 현판은 문중의 정수리이자 태실과 같다. 고택에 불이 나서 서까래를 태울지언정 목숨보다 소중하게 지키는 것이 문중 현판이다. 광화문 복원 때 현판 글씨체에 대한 국민적 담론과 숭례문 방화사고 때 떨어지는 현판을 보고 전 국민의 심장이 에어지는 듯 그러했듯이 종택의 현판은 문중의 영혼이요 그 자체이다.

패랭이 35.5×54cm 장지에 분채

만대루 · 만대정 · 만대헌

만대의 뜻 / 만대루에 올라 / 배롱나무 꽃필 적에 병산에 가리

만대의 뜻

　만대루는 안동 병산서원에 있는 누각이다. 측면 두 칸, 전면 일곱 칸의 격조 높은 이층 누마루로 조선 유교 건축물을 대표한다. 한국 유학의 품격을 말해 주는 곳 그러기에 오늘날 많은 이들이 만대루에 올라 묵상에 잠기고 선비의 길이 무엇이었는지 찾기도 한다. 병산서원은 서애 류성룡을 배향하고 있다.

　만대정은 중국 푸젠성 우이산에 있는 우이정사의 부속 건물로 성리학의 대가 주희가 1183년 은거하면서 후학을 가르친 곳이다. 주희 성리학의 산실 같은 곳이지만 문화혁명 때 대부분 파괴되어 버렸고 그 후 일부 복원하

여 기념관으로 사용하고 있다.

　만대헌은 조선 선조 때 예조정랑을 지낸 안동권씨 옥봉 권위가 1587년 후학을 육성하기 위해 강학 장소로 지은 건물이다. 안동 북후면 도촌리의 도계서원 경내에 있으며, 전면, 측면 모두 3칸이다. 조선 중기 전통가옥으로 군더더기 없이 단아하고 고졸한 기품이 넘쳐 무척 아름답다. 경상북도 유형문화재이다.

　다 같이 '만대'란 글자 뒤에 건물을 나타내는 한자어 루(樓), 정(亭), 헌(軒)을 붙여 당호를 나타냈다. 만대란 이름을 처음 듣는 순간 자손 만만대가 얼핏 떠오르고 어감이 고풍스럽기보다 약간 촌스럽다는 생각이 들었다. 얕은 내 지식의 우매함이겠지만 노복(老僕)의 이름 같아서 약간 불만스럽기까지 했다. '만대야'라고 부르면 행랑아범이 뛰어나올 것만 같았다.

　안내문에 두보 5언율시 백제성루(白帝城樓) 제3행 취병의만대(翠屛宜晚對)에서 만대를 따 왔다고 한다. 저물 만(晚), 대할 대(對)를 쓴다. 「늦게 대한다」는 한자풀이 보다 「해질 무렵이 더욱 좋은」 이란 서정적 표현이 더 어울린다.

　한자 '만(晚)'자는 옛 선비들이 좋아하는 글자이다. '늦은' '저물다' '저녁' '노년'의 의미를 가져 고아한 풍미가 느껴진다. 대할 '대(對)'의 글자도 '마주하다' '대하다'는 의미로 한시에 자주 나오는데 느낌을 우리말로 옮기는 데 애를 먹이는 수준 높은 한자이다.

　고매한 뜻을 가진 동사 두 글자를 따와서 멋진 누각 당호를 만들었는데 조상의 높은 뜻을 비천한 후학이 알지 못하고 소리글자인 한글 만대만 들린다. 뜻글자인 한자와 소리글자인 한글이 묘하게 부딪혀 병산서원에 오면 항상 '만대'란 두 글자 때문에 문자향과 노복이름이 동시에 떠올라 빙그레 웃음 짓는다.

백제성루는 우리말로 옮기더라도 맛깔이 나는 몇 안 되는 두보 시 중의 하나이다.

강은 겨울산 누각 옆을 지나고 / 성은 높아 변방 수루처럼 우뚝하구나
푸른 병풍산은 **해질 무렵이 더욱 좋고** / 하얀 계곡은 놀기에 그만이다
급하게 울어대는 기러기 떼 / 가볍게 내려앉는 갈매기
이릉에는 봄빛이 일어나니 / 차츰 작은 배가 흩어지는 듯하도다.

江渡寒山閣 城高絶塞樓 翠屛宜**晩對** 白谷會深遊
急急能鳴雁 輕輕不下鷗 彛陵春色起 漸擬放扁舟

첫 행 강도한산각(江渡寒山閣)을 읊조릴 적마다 조지훈의 〈완화삼〉 첫 구절 「차운 산 바위 위에 하늘은 멀어」가 떠오른다. 둘 다 멋진 구절이다.

그런데 병산서원과 백제성은 유사성이 적어 감정이입이 잘 되지 않는다. 백제성은 위·초·오 삼국의 격전지로 유비가 죽은 곳으로 유명하다. 장강 삼협 중 취탕샤(구당협)가 내려다보이는 산 정상 가파른 곳에 있고 성내에는 제갈량을 모신 사당이 있으며 유비가 죽으면서 제갈량에게 아들 유선을

부탁한 곳이다. 충칭 평제현(봉절현)에 있으며 중국 돈 10위안짜리의 뒷면 그림이 취탕샤이다.

　병산서원은 격전지나 변방 요새가 아니고 수많은 영웅호걸의 전설이 담긴 곳은 더욱 아니다. 조선을 대표하는 서원중 하나이고 영남 유림의 성지이며 퇴계학파 서애학맥의 탄생지이다. 배향인물 서애는 임란 극복에 공을 세운 명재상으로 애국충의의 표상이다. 영남유학의 자부심이고 만대루는 유교 건축물의 으뜸이다.

　중국어는 음이 같으면 뜻이 따라 오는 경우가 많다. 코끼리 상(象)과 재상 상(相)은 같은 음이고 원숭이 후(猴)와 제후 후(候)도 음이 같다. 그래서 코끼리와 원숭이는 경우에 따라 뜻이 넓혀져 재상과 제후의 의미로 쓰이기도 한다. 글자의 음이 같아 다른 뜻으로 넓혀져 사용되는 이러한 현상을 해음(諧音)현상이라고 한다.

　만대루(晩對樓)는 백제성의 감회를 읊은 한시에서 원어를 그대로 가져왔으니 백제성의 의미가 함께 떠오르지 않을까? 천연 요새 백제성루에서 만대하는 장강과 영남 유림의 성지 병산서원 누각에서 만대하는 낙동강, 어쩐지 나의 상상력이 힘들어한다. 단지 풍광을 멋지게 읊은 시 구절에서 두 글자를 따 왔다면 '취병의만대'에서 취병은 또 어떠한가. 푸른 병풍 누각 「취병루」. 깊은 의미는 덜 하지만 부르기는 좋다.

　동양 고전에 박식하고 깊이 있는 담론을 즐긴 우리 조상들이기에 많은 논의가 있었을 것으로 생각되고 문자향이 주는 풍미는 중식당 상호 같은 취병루보다 노복 이름 같은 만대루가 훨씬 나은 것 같다.

만대루는 두보의 한시 절구보다 우이정사 만대정을 먼저 떠오르게 한다. 만대정은 만대루보다 500년 먼저 남송 때 지어졌다. 조선 유학자들이 평생 사숙하고 닮고자 노력했던 분이 주희이다. 성인의 반열에 올려놓아 조선선비들은 '주자'라 존칭했다.

만대정은 주희가 강론을 펼칠 때 중원의 인재들이 구름같이 몰려들어 경세의 뜻을 키웠던 곳이고 만대루는 영남 서애학맥이 300년간 꽃피우고 오늘날 한국의 인문학자, 건축학자의 필수 답사처가 아니한가.

성리학이라는 정신문화사 측면에서 본다면 만대루와 만대정은 도학의 같은 줄기로 연결되어 있다. 또한 병산 부용대에서 내려다보는 하회마을의 경관은 우이산 천유봉에서 내려다보는 우이구곡의 절경에 못지않다.

만대루에 올라

만대루의 작명을 백제성루 의만대에서 따 왔으면 어떻고, 우이정사 만대정에서 빌려 왔으면 또 어떠한가? 만대루는 영남좌도에서 가장 멋진 사색의 공간이다. 시간과 공간을 까맣게 잊게 할 만큼 사람을 취하게 만든다.

멋진 풍광을 바라보고 있노라면 신발 끈을 졸라매고 달려온 우리네 인생이 그렇게 잘 가꾸어지지 않았음을 깨닫게 해 준다. 한번 쉬어감이 아름다운 것이라고 천박한 후손들에게 던져주는 조상의 지혜가 새삼 놀라울 따름이다.

만대루에 오르면 우리나라 누각이 이처럼 멋진 곳이 있구나 하고 감탄을 하게 된다. '유교 건축물의 백미'란 표현은 그저 말하는 것이 아니라 정곡을 꿰뚫었다. 중국 일본 동남아 티벳 어디에서도 만날 수 없는 우리 맛이다.

누마루에 서면 텅 비었으면서도 정제되고 절제된 느낌을 받는다. 눈이 가는 방향은 동쪽보다 해지는 서쪽이 좋다. 수많은 사람을 다 포용하고 남을 것 같은 넉넉한 여유, 시끄러움과 속됨을 난간 밖으로 던져버리고 시간과 공간을 한꺼번에 담고 있는 듯 정지된 아름다움. 성리학이란 형이상학을 형상으로 나타내면 이런 분위기가 되지 않을까 싶다. 여덟 기둥이 누(樓) 밖으로 달아나지 못하도록 들보가 살포시 눌러 당당하고 그 사이로 가로 판재 세 줄은 조선 유학의 청청한 맥 같다.

외관은 입교당에서 바라보는 모습이 좋다. 만대루 지붕 선은 미울 만큼 조그마하게 곡선을 그리고 있고, 동재 서재 추녀 끝은 처마와 맞닿아 있다. 옅은 검정빛 기와로 덮인 지붕 면적의 균형미, 지면에서 적당한 높이에 있는 누마루 선, 기둥 사이로 아스라한 직사각형 여백은 건축과 자연이 다르지 않음을 보여주고 있다.

배롱나무 꽃필 적에 병산에 가리

병산서원에도 역사적 아픔이 있었다. 병산서원이 사액서원이 된 것은 1863년 철종 때였다. 1608년 서애가 세상을 떠나자 위패를 모신 이 서원은 250년이 지나도록 조정으로부터 사액을 받지 못하였다.

1610년 광해군 2년에 우복 정경세에 의해 서원의 모습을 갖춘 이래 철종조 안동김씨 세도 하에서 사액을 받을 때까지 육십갑자를 네 번 지나고 열 명 임금의 치세를 거쳤지만 사액을 받지 못했다. 탕평정치를 한 영·정조 시대에도 사액 서원이 되지 못했다. 사액을 받지 못하면 서원의 품격에 문제가 생기게 된다. 당시 집권층인 서인 세력의 지나친 견제로 서애 학맥은 오랫동안 어려움을 겪었다.

병산서원에는 배롱나무가 아름답다. 그래서 누군가 "배롱나무 꽃필 적에 병산에 가리"라고 읊었다. 목(木)백일홍이라 부르는 배롱나무는 옛 선비들이 머무는 서원이나 정자, 누각에 많이 심었다. 선비들이 배롱나무를 좋아하는 이유는 수피가 미끈하여 껍질이 없는 것처럼 보여 겉과 속이 다르지 않다고 여겨 선비의 일편단심을 나타내는 나무란 이야기도 있고, 한편으로 한여름 백일동안 한결같이 붉은 꽃을 활짝 피우고 있으니 절개와 번창함을 동시에 나타내기에 조선 선비들의 염원과 맞아 유독 좋아했다는 이야기가 있다.

달마가 동쪽으로 온 이유도 큰 뜻이 있겠지만, 도(道)가 동쪽으로 온 까닭을 말해 주는 곳이 서원이다. 영남좌도를 대표하는 서원, 삼산일동(三山一東)을 다니면서 조상의 훈기를 느껴보려고 애를 썼다. 삼산일동은 도산서원, 병산서원, 경주 안강의 옥산서원과 달성 구지의 도동서원이다. 여기에 영주 소수서원을 더하여 영남 5대 서원이라고 한다. 최근 유네스코 문화유산에 등재된 9개 서원 중 영남좌도에 있는 5개 서원이다. 몇 대 몇 대 하면서 서열을 매기는 것은 중국 사람들이 좋아한다.

8세기 백제성루, 12세기 만대정, 16세기 만대헌, 17세기 만대루는 세월과 역사로 이어졌다. 백제성과 만대정은 조선선비들이 가보지는 못했지만 수백 년 동안 글을 통해 마음속으로 그리움을 키운 곳이다. 시문으로 묵향과 문자향을 맡으면서 상상의 나래를 펴고 마음껏 드나들었다. 조상들이 그렇게 동경했던 주희의 우이구곡과 두보시의 산실인 장강의 백제성을 오늘날 좋은 시절을 만나 모두를 둘러보는 호사를 누렸다.

  세월의 흐름으로 옛 흔적이 옅어져 가고 있지만 선조가 가보지 못한 곳을 비천한 후학이 대신하여 사무치는 그리움으로 보고 또 보고 느낀 마음을 적어 보았다.

싸리재 풍경 76×55cm 장지에 분채

서울양반 어디가고 안동양반만 남아있네

안동양반 / 조상 모시기 / 불천위 / 종가 고을 안동 / 문중 세력 키우기 / 안동의 서원 / 양반의 위세 / 서자 차별과 훼가출향 / 안동의 가치

안동양반

 아직도 많은 사람들이 양반하면 안동을 떠올린다. 한자어 주(州)로 끝나는 기라성 같은 고을을 다 남겨두고 안동에 왜 양반이 많은지 알 듯하면서도 속 시원하게 논리적으로 답을 얻을 수 없어 안타까웠다. 누구는 퇴계라는 대학자가 있었기 때문이라고 하고 혹은 조선 초 사화나 정쟁을 피해 서울선비들이 경상도 북부지방으로 피난을 많이 왔기 때문이라고 한다.
 안동 땅에는 퇴계 이후 퇴계에 버금가는 대학자가 나오지도 않았고 서애

이후 큰 벼슬을 한 전국적인 인물도 없었다. 우리 역사를 화려하게 장식한 한양의 경화사족 - 부자 영의정, 한 집안 삼정승, 5대 대제학 등 수많은 인물을 배출한 명문벌족을 다 제쳐두고 소백산 남쪽 궁벽한 땅, 안동을 왜 양반고을이라 하는지, 무엇이 그렇게 만들었는지 찾아 가보자.

조상의 장탄식 소리가 들리는 곳, 문중 종갓집이 백 개가 넘는 곳, 묵직한 현판에 읽을 수 없는 글씨로 내방객의 기를 죽이는 곳, 예(禮)에 대한 무지와 무식함으로 자존심을 상하게 만드는 곳, 다른 집안 족보를 아는 척이라도 해야만 사람 대접받는 곳, 하회 내앞 가일 무실 닭실 시미처럼 촌마을 이름을 출신 앞에 내세우는 곳, 때로는 누마루 나무기둥을 껴안은 것처럼 답답하고 듬직한, 간잽이 고집같이 꽉 막힌 갑갑이 내 친구들이 자란 곳, 그곳이 안동이다.

조상 모시기

1800년경 이중환의 택리지에 대하여 여러 학자가 말문을 붙였는데 다산 정약용이 쓴 말문에는 경상도에서 사족이 살아남은 이유를 다음과 같이 요약하여 씌어 있다.

"우리나라에서 농장이 아름답기로 영남이 으뜸이다. 그런 까닭에 사대부가 지난 수백 년 동안 역경에 처해 왔음에도 그 존귀함과 부유함은 쇠잔하지 않았다. 풍속에 따라 집집마다 한 조상을 모시고 한 터전을 차지하니 종족이 흩어지지 않고 그곳에 모여 산다. 이런 까닭에 그들의 신분 유지가 공고하고 뿌리가 뽑히지 않는다."

다산은 그의 방대한 저술로 왕조 오백 년 동안 가장 박식하고 뛰어난 인물로 인정받고 있으므로 다산의 말을 인용하면 대체로 탁견으로 여겨졌다. 다산은 안동이 양반 고을이 된 이유를 집집마다 한 조상을 모시고 한 터전을 차지하며 뿌리를 내렸기 때문이라고 한다.

안동을 풀이할 수 있는 가장 확실한 단어는 〈조상〉이다. 안동은 조상의 땅이다. 조상이 안동을 오백 년 양반고을로 만들었고 골골마다 오백 년 세거지를 일구었다. 후손들은 조상을 지극 정성으로 모셨고 조상은 후손들에게 명문세가의 자손이라는 사회 인가를 주었다. 현조(顯祖) 덕분에 출생과 더불어 귀족이 되었고 귀족이 된 후손은 조상을 더욱 빛내기 위해 다양한 노력을 했다.

183개 동족마을에 모여 살면서 조상의 묘역을 살피고 위토를 마련하고 사당을 지어 조상을 모시고 수시로 문안인사드리며 집안일을 고했다. 조상의 글로 문집을 만들고 나라에 공을 세웠으면 시호와 증직 벼슬을 기어이 받아냈다.

조상의 날에 제사 지내는 일은 후손의 연례행사 중 가장 값지고 중요한 일이었다. 정성을 다하여 제향을 올리고 예를 갖추고 예를 실천했다. 조상 모시기는 '예'에서 시작해서 '예'로 마쳤다. 가례 제례 상례 의례 행례 빙례 상견례 향음주례 향사례 등 예(禮)가 안동 양반의 일생을 지배했다.

조상 모시기는 문중 세력 확장과 맥을 같이 했다. 남계친 자손들이 같은 조상이라는 동질감과 유대감에서 출발했다. 유교의 종법에 따라 입향조나 불천위 조상을 기리기 위해 무덤에서 지내는 묘제는 단지 지극한 효행에 그치는 것이 아니라 문중 전체의 이익을 위하여 조상의 위세를 대내외에 과시하는 행위였다. 조상 숭배와 보종, 종족의 결속과 통합은 거의 종교적이라고 할 만큼 절대적 충성을 요구했고 종법제도를 엄격하게 실천했다. 장자상속제로 넘어오면서 종족 재산을 보존하고 증대에 심혈을 기울여 문중을 지켰다.

불천위

조상 제사는 4대 고조부까지만 모시고 5대가 되면 체천(遞遷)하는 오세즉천(五世則遷)이 원칙이지만 현조(顯祖)를 다른 조상과 마찬가지로 4대까지만 모시는 일은 격이 맞지 않다고 여겼고 문중을 빛낸 고귀한 조상이기에 당고조 팔촌(堂內)으로 지내는 제사는 예를 다하지 못해 죄송스럽게 생각했다.

후손들은 현조의 제향을 영원히 지낼 수 있도록 조정에 소를 올려 승인을 받아 냈고 이로써 국불천위가 생겨났다. 반대세력의 견제로 조정의 허락을 얻지 못하면 영남 유림의 공의를 얻어 향불천위로 모셨다. 이도 여의치 않으면 문중 전체의 동의로 문중불천위로 모셨다. 불천위 제사에는 종족은 물론 외손 사돈 제자까지 참석하여 성대하게 치른다. 현조를 불천위로 모시게 되면 문중은 빛이 났고 조상의 위세를 받아 문지(門地)가 귀하게 되었다.

안동에는 불천위가 47위 있다. 옛날 안동 대도호부 영역권에 있었던 봉화 예천 영양 등지의 불천위를 제외한 숫자이며 상주에도 14위 있다. 안동 20개 문중에서 불천위 제사를 지내고 있으며 불천위 신위를 넷 이상 모시는 문중은 진성이씨 하회류씨 의성김씨 전주류씨 안동권씨이다.

조상의 훌륭한 덕행을 찾아 기리고자 하는 노력은 당연 안동 양반이 최고이다. 가만히 있는데 조정에서 조상을 현조로 만들어 주지 않는다. 후손들은 현조에게 시호와 증직 벼슬이 내려지도록 누대에 걸쳐 유림의 공의를 얻고 덕행을 찾아 소를 올리는 등 값진 노력을 다 하여야 한다. 아울러 조상의 문집을 발간하고 조상의 위패를 향사할 서원을 물색하거나 사우를 새로 지어 현조를 모셔야 한다.

현조의 위세가 조정의 간섭에 대항하여 자신의 이익을 지키는 우수한 무기가 됨을 잘 알고 있었다. 안동 양반은 1623년 인조반정 이후 중앙 관리로 출사가 어렵게 되자 조상 모시기에 정성을 다하여 현조의 위세를 세우고 이를 뒷배로 삼아 문중을 지켰다.

"우리집 보물은 오로지 청백뿐이다.(吾家無寶物 寶物惟淸白)"라고 청렴결백의 상징적인 인물인 안동 길안 묵계의 보백당 김계행(1431~1517)의 이야기이다. 안동김씨로 연산조 때 대사간직에 있으면서 직언을 서슴지 않아 무오사화에 화를 입고 낙향한 보백당에 대하여 후손들은 현조 섬기기에 정성을 다했다.

그의 사후 200년 뒤 숙종조 1706년에 유림사회는 묵계서원을 짓고 보백당을 향사했다. 다시 150년 뒤 철종조 1859년에 이조판서의 증직 벼슬과 정헌(定獻)이라는 시호를 받았으며 후손은 묘갈명에 이를 새겨 넣고 신도비를 세웠다. 다시 50년 뒤 구한말 조선왕조가 망하기 전 1909년에 불천위 교지를 조정으로부터 기어이 받아내어 국불천위가 되었다. 보백당이 세상을 떠난 뒤 400년 만에 향불천위에서 국불천위가 되었다.

그동안 누대에 걸쳐 수없이 소를 올려 현조의 덕행과 행적을 밝히고자 노력한 결과였다. 안동의 조상 섬기기는 춘향의 절개보다 강하고 종교보다 깊다.

종가 고을 안동

옛날부터 「호남은 음식, 서울은 입성(入省), 영남은 집짓기」라는 말이 있다. 호남지역은 들이 넓고 물산이 풍부해 음식문화가 발달했고 서울 사족은 조정 입성 즉 중앙 조정에 들어가 관리가 되는 것이 사족의 목표이고 안동양반은 조선 후기 조정의 관리가 되는 길이 막혀버렸으니 조상을 위하여 집 짓는 것으로 일생을 보냈다는 이야기이다.

조상 모시기는 종가 중심으로 이루어진다. 종가 보전은 문중 족인의 절대적 사명이고 종가 건물은 문중의 역사와 전통과 위세의 상징이다. 안동 땅을 다니다보면 골골마다 만나는 고색창연한 고가, ○○구려, ○○종택, ○○고택 현판이 걸려있는 유서깊고 품격있는 모습에 감탄하게 된다.

경주가 고분의 도시라면 안동은 종가의 고을이다. 양진당 충효당 천전대종가 귀봉종택 삼산종택 율리종택 이우당종택 운암종택 상리종택 제산종택 간재종택 정재고택 학봉종택 임청각 남천고택 오헌고택 대산종가 백하구려 북애종택 송소종택 화경당고택 추파고택 탁청정종가 무실종택 지촌종택 죽헌고택 안동김씨종택 예안김씨종택 한산이씨종택 묵재고택 수곡고택 하동고택 학암고택 송곡고택 등 셀 수도 없다.

안동 25개 유력 문중의 대종가 소종가와 수많은 지파의 고택들이 곳곳에 산재되어 있으니 종가가 없는 안동은 생각할 수 없다. 물산이 넉넉하지 않은 안동지역에서 수 세기 동안 수많은 종가, 재실, 사우와 서원을 지었으니 안동양반의 근검절약은 생활 바탕에 깔려 있다. 조상 제삿날 아니고는 좋은 밥 좋은 반찬을 구경할 수 없다.

안동 양반의 종갓집 챙기기는 유별나다. 청계 김진의 넷째아들인 학봉이 중국으로 사신을 가서 중국 상류층 주택의 건축 도면을 얻어 가지고 와서 임란 전에 지은 종가 종택이 지금까지 남아 있는 임하의 천전대종가이다. 'ㅁ'자 형태의 특이한 이 건물은 현재 보물로 지정되어 있다. 의성김씨 종손은 경상감사보다 낫다는 말이 종손의 권위를 말해 준다. 종가의 주인인 종손은 봉제사와 접빈객으로 일생을 보낸다.

대청마루에 메주가 걸리고 윤이 나는 장독대, 아직도 실한 들보와 서까래, 근엄하고 풍채좋은 종손이 지키고 있는 안동의 수많은 종갓집에는 저마다 아름다운 사연이 수백 년 세월의 등을 타고 전해져 오고 있다. 안동지역에는 문화재와 보물로 보호하고 있는 목재 건축물이 144개나 된다.

문중 세력 키우기

소규모 혈연집단으로 시작해서 어떻게 명문종족이 되어 살아남았을까? 중앙의 조정 관리가 되는 길은 멀어졌지만, 안동 문중들은 정치적 성향을 남인 계열로 통일시켰다. 문중의 힘을 키우기 위해 지역의 명망 있는 다른 문중들과 연계를 중시했고 같은 집안이라도 신분과 위세가 다르면 멀리하고 격이 비슷하여야만 교류 관계를 맺었다. 그리하여 지역적으로 신분과 이념이 비슷한 집안끼리 공동체를 형성했다.

지역공동체의 반열에 들어가기 위해 우선 학문을 수련하고 같은 형태의 유교종법의 예(禮)를 실천해야 한다. 서원에 출입하고 소과일지라도 과거에 합격하고 자신을 위한 학문에 정진하며 지역 유림의 공인을 받고 문집을 발간하여야 한다. 문집 발간은 선비로서 대단한 영예로 여겼다. 도산서원의 문집 발간 능력은 조정을 제외하고 전국 으뜸이었다.

훌륭한 집안끼리 혼인망을 중시했다. 혼인은 사회적 신분이나 직위를 선택하여 결정할 수 있으므로 혼맥은 양반 신분을 구성하는 핵심적인 요소이다. 격이 비슷한 문중끼리 일종의 내혼집단을 만들어 중첩적인 혼인망을 구축하였다. 겹사돈이 다반사였고 멀리 영해 경주 성주까지 혼인망이 넓어졌지만 도의 경계는 넘지 아니했다.

혼맥과 더불어 학맥도 중요했다. 퇴계에게서 배운 이는 200명이 넘었다. 퇴계 문도를 퇴도(退徒)라 하고 계문(溪門)제자라 칭하며 퇴계 문도 사이에 끈끈한 유대관계와 혼인망을 형성했다. 퇴계학을 진작시키고 퇴계학맥의 적전을 잇는 것이 안동 유림사회의 최고 가치로 여겼다.

아울러 경제적 기반을 중요하게 여겨 농토를 넓히고 노비를 철저하게 관리했다. 16세기 재지양반의 경제력 척도는 보유하고 있는 노비수였다. 비슷한 시기의 안동 주요 문중의 노비수를 보면 경제력이 대단했음을 알 수 있다. 1550년 봉화 유곡의 안동권씨 권벌 노비수는 318구, 1540년 임청각 고성이씨 이명의 노비수는 179구, 1559년 오천 광산김씨 김효려의 노비수는 226구, 1586년 온계 진성이씨 이준의 노비수는 367구, 1572년 영해 인량 재령이씨 이애의 노비수는 233구이다.1)

문중은 족인의 학문 진작과 과거 급제를 적극 지원했다. 인격도야를 위한 학문뿐만 아니라 경세를 위한 공부, 위인지학(爲人之學)을 중시했다. 과거를 통해 조정 관리가 되는 것은 큰 영광으로 여겼다. 실제로 조선왕조를 통틀어 서울을 제외하고 가장 많은 수의 초시 복시 합격자를 배출한 고을은 안동이었다. 가난한 자손들도 공부할 수 있도록 문중에서 섬학소라는 장학재단을 만들어 지원했다. 문과과거 급제를 한 족인에게 특별히 상을 주었다 문장답(文章沓)과 문장검(文章劍)이 그것이다. 문장답과 문장검은 문중을 빛낸 인물에게 주는 문중의 가장 영광스러운 상패였다.

안동의 서원

안동에는 도산서원과 병산서원만 있는 곳은 아니다 전국적으로 서원이 가장 많이 있는 고을이 안동이다. 서원은 애초 강학과 성현의 배향이 본래의 목적이지만 점차 붕당의 이익을 수호하고 세력 확장을 위한 근거지로 변질되기 시작했고 안동의 서원 건립은 유림의 공의와 맥을 같이 했다

---

1) 조선양반의 생활세계 (문옥표외, 2004, 백산서당)

자손이 융성하면 하찮은 조상도 숭배의 대상이 되고 자손이 쇠미하면 훌륭한 조상도 대접을 받지 못한다는 것이 양반사회이다. 강한 지역공동체를 형성한 안동 유림이 '위신의 사유화' 모습을 띠면서 지역 현인을 서원에 경쟁적으로 모셨고 현조의 서원 향사는 문중의 의무처럼 되었다.

사빈서원(김진) 묵계서원(김계행) 도연서원(김시온) 임천서원(김성일) 기양서원(류복기) 구계서원(우탁) 도정서원(정탁) 노림서원(남치리) 청성서원(권호문) 삼계서원(권벌) 화천서원(류운룡) 고죽서원(김주) 고산서원(이상정) 분강서원(이현보) 용계서원(김언기) 등 1800년대 안동 예안의 서원과 사우의 수는 48개였다. 오늘날 유네스코 문화유산으로 등재된 9개 서원 중 3개가 안동권이다.

당시 서원, 향교, 문중 간의 연락은 통문으로 했다. 통문 망이 잘 발달되어 있었다. 유림의 공론이 필요하다고 여겨지면 통문이 가는 길로 순식간에 전달되었다. 특히 향권이 침해당했다고 여겨질 경우 불과 며칠 만에 안동 유림 전체에 전달되므로 조정에서도 안동유림의 결속력을 인정했다. 지방 수령의 경우 임기가 1년이므로 임기 중에 유력 문중과의 마찰을 가급적 피하고 문중 내부 일에는 관여하지 않으려는 경향이 강했다.

양반의 위세

안동양반들의 위세는 조상으로부터 시작되었다. 조상을 잘 모시고 조상의 권위를 세우면 그것이 곧 후손들에게 돌아온다는 것을 알았다. 문중마다 조상의 덕행을 찾아냈고 절의를 가풍으로 승화시켰다. 무신란 때 안동권씨 권구(1672-1749)는 조정으로 끌려가 영조에게서 국문을 받을 때 '안동 땅은 조상의 음덕으로 기자 조선 이래 역신(逆臣)이 한 명도 나오지 않은 고을'이라고 강변하여 영조 임금의 말문을 막았다. 조상의 위세는 어전일지라도 두려움이 없었다.

도리를 지키다가 죽을지언정 굽히지 않는 것을 당연하게 여겼다. "유가(儒家)에는 3년마다 금부도사가 드나들어야 하고 갯밭에는 3년마다 강물이 드나들어야 한다"고 자랑스럽게 이야기하는 곳이 안동이다. 많은 유력 가문의 가훈이 '충(忠)'이므로 공맹의 충효가 지나친 면이 있지만 그것은 안동양반의 자존심이다.

임하 내앞의 의성김씨 대종택에 임금이 보낸 금부도사가 내려온 것이 세 번이나 되었다. 지촌 김방걸, 칠탄 김세흠, 제산 김성탁이 귀양을 가게 된 경우이다. 자손들은 왕명을 거역해 귀양 간 조상을 애달피 여기는 것이 아니라 목숨을 두려워하지 않고 정론의 기개를 지켰음을 증명하는 자랑스러운 집안으로 후손들은 기억한다.

조선후기 조정을 장악한 노론 세력이 안동지역에 노론 서원 건립을 추진하자 안동 유림은 향권 침해는 물론, 영남남인의 자존심의 문제로 똘똘 뭉쳐 결사반대에 나섰다. 노론의 관찰사는 안동부사를 앞장세워 서자 출신 등 일부 불만 세력과 손잡고 회유, 협박, 설득 등 갖은 방법을 다하였으나 실패하였다. 이때 안동부사가 중앙의 노론 집권 세력에게 보낸 서한이 재미있다.

"그물을 낙동강에 던졌더니 종일 소득이 미꾸라지 몇 마리뿐이요. 위쪽 천김(川金)은 쟁쟁(錚錚)하고 아래쪽 하류(河柳)는 청청(靑靑)합니다."

여기서 위쪽 천김은 천전(내앞)의 의성김씨를 말하고 아래쪽 하류는 하회의 풍산류씨를 가리키고, 노론에 동조하는 안동의 지지 세력을 미꾸라지처럼 보잘것없다고 여겨 안동의 향권 와해가 불가능하다는 것을 말하고 있다.

서자 차별과 훼가출향

안동은 유교적 종법의 실천을 매우 중시하였다. 서자의 대한 차별은 서인보다 훨씬 심했다. 서자는 가문을 이을 수 없고 문중제사에 차별을 받았으며 과거 문과에 응시할 수 없었다. 서원 출입도 불가능하였다. 동안(同案)에 이름을 올릴 때도 사족의 이름 밑에 기재되었다. 서자가 있더라도 적자가 없으면 양자를 들여 대를 이었다.

서자는 문중 회의에서도 특별한 경우가 아니면 이방인이었다. 안동 양반 집안에 학식이 뛰어난 서자가 한 명 있었는데 이 집안은 벼슬보다 학문적 성취를 더 중하게 여기는 가문이었으므로 학식이 뛰어난 서자를 대접해 주었다.

문중에 일이 있어 종택 대청마루에 문중양반이 전부 모여 회의를 할 때 이 서자에게는 다리 하나만 마루에 올리고 참가할 수 있도록 특별히 허용되었다고 한다. 서자이므로 대청마루에 여타 양반과 같이 '양반다리'해서 동격으로 앉을 수는 없다는 것이다. 가부좌 같은 양반다리 이름은 이렇게 해서 생겨났는지 모르겠다.

양반은 집성촌 중심의 기와집에 살았고 서자는 주변 하촌(下村)에서 초가집에 거주했다. 서자가 양반을 능멸하면 동안(同案)에서 이름이 삭제되고 집성촌에 거주하는 그 누구와 접촉이 금지되는 벌을 받았다. 그와 내왕하는 자는 처벌을 받게 되므로 그는 거주와 생계의 권리 및 마을 보호를 박탈당했다.

문중에서 내리는 가장 심한 벌은 할보(割譜)라 부르는 족보에서 이름을 지워 친족 관계를 끊는 것이다. 다음에 종가에 출입을 금하는 것이다. 족보에서 지워지고 종가 출입이 금지되면 그 사람은 문중 구성원에서 탈락하게 되고 양반 신분을 잃게 된다. 따라서 문규를 어기는 것은 거의 불가능하였다

안동 유림사회도 마찬가지다. 향안을 만들어 입록자 수를 제한하고 향규를 어기는 자에 대하여 벌을 엄하게 했다. 유림사회의 향벌 중 훼가출향(毀家出鄕)이 가장 무서운 벌이다. 훼가출향은 살던 집을 부수어 버리고 향리 밖으로 쫓아내는 벌이다. 예안의 훼가출향 사례이다.

1598년에 북인의 정인홍은 류성룡이 영의정에 있으면서 일본과 화친을 주도하여 나라를 팔아먹었다고 주장하며 탄핵했다. 이때 퇴계제자인 예안의 조목과 봉화금씨 금난수는 북인 정인홍의 편을 들었다. 이 탄핵으로 류성룡은 관직이 삭탈당하였고 안동 유림과 예안 유림 사이가 벌어졌다. 수년 뒤 북인의 비호하에 조목이 도산서원에 종향되자 안동 유림들은 조목지지 세력이 일으킨 도발 행위에 반발했고 관계가 극도로 악화되었다.

1623년 인조반정으로 북인이 몰락하자 조목과 금난수의 아들은 서인 세력에 의해 유배를 갔고 예안의 북인 지지자 몇 명은 훼가출향(毀家出鄕)의 엄한 향벌에 처해졌다. 조목의 제자들은 이후 남인으로 돌아섰다.

예안의 북인 지지자들이 살던 집은 허물어졌고 집터는 연못으로 만들었다. 땅의 나쁜 기운으로 배신의 무리가 생겨났으므로 오행사상에 의해 흙(土)을 물(水)로 제어했다.

음양오행설의 오행은 목·화·토·금·수의 순서로 흐르는데 다음에 오는 것이 밀어주는 상생(相生)의 관계이고 하나 건너 있는 것이 상극(相剋)의 관계이다. 토생금(土生金)이고 토극수(土剋水)이다 토와 수는 상극의 관계로 흙이 강하면 물이 흙 속으로 스며든다. 오행에 따라 배신자가 태어난 집을 허물고 집터를 연못으로 만들어 물로 채워 나쁜 기운을 없앴다. 공맹사상에 우주질서를 더해 성리학이 태어났고 성리학은 조선의 정신세계를 지배했다.

안동의 가치

만일 조선 후기 영남남인이 서인과 싸움에서 패배하지 않았더라면 안동양반은 어떻게 되었을까? 역사에는 가정이 없지만, 안동의 가치와 성격을 이해하려면 상상력이 필요할 것 같다. 영남남인은 갑술년 패배 이후 조령 이남으로 물러남으로써 정치권력은 잃어버렸지만, 오랫동안 피비린내 나는 싸움에 말려들지 아니했다. 귀양을 가서 배소에서 세상을 떠난 인물은 있었지만, 멸문은 없었다.

꺾어질지언정 휘어지기를 거부하고 타협에 약하고 절의를 숭상하는 이 지역의 기질이 18세기 정치판 싸움의 중심에 있었다면 조선 후기 정치사는 더욱 심한 광풍이 불었을 것으로 생각된다. 조상 모시기에 지극 정성인 안동양반은 간데없고 차라리 "신의 벌하소서"가 일상인 강직한 외곬 신하로 조야에 피비린내가 진동하게 만들지 않았을까 상상해 본다.

성리학이란 형이상학이 과학이란 형이하학에게 자리를 양보해 준 오늘날, 300년의 긴 세월동안 주자의 바른 계승자가 누구이고 정학(正學)이 무엇인지를 놓고 그렇게 다투어야 했는지, 그것이 그렇게 소중했는지 이해하기는 어렵지만 그것이 역사이다.

정치권력은 빼앗겼지만 사회 권력을 장악한 채 영국 귀족과 같은 신분적 특권을 누리면서 절의를 지켰고 명예를 누렸다. 「황산계」 같은 양반사회의 모임을 만들어 풍류를 즐기며 낙동강, 반변천 따라 정자를 세우고 배를 띄우며 겉으로는 "십 년 권세 없고 열흘 붉은 꽃 없다"며 권력의 무상함을 남가일몽으로 노래했다.

타 지역 양반고을이 식민지와 전란으로 피폐해지고 있을 때 그래도 안동 땅은 어렵지만 동아시아에서 보기 드문 유교 고을로 지켜왔다. 나라가 어려울 때 국가의 부름에 언제나 앞장을 섰고 수백 년 이어온 선비 불씨를 꺼뜨리지 않았다. 언제가 읽은 글에서 "육사의 글에는 단 한 글자도 친일의 냄새가 나지 않는다."고 했다. "석주의 절명시에는 비장감이 있다"고 했다. 그런 고결하고 엄정함 그것이 안동의 가치가 아닐까?

봄볕 61×43cm 장지에 분채

2부
사랑과 한(恨)

육십 년의 한(恨)은 하늘을 울리고 / 85
안동에서 만난 네 명의 조선 여인 / 97
육신사에 얽힌 이야기들 / 119
이백 년 만에 뿌리를 찾아 회귀하다 / 131
얼자의 눈물, 천(賤)이란 무엇인가? / 143

육십 년의 한(恨)은 하늘을 울리고

인동작변 / 정조 독살설 / 신지도의 한(恨) / 인동작변과 정약용 /
마침내 신원은 풀리고 / 연미정실기

인동작변

1800년 음력 6월 28일 정조가 갑자기 승하하고 국상을 아직 치르지 않았을 무렵, 경상도 인동(구미)부에서는 노론의 무관 출신인 인동부사 이갑회가 부친의 생일잔치에 풍악을 울리는 등 크게 벌이면서, 지역 유력 재지양반인 인동장씨 여헌 장현광 후손 장윤혁을 초대하게 되는데 장윤혁은 국상 중이라 참석을 거절하고 잔치음식마저 돌려보낸다.

수모를 당한 괘씸함도 있고 국상 기간에 잔치를 벌여 국법을 어긴 사실로 난처하게 된 인동부사는 아전과 짜고 간계를 꾸민다.

달포 뒤 추석날 장윤혁의 집 뒤뜰에 소머리를 던져놓고 인산(因山,국상) 전에 소를 도축하였다는 혐의를 씌워 군졸을 동원하여 장윤혁의 노비를 구금하였다. 항의하던 장윤혁의 장남 장시경도 구속하자 집안사람들이 관아로 몰려가 인동부 이속들과 충돌하게 되었다고 문중에서 이야기하고 있다.

인동부사가 경상감영을 통해 조정으로 보고된 장계에는 인동의 장시경, 시욱, 시호 3형제가 주동이 되어 가노 60여 명이 추석 당일 인동 관아를 침범했고 이들의 관아 침입기도는 무기와 군량 탈취에 있으며 이후 선산 상주를 거쳐 서울로 진격, 선왕을 독살한 노론 벽파 세력을 제거하고 정권을 장악하려 했다. 이들은 인동 관병의 적극적인 제지를 받아 뿔뿔이 도망을 치게 되었는데 주모자 장씨 3형제는 낙동강변의 천생산 낙수암에서 투신자살을 기도하면서 둘은 죽고 막내 장시호만 살아남았다는 것이다.

조정에서는 형조판서 이서구를 안핵사로 급파했다. 25일간 심리를 마친 뒤 안핵사 이서구와 경상감사 김이영이 올린 공동 보고서에는 이 사건을 정조 독살설에 따른 영남인의 모반사건으로 결론을 내렸다. 모반사건으로 보기에는 관련인물이 너무 어설프고 우발적이면서 억지스러운 면이 많았지만 당시 집권세력은 그렇게 평가하였다.

모반사건이므로 주모자 가운데 생존인물인 장시호와 가노 영태는 사형에 처해졌다. 장씨 3형제의 부친 장윤혁은 대구감영에 수감되었다가 그해 옥사하였고 모친 연일 정씨는 걸인이 되어 떠돌다가 이년 뒤 인동장터에서 객사하였다. 장시경의 장남 장현경도 주동인물로 몰려 도망을 다니다가 7

년 뒤 함경도에서 붙잡혀 대구감영으로 압송되어 사형을 당하였다.

역모 연좌로 사촌 형제 4명은 대구감영에 수감되었고 집안여인과 어린 자식들은 절해고도 신지도와 평안도, 함경도로 귀양에 보내졌다. 신지도로 귀양을 간 사람은 장시경의 처 양주 조씨와 큰딸, 장시호의 처 김해(분청) 배씨와 두 딸, 두 아들로 모두 7명이다. 장시욱의 처는 평안도 강계로 귀양을 가서 사망하였고 딸은 전라도 낙안으로 귀양을 갔다가 나중에 여승이 되었다. 함경도 안변으로 귀양을 간 딸도 있었고 사돈인 안동 무실의 전주 류씨 집안까지 불똥이 튀었다. 유배자 중 1816년 해배되어 고향 인동으로 돌아온 이는 사촌 장시진의 둘째 아들 장석중뿐이었다.

여헌의 7대 종손인 장윤종은 남원으로 유배되어 이듬해 유배지에서 세상을 떠나 인동장씨 여헌문중은 멸문지화의 참화를 당하였다. 인동부는 모반자 고을이 되어 도호부에서 현으로 강등되었다. 이 사건이 1800년 순조 즉위년에 일어난 소위 인동작변(仁同作變)이다. 인동장씨 집안에서는 경신년에 일어난 재앙이라고 경신화변(庚申禍變)이라고 부른다.

정조 독살설

사건의 당사자인 인동장씨 여헌문중은 어떠한 집안인가? 장현광은 인동장씨를 대표하는 인물로 17세기 영남의 뛰어난 유학자이며 퇴계의 제자이다. 84세까지 장수하면서 류성룡 이후 병자호란 때까지 영남 산림으로 남인을 대표하며 수많은 제자를 길러 냈다. 평생 관직에 나가지 않고 학문에 힘쓴 성리학의 유종이었다. 효종 때 영의정으로 추증되었으며 문강이라는 시호가 내려졌다.

여헌 후손은 서인 집권 조정에서도 누대 걸쳐 고을 수령을 지냈고 낙동강 중류지역의 너른 들판을 차지하여 경제력을 가졌다. 한때 영남유림에서는 여헌을 문묘 종사에 추진하기도 했다. 증직 영의정 벼슬과 문강 시호가 내려진 영예로운 집안이며 명문 재지양반이었다.

고을 수령과 재지양반과의 단순한 충돌이 정치적 모반사건으로 변질된 것은 당시 시대상황과 맞물려 있다. 정조의 갑작스러운 승하로 노론 벽파 정순왕후가 섭정하고 심환지가 영의정으로 국정을 이끌자 정조독살설이 서울지역은 물론 영남지방까지 광범위하게 유포되어 민심이 술렁거리고 있었다.

정순왕후는 '경향에서 괴이한 문장을 내어 소문을 유포시키는 자를 엄벌에 처하겠다'는 2차례 전교를 통해 정조 옹호세력인 노론시파의 관료와 성균관 유생에게 경고를 던졌다. 친정 경주김씨 일족을 요직에 임명하고 형조판서에 이서구로 교체하였다. 정조독살설이 유포되어 민심이 숭숭한 경상도에 관찰사 신기를 파직하고 충청도관찰사인 김이영으로 바꾸었다. 이들은 노론 영의정 심환지의 측근이었다. 이 시기에 발생된 인동작변은 노론 벽파의 입장에서 보면 호재 중의 호재였다. [1]

인동 관아와 장씨 집안사람과 충돌 시 나무막대기가 전부인 점을 들어 정순왕후는 역모사건으로 볼 수 없다고 하였으나 심환지는 선대왕의 국상을

---

[1] 참고 논문 : 인동작변을 둘러싼 다중의 시선들 (김성우 2011 역사와 현실)

앞둔 어수선한 시기에 본보기를 삼아야 한다고 엄벌 주장을 굽히지 않았다.

인동작변은 뒤숭숭한 민심에 불안을 느낀 노론 벽파에 의해 모반사건으로 조작되었고, 그 결과 정조독살설의 바람을 타고 있던 정조 옹호세력과 도산별시와 만인소를 통하여 한껏 고양된 영남남인의 기세를 일거에 잠재워 버렸다.

노론 벽파의 기막힌 정치적 술수였다.

안핵사 이서구는 실학 4대가의 한사람으로 정조의 총애를 받았다. 당색이 노론 벽파라 그들의 입맛에 맞는 일 처리와 보고서를 올린 당사자이니 그것이 역사 속의 그의 한계였다. 전주이씨인 그는 우의정까지 올랐지만, 김조순의 노론 시파가 정권을 장악한 뒤 많은 어려움을 겪었다.

신지도의 한(恨)

사건 발생한 지 10년이 지난 1810년에 그때까지 경상감영에서 감옥 생활하던 장윤종, 장윤문의 아들 4명이 10년 만에 석방되어 인동으로 돌아왔다. 억울한 옥살이라 이야기를 꺼내기가 조심스러웠고 점차 인동작변은 사람들의 뇌리 속에서 사라졌다. 1831년 순조 31년에 대대적인 사면령을 내렸지만 유배지에서 귀양살이하는 이들에게 누구도 관심을 가져주지 아니하였으므로 이들의 신원은 조정의 대사면령에도 해배되지 못하였다.

전라도 신지도에서 모진 생을 이어가던 장석규(1800~1861)는 인동에서도 조정에서도 잊힌 인물이었다. 그는 인동작변이 있던 그해 9월 5일 경상감영 감옥에서 태어났다. 아버지 장시호는 모반사건의 대역 죄인으로 처형을 당하였고 어머니 김해 배씨는 옥중에서 장석규를 낳았다. 태어난 지 45일 만에 그는 어머니 김해 배씨 품에서 누이 둘과 어린 형 장석범과 함께 경상감영에서 전라도 신지도로 유배 갔다. 어린 자식을 데리고 절해고도의 귀양살이가 얼마나 힘들었는지 장시경의 처 양주 조씨는 3년 만에 세상을 떠나게 되고 장시호의 처 김해 배씨만 남아 아이들을 키우며 독하게 살아남는다.

김해 배씨는 언문소학으로 아들과 딸을 가르치며 질경이처럼 살아남았다. 화변은 무고이고 조작이니 억울함을 풀어야 한다고, 네가 자라서 하늘의 도움을 받아 아버지와 할아버지의 원한을 풀어 드리면 내가 죽어서 눈을 감으리라고 어린 자식들에게 살아남아야 할 뜻과 도리를 끊임없이 심어 주었다.

상거지처럼 살았어도 사대부 집안의 며느리로서 어긋남이 없었고 의무를 다했다. 피맺힌 원한 속에서 조선 여인의 강인함과 슬기로움을 보여주었다. 역사 속에서 만난 조선 여인은 한결같다. 잡초처럼 강하고 맹모처럼 지혜롭고 춘향처럼 절개를 지켰다.

장석규가 열 살이 되는 해 1809년 7월 강진고을 관속 무리가 밤중에 집안으로 침입하여 겁탈하려 하자 어머니와 17살 큰누이는 뒷문을 열고 도망가 바다 절벽으로 투신하게 된다. 그 참혹한 현장을 보면서 어머니의 뜻에 따라 어린 형제들은 피눈물을 삼키며 목숨을 이어간다. 장시경의 딸과 장시호의 작은 딸은 귀양 18년, 27년 만에 세상을 떠나고 장석범, 장석규 형제만 신지도에서 살아남는다.

인동작변과 정약용

김해 배씨와 큰딸이 바다로 몸을 던진 그날이 되면 매년 폭풍우가 크게 일어 섬사람들이 두려워하였다고 한다. 이때 이웃 강진에서 귀양살이하던 다산 정약용은 바람결에 들려오는 모녀 이야기를 듣고 여유당전서에 〈고금도 장씨녀 기사〉란 글을 남겼다. 신지도를 고금도로 잘못 안 듯하며 당시 다산의 심정도 동병상련이었다.

김해 배씨가 신지도로 유배 오던 이듬해 1801년 황사영 백서사건으로 다산은 조카딸 정난주가 두 살배기 아들과 함께 제주목의 관노로 떨어지고 자신은 경상도 장기에서 전라도 강진으로 이배되었다. 정난주는 다산의 맏형 정약현의 장녀로 황사영의 처, 다산의 조카딸이다.

정난주는 제주도 유배 도중 추자도에 잠시 배가 머물 때 가지고 있던 패물을 호송하는 관리에게 뇌물을 주고 두 살배기 아들을 추자도 황새바위에 내려놓는다. 어미는 이생에서 다시 만나지 못하더라도 아들이 노비보다 어부가 되는 삶을 살아가도록 택했다.

성과 이름을 적은 쪽지와 젖먹이 아기를 남겨둔 채 정난주는 제주관아로 가서 관노로 일생을 마쳤다. 스물여덟의 사대부 며느리에서 관노로 전락한 조카딸과 외손 봉사손을 절해고도에 버려둔 슬픔이 다산으로 하여금 눈물을 삼키게 하였고 비슷한 처지에 있는 신지도의 김해 배씨 이야기를 듣고 여유당전서에 남겼다. 이 인연으로 여유당전서는 100여 년 뒤 1932년 인동장씨 집안의 도움을 받아 문집으로 발간하게 된다.

마침내 신원은 풀리고

절해고도에서 10살의 어린 나이로 어머니를 잃은 장석규는 독하게 살아남는다. 신지도는 조선시대 단골 유배지이다. 도처에 귀양살이 온 서울 사대부의 흔적이 남아 있다. 이세보, 김성탁, 이광사 등 기라성 같은 인물들이 유배를 왔던 곳이다. 그들로부터 가르침을 받은 이들에게 학문을 배우며 사대부의 기초를 닦았고 가정을 이루었다. 어머니의 한 맺힌 절규를 한시도 잊은 적이 없었다.

그의 나이 31세 되던 1831년 처음으로 고향 인동을 찾아갔다. 강보에 싸인 채 신지도로 유배를 와서 30년이 지나 처음으로 방문한 고향이지만 이미 오십 줄이 훨씬 넘은 고향 친지들의 반응은 싸늘했다. 지난날 10년을 감옥살이한 당숙들에게 유배지를 벗어나 고향마을에 온 초면의 조카는 경계의 대상이었다. 또 다른 불똥이 옮겨오지 않을까 침묵을 지키라는 훈계뿐이었다.

장석규는 사건을 해결하기 위한 방편으로 당시 전라도 절해고도로 유배 오는 서울의 노론 관리들에게 매달렸다. 1844년 고금도로 귀양 온 전주이씨 판서 이기연, 1849년 신지도로 유배 온 해평윤씨 승지 윤치영이 그들이었다. 이미 조정에 씨가 말라버린 남인들은 더 이상 귀양을 오는 이들이 없었다.

국왕에게 직접 신원(伸冤)을 구하기 위해서는 본가의 본원 사실과 대구감영의 심문기록이 있어야 한다는 것을 알았다. 1843년 다시 고향을 방문하여 대구감영 기록을 확인하는데 진력하였으며 1844년 마침내 심문기록을 베껴 올 수 있었다.

아직 죄인 신분인 장석규는 신지도를 벗어나 서울로 갈 수 없으므로 그는 해배되어 서울로 가는 윤치영에게 15세 난 장남 장기원을 딸려 보내 신원 운동을 하게 하였다. 승정원 좌승지를 지낸 윤치영은 선조 때 재상 윤두서 후손으로 본관이 선산 해평이다. 윤두서는 류성룡 다음 영의정을 지냈고 서인이지만 남인과 가까웠다. 해평은 인동의 이웃 고을이다. 선조가 이웃고을에 살았기에 아무래도 살갑게 대해 준 모양이다.

윤치영의 도움으로 무사히 서울에 도착한 장기원은 1852년부터 7년에 걸쳐 임금이 행차하는 길목에서 격쟁(擊錚)을 통해 조상의 억울함을 호소하였다. 격쟁이란 원통한 일이 있는 백성이 임금의 거동 때 하소연하려고 꽹과리를 쳐서 알리고 임금의 하문(下問)을 기다리는 일을 말한다.

국왕인 강화도령 철종은 국정에 관심이 없는 허수아비였고 국구인 김문근이 실권을 장악한 안동김씨 세도치하였다. 1858년 인동장씨 참봉 장석봉으로부터 사건의 보고를 받은 김문근이 관심을 보이고 예조판서 강시영이 김문근에게 인동작변에 대해 편지를 보냈다. 진주강씨인 강시영은 훗날 대원군이 남인으로 분류하였던 인물로 영남인에게 우호적이었다. 편지 내용의 일부분이다.

"대체로 이 일(인동작변)은 본래부터 허황된 옥사였다는 것을 영남만이 아는 것이 아니고 온 조정이 다 아는 바입니다. 그 사람들은 당시 나이가 어려 억울함을 하소연할 수 없었기 때문에 오늘날까지 사건을 끌어왔던 것입니다."

1859년 의금부에서 재심리가 이루어지고 마침내 1861년 2월에 해배되었다. 사건이 발생되고 60년 만에 이루어졌다. 적몰되었던 가재와 토지는 반환되었고 사건 직후 인동 관아에 귀속되었던 장윤혁의 별당 청전당은 가족의 품으로 돌아왔다.

연미정실기

　인동작변이 일어난 지 한 갑자 세월이 지나 조상의 한은 풀리고 강보에 싸여 절해고도로 유배를 온 아이는 환갑을 넘겼다. 조정에서도 문중에서도 오래전에 잊어 버렸지만 어머니의 당부를 가슴에 품고 자신과 싸워 승리를 거둔 조선 선비의 기개였다.

　부모의 상복을 입지 못했다는 죄책감에 45세 되던 해부터 장석규는 삼년 동안 상복을 입었으며 밤마다 정화수를 떠놓고 부모의 신원을 위해 기도드렸다. 부모의 신원이 이루어지는 그날까지 좋은 음식, 따뜻한 이불을 멀리하고 죄인으로 자처했다. 자식을 바르게 키워 15살 장남을 한양으로 보내 자신을 대신하여 조상의 신원 운동을 하도록 했다.

　장남 장기원이 조정의 공식 해배문서를 가지고 온 이후 장석규는 병이 악화되어 61세 나이로 한 많은 세상을 떠났다. 지친 한평생 모든 것을 훌훌 털어버리고 그리운 부모님을 찾아 서천으로 빨리 가고팠던 탓일까. 생전에 그토록 살고 싶었던 고향 인동 땅에 살아 보지 못하고 죽어서 어머니, 누이의 유해와 함께 문중 선산에 묻혔다. 열 살 소년이 절해고도 유배지에서 독학으로 학문을 익혀 조상의 신원을 푼 한 많은 사연을 그의 저서 〈연미정실기〉에 남겼다. 연미정은 장석규의 호이다.

15살 나이로 섬에서 서울로 올라와 창덕궁 골목에서 꽹과리를 치면서 격쟁으로 조상의 신원운동을 벌인 장기원은 고향으로 돌아와 다시 일가를 세웠다.

오늘날 연륙교로 이어져 절해고도란 말이 무색하지만 남도풍광 일번지 완도 여행길에 신지대교를 건너거나 멋진 명사십리 갯마을 길을 트레킹 할 때, 이백 년 전 이곳으로 귀양 온 사대부 여인이 지방 아전의 더러운 손길을 피해 딸아이와 함께 남해 푸른 바다로 몸을 던진 한 많은 여인이 살았던 곳임을 알아주길 바란다.

그 여인은 영남 명문가 인동장씨 여헌문중 며느리에서 졸지에 대역죄인의 가족으로 몰려 임신 산달의 몸으로 대구 경상감영 감옥으로 끌려가 남편의 참혹한 죽음을 보고 옥중에서 사내아이를 출산하였다. 태어난 지 45일 된 아기를 강보에 싸고 어린 아들과 두 딸의 손을 이끌고 남도 천리 길을 걸어 절해고도 신지도로 귀양을 왔다. 10년 동안 거지처럼 살면서 언문소학을 자식들에게 가르치고 조상의 원한을 풀 일념으로 질경이처럼 살다가 고을 향리의 겁탈을 피해 딸아이와 함께 남해 푸른 바다로 몸을 던졌다.

그 여인의 열 살 난 아들은 독하게 살아남아 뼈 깎는 노력으로 60년 만에 조상의 원한을 풀어 드리고 한 많은 신지도에서 생을 마감했다. 그 고결한 넋은 어머니와 누이를 모시고 조상이 계시는 고향으로 돌아간, 꿋꿋한 조선 선비가 살았던 곳임을 아울러 기억하길 바란다.

「김성우의 논문, 인동작변을 둘러 싼 다중의 시선들을 참고하여 재구성하였다」

봄빛 59×46.5cm 장지에 분채

안동에서 만난 네 명의 조선여인

안동여인 / 약봉가의 어머니 고성 이씨(1539~1615) /
무실정려각 의성김씨 김옥정 (1536~1563) / 음식디미방 안동장씨 장계향(1598-1680) /
400년 만에 외출, 원이엄마 (1558? ~ ?) / 더불어 생각나는 것들

안동여인

　안동의 과거를 거닐다 보면 16세기 거의 동시대에 살았던 네 명의 조선여인을 만나게 된다. 남성 위주의 조선 양반사회에서 특히 주자학이 뼛속까지 스며든 가부장의 안동 지역에서, 사대부의 딸로 태어나 한미한 가문으로 시집을 가서 시댁을 명문가 반열에 들게 한 조선 여인 세 사람과 병든 남편에 대한 지극한 사랑의 한글 편지가 400년 만에 무덤에서 출토되어 후세사람의 옷깃을 젖게 한 원이엄마를 만나게 된다.

사대부 가문의 며느리가 되어 시댁을 명문세가로 올려놓은 세 여인은 다음과 같다. 일찍 사별한 남편을 대신하여 맹인의 몸으로 외아들을 훌륭하게 키워 대구서씨 약봉가를 조선후기 300년 세가로 만든 임청각의 손녀 고성이씨 할머니.

무실의 전주류씨 집안으로 시집가 무실 입향조 할머니가 되어 무실류씨를 안동 명문가로 우뚝 서게 한 내앞 대종가의 장녀 의성김씨 김옥정, 그 여인은 무실 정려각의 주인이다.

영양 두들의 재령이씨 집안을 안동 명문가와 어깨를 나란하도록 올려놓은 춘파의 경당종가 외동딸 안동장씨 장계향 할머니, 그녀에게 조정은 정부인(貞夫人)의 봉작을 내렸다.

그리고 고성이씨 집안으로 시집가 병든 남편을 먼저 보낸 서러움에, 절절하게 읊은 한글 편지의 주인공 원이엄마가 있다. 누가 조선 여인을 여필종부라 했는가. 안동 역사 속에서 만난 조선여인들은 정말 거룩하고 대단하다.

네 여인은 모두 16세기 안동 사대부 집안에서 태어나 자랐다. 거의 동시대 인물로 친교는 알 수 없지만 서로의 이야기를 들었을 법하다. 시댁을 명문가로 만들었고 자손들이 현달하여 후세에 돋보이게 되었으니 조선 역사의 사회적 인물이 되었다. 원이엄마는 조선시대 결혼관에 대해 후세인이 잘못 알고 있음을 일깨워 주었다. 부모가 정해 준 배필이므로 어색하고 어려운 부부관계라고 생각을 하였겠지만 그들의 사랑은 지고지순했고 부부애는 뜨거웠다.

약봉가의 어머니 고성 이씨(1539~1615)

고성 이씨 할머니는 법흥동 임청각을 지은 이명의 다섯째 아들로, 청풍 군수를 지낸 이고의 무남독녀로 태어났다. 즉 임청각의 손녀였다. 5세 때 약에 쓰려고 달여 놓은 부자탕(附子湯) 물이 두 눈에 들어가 앞을 볼 수 없게 되었다. 시각장애인임에도 불구하고 어릴 적부터 자질이 뛰어나고 총명하여 여중군자라 하였다.

우여곡절 끝에 퇴계 제자인 대구서씨 서해와 혼인을 하게 되었고 첫날밤 신부가 앞을 보지 못하는 맹인인 것을 알고서 새신랑 서해는 억울한 마음이 들었다. 자기를 속인 것이 가세가 빈한하고 보잘것없는 선비라는 점 때문이란 생각에 분한 마음이 들었다. 총명한 신부는 신랑의 마음을 꿰뚫어 보고 다음과 같이 말했다.

"첩이 전생에 죄가 있어 눈먼 몸이나 외람되게 낭군을 섬기고 싶어 혼인을 스스로 사양하지 아니하였습니다. 어떠한 미움과 죄라도 달게 받겠사옵니다. 이를 속이신 부모님은 오직 이 한 몸을 불쌍히 여겨 옳지 않은 줄 아시면서도 이 일을 행하셨습니다. 낭군께서도 부모를 섬기는 마음으로 이를 헤아려 주시옵소서. 모든 죄는 이 한 몸이 지겠사오니 첩의 부모를 탓하지 말아 주옵소서.

이 몸이 진작 죽지 못하고 살아 있는 것은 오직 부모의 사랑을 저버리고 불효의 죄를 짓지 아니하려는 것이었습니다. 오늘 밤을 당하고 보니 진작 죽지 못한 것이 한이 될 뿐이옵니다. 다행히 낭군께서 첩의 죄를 용서하시고 비 들고 뜰 쓰는 소임을 맡겨 주신다면 이는 첩의 부모와

첩 세 사람을 살리시는 큰 은혜가 되겠지만 감히 어찌 이를 바라겠습니까?" 1)

서해는 고성 이씨의 재모와 언행을 알아보고 측은히 여기며 더욱 아끼고 사랑하였다. 처가거주혼으로 장가를 들었기에 처가로부터 일직 망호리에 있는 소호헌을 물려받았다. 소호헌은 이고가 분가할 때 지은 별당으로 현재 보물로 지정되어 있고 고성 이씨가 안채에서 1558년 아들 서성을 낳아 약봉가의 태실이 되었다.

이듬해 서해가 23살의 젊은 나이로 세상을 떠났다. 고성 이씨는 남편을 잃고 큰 슬픔에 빠졌다. 앞 못 보는 과부의 처지에 어린 아들과 함께 생계를 꾸려나갈 일이 아득하였다. 그렇다고 마냥 슬픔에 잠겨 있지 않았다. 고성 이씨는 집안을 다시 일으키는 것이 남편 사랑에 대한 은혜를 갚는 길이라고 생각했다.

명종 15년(1560)에 세 살 된 아들 서성을 데리고 남편의 본가가 있는 서울 약현(藥峴)으로 이사했다. 고성 이씨는 친정에서 빌려 온 약간의 돈으로 하인과 함께 청주를 빚고, 유밀과와 찰밥, 강정, 산자, 다식 등을 만들어 팔았다. 평판이 좋아 서울 사람들은 고성 이씨가 만든 음식을 약주, 약밥, 약과라 칭하며 다투어 사갔다. 지금까지 내려오는 이 음식의 이름은 이때부터 시작되었다.

---

1) 역사를 빛낸 한국여성 (안춘근, 2002, 범우사)

가계를 꾸려나가면서도 아들 교육에 조금도 소홀히 하지 않았다. 아들 서성은 어릴 때 중부(仲父)에게 학문을 배우다가 서인의 송익필 문하에서 수학하게 했다. 사계 김장생과 교유하고 이이, 성혼 같은 대학자의 사랑을 받게 되었다. 1586년 선조 19년에 과거 급제하고 광해군의 계축옥사에 연루되어 귀양 갔다가 인조반정으로 돌아와 5도 관찰사와 3조 판서를 지냈다.

고성이씨 할머니는 지금의 중림동 약현성당 자리에 안동 할아버지댁 99칸 임청각에서 놀던 배포로 대 저택을 지었다. 이웃 사람들은 가족이 많지 않은데 분수에 넘치는 큰 집을 짓는다고 비웃었으나 고성이씨 할머니는 한마디로 잘라 버렸다.

"우리 집안이 지금은 이렇지만 훗날 창대해져 이 집도 협소할 날이 올 것이다. 대청이 아니고 소청이 될 것이니 그때에는 마당에 보계(補階 대청마루 앞에 임시로 만든 자리)를 매지 않고는 안 될 것 이니라"

집을 지을 때 목수가 대청 기둥을 거꾸로 세웠는데 고성 이씨는 나무의 재질을 손으로 만져 보고 나서 마치 본 것처럼 잘못을 지적하였다고 한다. 오래전에 여걸 같은 고성이씨 할머니 이야기를 처음 들었을 때 내 머릿속에 문득 떠올린 것은 구한말의 풍운아 석주 이상룡의 서간도로 일가 망명이었다. 삭풍부는 정월 엄동설한에 대가족을 이끌고 만주 망명길에 오른 석주와 묘하게 닮은 듯, 임청각 후손의 기개와 배포가 조선 속으로 흐르고 있는 것 같았다.

고성이씨 할머니의 소망은 생전에 실현되었다. 외아들 서성은 7남 4녀를 두었는데 할머니의 칠순 잔치 때 증손자가 8명으로 슬하에 자손이 19명이 되었다. 훗날 큰 손자 서경우가 우의정에 올랐고 끝 손자 서경주는 선조의 부마가 되었다. 자손은 번창하였으며 가문은 일취월장했다. 대서장김이라 부르는 명문 집안이 되었다. 자손으로 영의정 6명, 대제학 5명을 비롯하여 문과급제자가 123명이 탄생하였다. 영조의 정비 정성왕후도 이곳 출신이다. 고성이씨 할머니는 조선후기 인조 때부터 고종조까지 300년간 국정의 한 축을 담당했던 노론 명문가 대구서씨 약봉가의 개산조 어머니가 되었다.

무실정려각 의성김씨 김옥정 (1536~1563)

의성김씨 김옥정은 임하 내앞 의성김씨 대종가의 주인, 청계 김진의 큰딸이자 학봉 김성일의 손위 누이다. 김옥정은 영주에 살던 전주류씨 류성과 혼인하였고 류성은 처가거주혼으로 처가 농장이 있는 수곡(무실)으로 이거하여 정착하였다.

수곡에 정착한 류성이 어린 아들 둘을 남기고 27세에 요절하자 아내 김옥정은 친정아버지 청계 김진에게 자손이 번창할 묘자리라고 평소 지관이 봐둔 자리를 달라고 간청하여 얻어냈고 그 후 전주류씨 집안은 발복하여 후손들이 번창하였다.

무신창의 대장이었던 후손 양파 류관현 종가에 내려오는 「가세영언(家世永言)」에 의하면 열부 김옥정은 남편이 세상을 떠나자 따라 죽으려 하였다. 그러나 어린 두 자식을 생각하여 자결을 일시 단념하고 스스로 머리를 자른 후 조석으로 상식을 올리고 차가운 방에서 기거하며 귀보리죽으로 연명하고 사계절 삼베옷을 입었다고 한다. 보름마다 10여 리 떨어진 산소로 가서 버선 한 켤레를 남편의 묘 앞에 묻으며 삼 년간 시묘로 정성을 다하였다.

삼년상을 마친 뒤 어린 두 아들을 친정형제 중 가장 뛰어난 바로 아래동생 학봉 김성일에게 맡겨 시댁 전주류씨 가문의 앞날을 부탁하고 곡기를 끊고 단식을 시작하여 자결하였는데 그녀의 나이 28세였다.

1635년(인조 13) 조정에서는 의성김씨 김옥정의 열행을 높이 평가하여 정려(旌閭)를 내려 비각을 세웠고 비석 뒷면에는 그녀의 언행을 기록하였다. 이 비각이 의성김씨 무실정려각이다. 무실정려각은 홑처마 맞배지붕으로 단청을 하지 않고 별다른 장식도 하지 않아 전체적으로 소박한 맛을 풍기고 있으며 1984년 민속문화재로 지정되었고 1988년 임하댐 건설로 수몰에 들어가게 되자 현재의 위치인 임동면 수곡리로 이건하였다.

열부 김옥정의 8세, 5세 어린 두 아들은 외삼촌인 학봉의 보살핌 속에 선비로 성장하여 전주류씨 가문을 잇게 되었고 장성하여 임진왜란 때 창의하였다. 큰아들은 나라에 공을 세워 가문을 빛냈고 작은아들은 나라에 목숨을 바쳤다. 큰아들 기봉 류복기(1555~1617)는 외삼촌 김성일의 문하에서 수학하였으며 한강 정구와 교유하였다. 임진왜란 때 의병장 김해와 더불어 창의하여 예천 등지에서 왜적과 싸웠고 정유재란 때에는 곽재우 진영에서 창녕 화왕산성을 지켰다. 전란이 끝난 뒤에는 굶주려 방랑하는 백성들을 진휼하는 데 힘썼다.

작은아들 묵계 류복립(1558~1593)은 외삼촌 학봉을 따라 의병이 되어 왜적과 싸우다가 학봉이 진주성 공관에서 급사하면서 성을 지키라는 학봉의 당부를 받고 의병장 김천일과 함께 2차 진주성 싸움에서 목숨을 던져 36세로 순절하였다. 훗날 조정에서 충신정문(忠臣旌門)을 내리고 이조판서로 추증하였다.

류복기는 아들 6형제를 두었는데 장남 류우잠은 장흥효, 이준, 김시온 등과 교유하였고 임진왜란 때 아버지 따라 의병이 되어 19세의 나이로 팔공산 전투에서 공을 세웠다. 정유재란에는 화왕산성에 들어가 왜병과 싸웠다.

무실의 전주류씨는 류복기와 류복립의 아들, 손자 3대를 거치면서 안동 명문가로 발판을 마련하였다. 임란과 호란이 일어난 혼란의 시기에 선비로서 의무를 다하고 입향조 할머니의 뜻을 받들어 외가 내앞김문의 도움으로 일가를 일으켰다. 정려각 할머니의 열행을 금과옥조처럼 가슴에 품고 가문을 키웠다.

손자 류지(1626~1701)가 1654년 효종 때 장원급제한 소식이 조령을 넘어 안동 땅에 도달했을 때 무실은 물론 안동 유림에서 난리가 났다. 도문연(到門宴·과거 합격자의 집에서 베푸는 잔치)을 거창하게 열었다. 무실 입향 백년 만이었다. 류지의 관직이 종 2품 경주부윤에 이르자 내앞할매는 숙인(淑人)으로 추증되었다. 손자, 증손 대에 이르러 대과 급제자가 연이어 나오고 후손들이 번성하여 임하 수곡을 근거지로 박곡 마령 삼산 등지로 세거지가 넓혀졌고 뛰어난 후손들이 계속 배출되었다.

혼맥이 얽히고설킨 안동 양반가에서 내앞(川前)김씨와 무실(水谷)류씨 집안의 내외종간 우애는 천김수류(川金水柳)라 하여 수백 년간 지속되어 양반가의 귀감이 되었다.

　영남인에게 과거 문이 좁아진 조선 후기에 무실류씨는 대과급제가 10여 명이 나왔고 당상관도 여럿이 배출되었다. 이 시기 전통의 안동 명문 집안이 반대세력의 견제로 어려움을 겪을 때 무실류씨 문중이 그 자리를 메꾸어 주었고 특히 문집을 출간한 후손이 100명이 넘어 퇴계학통을 계승한 도학과 예학의 집안으로 이름을 떨쳤고 안동의 손꼽히는 명문으로 성장하게 되었다.

　경주부윤을 지낸 류지, 나주목사를 지낸 류정휘, 청백리에 오른 순천부사 류경시, 공조참의 용와 류승현과 형조참의 양파 류관현 형제, 대사간 삼산 류정원 등이 대과 급제한 후손으로 좋은 시절을 만났으면 정승이 되었을 인물들이다. 영남 유학의 거봉으로 퇴계정맥을 이었다는 참판 정재 류치명도 이 집안 출신이다. 구한말 동산 류인식, 서파 류필영, 단주 류림이 독립운동가로 큰 족적을 남겼다.

　400여 년을 이어오던 무실류씨 세거지는 임하댐 건설로 모두 수몰되어 종가를 비롯한 일부는 옛 수곡마을 뒷산에 이주단지를 만들어 옮겼고, 다른 일부는 구미 해평 일선리에 새 거주지를 마련하여 집단 이거 하였다.

　지난 초여름 임하댐 위에서 물에 잠겨 사라진 무실 박실 옛 마을을 하염없이 내려다보았다. 지나가던 나그네도 이리 짠한데 조상 대대로 내려오던 세거지를 잃어버린 이들의 심정이야 오죽하겠느냐. 정부 정책이니 어쩔 수 없다고 하지만 우리나라 제일 반촌 세거지를 두 개의 댐을 만들어 모두 수몰시켜야 했는지 아쉬움이 많이 든다.

서원과 산사가 유네스코 문화유산으로 등재되는 오늘날, 건설비가 좀 더 들더라도 댐을 상류 쪽에 지어 임하, 예안, 와룡, 월곡 등 수십 곳 반촌 세거지를 옛날 그대로 두었다면, 모두가 먹고살 만한 요즈음 동아시아에서 가장 아름다운 유교 반촌 지역으로 남아, 아니면 고을 전체가 유네스코 보존지역으로 되어 자랑스러운 문화유산을 후손들에게 물려줄 수 있었을 터인데 많이 아쉽다.

개발이란 이름으로 40년 만에 흔적도 없이 사라진 반변천 따라 낙동강 따라 골짜기마다 이어진 조선 선비마을의 아름다운 모습을 더 이상 그릴 수 없다. 이곳 박실 출신으로 내앞할매 모습 같은 서울대 명예교수 류안진 시인의 시 '안동'이다.

> 어제의 햇빛으로 오늘이 익는
> 여기는 안동
> 과거로서 현재를 대접하는 곳
> 서릿발 붓끝이 제 몫을 알아
> 염치가 법규를 앞서던 곳
>
> 옛 진실에 너무 집착하느라
> 새 진실에는 낭패하기 일쑤긴 하지만
> 불편한 옛 것들도 편하게 섬겨가며
> 참말로 저마다 제 몫을 하는 곳

눈비도 글 읽듯이 내려오시며
바람도 한 수 읊어 지나가시고
동네 개들 덩달아 댓 귀 받듯 짖는 소리
아직도 안동이라
마지막 자존심 왜 아니겠는가

음식디미방 안동장씨 장계향(1598-1680)

장계향은 서후 춘파의 안동장씨 경당 장흥효의 딸이다. 장흥효는 하늘과 땅과 사람을 공경하는 경(敬)의 철학자 퇴계 학통의 적자(嫡子)임을 자부하며 호를 경당(敬堂)이라 했다. 학봉 김성일, 서애 류성룡, 한강 정구 모두에게 학문을 배웠다.

아버지의 명석함을 물려받은 장계향은 어린 시절부터 재녀 소리를 듣고 자랐다. 어린 장계향의 천재성을 말해주는 일화로 열 살 무렵에 있었던 원회운세(元會運世)에 관한 이야기가 있다. 어느 날 경당이 제자들에게 우주의 현상을 설명하면서 시간에 대해 강론한다.

"우리는 가까운 시간은 잘 알고 있지만 멀고 긴 시간에 대해선 잘 모른다. 여덟 각(刻)은 한 시(時)를 이루고 열두 시는 한 날(日)을 이루며 서른 날은 한 달(月)을 이루고 열두 달은 한 해(年)를 이룬다.
더 나아가 원회운세는 긴 시간을 말하는 것으로 세(世)는 삼십 년이 모인 것으로 인간의 한 대(代)를 말한다. 인간은 대부분 두 개의 세(世)인

육십 년을 살다가 가게 되어 있다.

세(世)가 열둘이 모이면 운(運)이 되는데 하나의 운은 360년이다. 서른 운은 한 회(會)가 되고, 열두 개의 회(會)가 모이면 원(元)이 된다. 신기원을 열었다고 말할 때 원은 이를 말함이다."

경당은 멀뚱멀뚱 바라보고만 있는 제자들을 답답해하면서 기둥 뒤에서 엿듣고 있던 딸에게 묻는다. 회(會)는 무엇이고, 원(元)은 무엇이냐? 장계향은 또렷이 답했다. 셈해보니 회는 1만 800년이고 원은 12만 9천600년이었습니다. 열 살 아이가 암산으로 이를 계산해 낸 것이다.

이문열의 소설 〈선택〉의 주인공으로 세상에 나온 장계향은 19살에 영양의 재령이씨 집안으로 시집을 간다. 일곱 아들을 낳아 친정아버지 경당에게 보내 퇴계학풍을 잇게 하는데 그중 둘째 아들 이휘일이 대학자로 성장하고 셋째 갈암 이현일이 영남 산림으로 이조판서에 올라 17세기 영남남인을 이끌게 된다.

손자 밀암 이재까지 문명을 떨쳐 퇴계 학풍의 적전을 잇게 되는데 밀암의 외손이 대산 이상정이고 대산의 외증손이 정재 류치명이다. 장계향의 핏줄이 퇴계학파의 큰 줄기를 이었다. 갈암이 이조판서에 오르자 조정에서는 장계향에게 정부인(貞夫人)의 봉작을 내렸다.

갈암은 강직한 성품으로 송시열을 탄핵하고 퇴계학풍을 진작시켜 서인의 공적이 된다. 갑술년 패배로 갈암이 함경도 종성으로 유배된 이후 영남남인은 조정과 완전히 멀어지게 되고 그의 신원 운동은 영남남인의 굴곡으로 몇 번의 해제와 복원을 반복하다가 나라가 망하는 1908년이 되어서야 완전히 해제되었다.

그녀의 나이 75세 때, 1672년에 장계향은 한글 요리책 음식디미방을 썼다. 디미는 지미(知味)의 경상도 사투리로 맛을 안다는 뜻이다. 1960년 둘째 아들 이휘일의 후손 집에서 발견되었는데 그 시대에는 봉제사(奉祭祀) 접빈객(接賓客)이 양반가문의 얼굴과 같았으므로 음식을 만드는 일은 매우 중요했다. 구전으로 전승되어 오던 반가 요리가 장계향에 의해 처음 책으로 만들어졌다.

전체 146개 음식 레시피 중에서 술 만드는 법이 51개 된다. 이는 제향 음식에서 술의 중요도와 남성 중심의 사회상을 말해준다. 식재료가 풍부한 요즈음의 시각에서도 음식이 지나치게 고급스럽다는 느낌이 드는 것은 당시 양반가문의 사치라기보다 의식과 예식에서 올리는 정성이 지극하다는 것을 의미한다. 양반집안 깊숙이 자리 잡은 안채의 자존감이다. 안동장씨 장계향의 일대기를 쓴 작가는 이렇게 말했다. 2)

> "음식디미방은 요리책이 아니라 여성이 도(道)에 이르는 방법을 조목조목 기록해놓은 경전이다... 인간성의 바닥에 녹말처럼 가라앉아 있는 인(仁)이나 의(義)를 공들여 볕에 말리고 체에 쳐서 하얗게 드러내는 과정의 은유가 아닐까."

---

2) 안동장씨, 400년 명가를 만들다 (김서령, 2010, 푸른역사)

장계향이 쓴 여러 편의 한시와 편지글이 전해져 오고 있는데 구전되어 오던 것을 최근 문헌에서 발견한 '수국춘색'이란 시이다

바다의 봄 빛이	水國春色
홀연히 소반 위에 올랐네	忽登盤上
한 줄기를 먹어 보니	一莖啖來
깡마른 몸에 기운이 생겨나네	枯骨頓蘇

살아생전에는 재령이씨 영해문중을 영남 명문가로 올려놓았고 죽어서는 요리책 한 권으로 340년 만에 역사적인 인물이 되었다. 조선 여인으로 이름 세 글자를 기념관에 붙인 첫 번째 인물이 아닌가 싶다. 장계향 기념관은 영양 석보에 있다.

400년 만에 외출, 원이엄마 (1558?)

1998년 낙동강변 안동 정상동의 한 무덤에서 한글로 쓴 편지와 미투리가 우연히 발견되었다. 어느 문중에서 입향조 무덤을 찾기 위해 무연고 무덤을 발굴하다가 발견하게 된 것이다. 무덤 주인은 고성이씨 이응태로 31살에 요절하였다. 1586년으로 임진왜란이 일어나기 6년 전이다.

무덤 주인의 아내인 원이엄마는 병든 남편에 대한 그리움의 편지와 남편의 쾌유를 빌며 자신의 머리카락을 섞어 삼은 미투리를 서천으로 가는 반야용선에 함께 실어 보냈다. 서러워 말라고 아끼던 물품들도 차곡차곡 실었

다. 영원할 줄 알았던 남편의 영혼 안식처가 400년 세월이 지나 개발의 물결을 타고 열리게 되었는데 거기에는 남편에게 보낸 조선 여인의 한지 편지와 삼단같은 머리카락을 섞어 삼은 미투리가 온전한 상태로 남아 있었다.

412년 만에 세상 밖으로 나온 한글 편지는 부부간의 사랑을 애절하고 감동적으로 적었기에 후세 사람들의 눈물샘을 건드렸고 머리카락으로 만든 미투리사연은 너무 안타까워 심장이 아린듯 했다. 함께 나온 원이엄마가 입던 치마, 아들 원이가 입던 저고리, 망자인 아우에게 보내는 형의 이별시, 만장시를 적은 부채, 망자가 생전에 부친과 주고받은 편지가 차곡차곡 있었고 모두 저승의 어두운 세계에서 이승의 밝은 세계로 나왔다. 참으로 긴 세월 이후 나들이었다.

원이엄마의 한글 편지는 이렇게 시작된다.

> 원이 아버지께, 병술년 유월 초하룻날, 집에서
> 당신은 언제나 나에게 둘이 머리 희어지도록 살다가 함께 죽자고 하셨지요. 그런데 어찌 나를 두고 당신이 먼저 가십니까? 당신은 나에게 마음을 가져왔고 나 또한 당신에게 마음을 가져왔어요
> 함께 누우면 나는 언제나 당신에게 말하곤 했지요 "여보, 다른 사람들도 우리처럼 서로 어여삐 여기고 사랑할까요?" "남들도 우리처럼 같을까요?"
> 어찌 그런 일들을 생각하지 않고 나를 버리고 먼저 가시는가요. 당신을 여의고는 아무리해도 나는 살 수 없어요. 빨리 당신께 가고 싶어요.

나를 데려가 주세요.

당신을 향한 마음을 이승에서 잊을 수 없고 서러운 뜻 한이 없습니다.

내 마음을 어디에 두고 자식을 데리고 당신을 그리워하며 살 수 있을까 생각합니다.

내 편지 보시고 내 꿈에 와서 자세히 말해 주세요. 꿈속에서 당신 말을 자세히 듣고 싶어 이렇게 써서 넣어 드립니다. 자세히 보시고 나에게 말해 주세요.

당신은 내 뱃속의 자식이 낳으면 보고 말할 것이 있다 하고 그렇게 가시니 (....)

가로 58cm 세로 34cm의 한지에 붓으로 빼곡히 써 내려간 한글 편지에는 서러웁고 쓸쓸한 / 그리웁고 애절한 / 황망하고 안타까운 아내의 마음이 강물처럼 출렁인다. 하얀 목화 꽃송이가 벌어터지는 초여름 밤, 뜬눈으로 밤 지새우며 먼저 간 남편 그리움이 찌르르 저려온다. 함께 누워 속삭이던 행복했던 시절과 뱃속 아이 생각에 서러운 심정이 붓끝마다 가슴 에이는 듯하고 꿈속에서나마 만나 이야기 나누고 싶어 하는 애절함이 절절하게 녹아 흐른다.

어느 사랑의 시(詩)가, 사랑의 노래가 이보다 울림이 크랴? 어느 문학작품이, 어느 오페라가 원이 엄마 마음을 노래할 수 있으랴? 영화 '사랑과 영혼'은 허구인데 원이엄마는 실재이다. 조선여인은 정말 대단하다. 아름답다. 기가 막힌다.

원이엄마가 머리카락을 잘라 삼껍질과 함께 꼬아 만든 미투리, 그 미투리를 감싼 한지에는 '내 머리 베허, 이 신을 신어보지 못하고..' 등 일부 글자가 흐릿하게 남아 있다. 두견이 우는 초여름 밤을 지새우며 머리카락을 잘라 미투리를 만들어 남편의 병이 낫기를 바라는 아내의 간절함, 그 신을 신어 보지 못한 채 세상을 뜬 남편. 부부간의 사랑은 종교보다 거룩하다.

미당 서정주의 시 〈귀촉도〉가 떠오른다. 1, 2연이다.

> 눈물 아롱아롱
> 피리 불고 가신 임의 밟으신 길은
> 진달래 꽃비 오는 서역 삼만리
> 흰 옷깃 여며여며 가옵신 임의
> 다시 오진 못하는 파촉 삼만리
>
> 신이나 삼아 줄 걸 슬픈 사연의
> 올올이 아로새긴 육날 메투리
> 은장도 푸른 칼로 이냥 베어서
> 부질없는 이 머리털 엮어 드릴걸

대시인의 시상이고 영감인 줄 알았는데 미당의 귀촉도는 마치 원이엄마의 심정을 들여다보고 읊조린 듯하다. 진달래 꽃비 내리는 서역 삼만리를 반야용선 타고 후이 후이 떠나는 서방님, 병들어 여읜 모습에 눈물이 앞을 가리고 행여 바람이 들어올까 흰 옷깃을 단단히 여며주지 못한 안타까움이 절절하다.

먼 길 떠나는 남편에게 새 신발을 신겨 주어야 하는 조선 여인의 애절함과 지니고 있던 은장도 푸른 날로 삼단 같은 머리카락을 베어 내는 절박감은 차라리 운명이다. 올올마다 베어낸 머리카락으로 엮은 미투리를 죽은 남편에게 신김으로써 내 몸과 함께 한 듯, 내 육신으로 감싼 듯, 이승에서 못 신은 미투리를 저승에서 실컷 신고 나들이하라고 함께 보내는 아내의 사랑에 눈물이 앞을 막는다.

메투리는 미투리의 방언이다. 귀촉도는 1948년에 발표되었고 원이엄마 한글 편지는 1998년에 세상에 나왔으니 꼭 반백 년 먼저 귀촉도가 쓰여 졌다.

다시 오지 못할 길로 남편을 떠나보내고 원이엄마는 남은 생을 어떻게 살았을까? 당시 고성이씨는 세종조 좌의정을 지낸 이원의 후손으로 연산조 사화 때 화를 당해 안동으로 낙남한 유력 반가집안이다. 낙동강변에 임청각, 귀래정, 반구정을 지었고 무덤이 발견된 정상동은 문중 세거지였다.

원이엄마는 고성이씨와 통혼할 정도의 양반가문 규수이지만 스무대여섯 젊은 나이에 아들 원이와 유복자를 홀로 키워야 할 슬픔과 외로움이 손끝마다 묻어난다. 당시 관습대로 남편 이응태는 처가거주혼으로 처가살이하면서 어여쁜 아내와 사랑을 속삭이다가 역병에 걸려 세상을 떠난 듯하다.

어느 문중에서 곱게 키운 규수일까? 임진란 병화에 변은 당하지 않았는지, 왜 죽어서 남편 곁에 묻히지 못했는지. 서방이 요절하여 시댁으로부터 소박을 받지 않았는지, 사랑과 그리움은 세월 따라 점차 옅어지고 조선여인의 한 많은 일생은 그렇게 낙동강의 푸른 물결에 씻어 보냈나 보다.

더불어 생각나는 것들

　십 년 전에 돌아가신 어머니의 마지막이 생각난다. 생전 새벽마다 오 남매 자식과 손자 사진을 어루만지고 닦는 것으로 하루를 시작하셨다. 틈틈이 아버지가 남기신 작은 유품을 만지작거리며 혼자 미소를 지으시곤 하셨다. 김해김씨 소장수 넷째 딸로 태어나 성내로 시집가 본동댁이라 불리며 대소간에 음식솜씨로 뽐내셨던 어머니.
　황망함을 핑계로, 장례문화를 구실삼아 어머니 가시는 마지막 길에 소홀함이 없었는지, 아끼시던 사진과 손때 묻은 유품을 함께 보내 드리지 못한 것이 내내 아쉽다. 외손도 후손이라 친정이야기를 쉬이 꺼내지도 못하고 뜸들이시던, 병이 깊어 나누지 못한 많은 이야기를 편지에 담아 보내드려야 했는데 원이 엄마보다 못한 나 자신이 원망스럽다. 그날도 아까시 꽃비 내리는 유월이었다.

　안동 역사 속에서 만난 네 여인은 동시대 인물이다. 서로 알고 있었을 개연성은 매우 높다. 임청각의 손녀 고성이씨와 학봉의 누이, 정려각 김옥정은 연배가 비슷하고 임청각과 내앞종가, 무실은 가까운 거리에 있다. 집안 인물은 모두 퇴계의 제자들이니 딸들도 알고 있었을 것이다
　장계향의 아버지 장흥효는 학봉의 고제자로 정려각 김옥정의 아들 손자와 교유했다. 장계향은 어릴 적부터 아버지에게 스승의 누이인 열녀 김옥정을 본받아야 한다고 누차 이야기를 들었으리라.
　임청각 손녀 고성이씨 할머니는 원이엄마에게 시댁 왕고모가 된다. 나이는 20살쯤 차이가 나지만 친정집안 며느리를 어찌 모를 수 있으랴. 배포 큰

왕고모는 한양으로 이사 가고 절개지킨 원이엄아는 친정에서 더부살이를 하였을 것이다.

16세기 동시대에 한 고을에 함께 살았던 조선 여인 네 사람의 삶이 역사의 물결을 타고 오늘날까지 전해져왔다. 세상의 반은 여인의 삶인데 어찌 아낙이 되고 어미가 된 조선 여인의 일생이 한스럽고 눈물밖에 없었겠느냐. 사대부 집안간 아들사이의 교류는 숱하게 전해 오지만 딸들의 친교는 기록이 없다. 그렇다고 어찌 왕래가 없었다고 할 수 있겠느냐.
안동 땅을 거닐면서 가슴에 담은 것은 조선 여인들도 살아 있었구나. 물 길어 밥 짓고 동구 밖 십리도 나가지 못한 채 콩밭을 매고 물레질하다가 이름 없는 여인이 되어 사라진 우리 오매, 누이만 있었던 것이 아니었구나. 안동 반쪽은 조선 딸들의 땅이었다.

꿈 길 따라 57×45cm 장지에 분채

육신사에 얽힌 이야기들

박팽년의 유복손 / 멸문지화 순천박씨 / 계유정난의 여인들 / 박비에서 박일산으로 / 육신사와 육신전

나의 직장생활은 2~3년마다 근무지를 옮겨 다녔다. 퇴직 전 마지막 근무지 인근에 하목정과 육신사가 있었다. 하목정은 여름철 배롱나무가 아름다운 전의이씨 문중 누각으로 낙동강변에 있고 육신사는 사육신 여섯 분을 모신 사당으로 달성 하빈 묘골에 있다. 묘골은 순천박씨 집성촌이다.

두 곳이 서로 가까이 있어 직장생활에 이런저런 연유로 스트레스가 쌓이면 이곳에 와서 걷기도 하고 시판의 글씨를 읽어 보기도 하고 관리하는 후손들과 이야기를 나누곤 하였다. 하목정은 졸저 〈히말라야 언저리〉에서 언급한 적이 있고, 묘골이 순천박씨 집성촌이 된 연유와 육신사를 지은 유래는 특별하다. 거기에는 역사 속의 아름다운 만남이 있었다.

박팽년의 유복손

1456년 사육신의 단종 복위운동이 사전에 발각되어 사육신과 그 일가족이 참형에 처해질 때 사육신의 한 사람인 박팽년의 둘째 며느리가 회임을 하고 있어 친정인 경상도 성주에 내려와 있었다. 조정에서는 만약 사내아이면 죽이고 계집아이면 노비로 삼으라는 명이었다. 이렇게 태어난 사내아이는 마침 비슷한 시기에 출생한 여종의 계집아이와 바꾸어 조정의 눈을 속이고 노비의 아들로 자라게 되었다.

십여 년이 지난 뒤 경상우도 병마절도사로 부임한 이극균(1437~1504)이 처가인 성주에 들러 장성한 소년을 만나게 되는데 이 청년이 처조카이자 박팽년의 유복손, 동서 박순의 유복자, 박씨 성을 가진 노비 박비를 대면하게 된다. 깜짝 놀란 이극균은 만감이 교차했다.

당시 삼십대 초반의 장래가 촉망받는 젊은 관리 이극균은 누구인가? 아버지가 우의정 이인손으로 형제 다섯이 모두 대과급제하여 당대 최고 가문으로 이름난 광주이씨 오자등과(五子登科)댁의 다섯째이다. 한 집안에 아버지와 두 아들이 정승, 세 아들이 판서에 올랐다. 이극균은 훗날 좌의정에 오르지만 연산군의 갑자사화에 연루되어 사사된다. 임진왜란의 공신이자 오성과 한음의 주인공 영의정 한음 이덕형의 5대조이다.

19살에 과거에 급제하여 승승장구, 함경도 만포절제사로 건주위 정벌에 공을 세우고 당상관으로 승진하여 처가가 있는 경상도 우병사로 부임한 것이다.

이극균은 동서 본가 박팽년 집안이 화를 당하던 세조 원년에 대과 급제하였다. 선대 세종의 총애를 받았던 사돈어른 박팽년이 단종 복위운동을 주동함으로써 삼대가 죽임을 당하여 동서 집안은 멸문이 되었다. 본가인 광주이씨 8극 집안은 세조를 지지한 정난공신으로 맏형 이극배와 둘째 형 이극감이 계유정난에 죽은 신하의 집안여성 3명을 노비로 하사받았다.

한때 과거 공부를 같이하였던 동년배 동서 박순, 십여 년 전 이미 기억 속으로 사라진 동서 집안에서 갑자기 유복자가 생겨나 청년이 되어 눈앞에 나타나니 놀랄 수밖에. 당시는 처가거주혼이 많았고 남녀균등 상속이 이루어지던 15세기였다. 극적인 상황을 만나게 되면 잊고 지냈던 지난날에 대해 마음의 빚을 느끼는 것 또한 인지상정이다.

이극균이 경상우도 병마절도사로 부임한 해가 1469년이니 박비의 나이가 13~4세 전후였다. 어떤 기록에는 박비 나이 17세, 이극균 직책이 경상감사로 나오는데 이극균의 생애를 살펴보건대 경상우병사가 맞는 것 같다

멸문지화를 당한 순천박씨

당시 단종 복위운동 가담자 중 박팽년 집안이 가장 융성했다. 아버지 박중림은 이조판서였고 박팽년은 충청도 관찰사의 외직을 마치고 올라와 형조참판이 되었다. 그의 딸은 세종의 여덟 번째 아들, 영풍군과 혼인하여 왕실의 인척 집안이었다. 훗날 영풍군도 단종 복위운동에 연루되어 이복형 금성대군, 어머니 혜빈 양씨와 함께 죽임을 당하였다.

아버지 박중림과 박팽년의 5형제 박인년(이조좌랑), 박기년(대과급제), 박대년(대과급제), 박영년이 모두 죽임을 당하였고 또 박팽년의 세 아들 박헌, 박순, 박분도 죽임을 당해 멸문이 되었다.

박팽년과 형제들의 집안 여성들은 종친과 대신들에게 노비로 보내졌다. 박팽년의 아내는 정인지에게, 박인년는 아내는 화천군 권공에게, 박기년의 아내는 익현군 이곤에게, 박대년의 아내는 동지중추원사 봉석주의 사노비가 되었고 며느리인 박헌의 아내와 박순의 아내는 이조참판 구치관에게 노비로 보내졌다. 그래도 인륜을 거역할 수 없는지 회임여성과 모녀는 같은 이에게 분배하는 등 배려한 것 같다.

박팽년 일가의 토지는 충청도 천안, 신창, 온양 경기도 삭녕에 있었는데 모두 왕실 종친과 대신들에게 나누어 주었고 경기도 과천 땅은 황희 정승의 셋째 아들 황수신이 받았다.

남편, 시아버지, 시조부 3대가 참형을 당하고 본인은 사노비가 되고 유복자 아들은 노비가 되었다. 참판댁 며느리에서 졸지에 천민이 된 조선여인의 일생은 무엇인가? 이조판서 박중림의 손자며느리에서 이조참판 구치관의 사노비로 전락한 딸을 보는 친정아버지의 심정은 또 어떠한가? 구치관은 능성구씨로 훗날 영의정을 지낸 청백리이다.

박팽년의 둘째 며느리(박순의 아내) 친정은 성주이씨 집안으로 고려말 대학자 이숭인의 후손이며 고려 후기부터 벌족 집안이다. 조선 개국의 공신가문이었고 친정아버지 이철근은 순천박씨 박팽년, 광주이씨 이인손과 사돈을 맺을 정도의 세력가이다. 딸을 다시 돈으로 사서 노비에서 면천시켰는지, 외손 박비를 어떻게 키웠는지 기록은 없다. 당시 사노비는 사고팔 수 있었고 외손 박비는 4대이니 3대 멸문지화에서 벗어났으므로 여러 가지 방법을 강구했을 것이라고 추측할 뿐이다.

계유정난의 여인들

계유정난에 연루되어 노비가 된 여인의 삶은 전해오지 않는다. 사대부 집안의 여인과 천민 노비 삶은 극과 극이다. 한때 남편과 같이 한 임금을 섬긴, 같은 조정의 신료였던 주인마님의 선처를 기대할 뿐이다.

노비생활이 힘들어 첩이 되기를 자청했다는 한 여인의 슬픈 이야기가 기록에 남아 있다.

노비를 하사받은 공신들은 거부(巨富)가 많았다. 특히 박팽년의 아내, 김종서의 며느리와 손녀딸을 하사받은 정인지, 성삼문의 아내와 딸을 하사받은 운성부원군 박종우, 황보인의 손자며느리 등을 하사받은 파평윤씨 윤사로는 당시 조선의 4대 거부였다.

집안의 멸문지화로 졸지에 천민이 되었고 게다가 기댈 언덕마저 사라진 이들에게 검은 손의 마수가 스멀거렸는지, 집안의 충성스러운 노복에게 보답으로 의탁시켰는지, 유학적 소양이 가득한 대감의 배려로 천한 노동에서 배제되었는지 높다란 양반집 담장 안에서 벌어진 일은 알 수 없다. 단지 야사에서 전해오는 이야기로 추측할 뿐이다. 숙주나물과 변절의 표상으로 후세인에게 좋은 평가를 받지 못하는 신숙주에 대한 야사 이야기이다.

세조가 왕으로 등극하는데 일등공신인 신숙주가 미모에 끌려 단종의 비 정순왕후를 노비로 달라고 세조에게 청했다. 세조는 단종과 정순왕후를 결혼시킨 당사자인 데다가 조카며느리인 정순왕후를 차마 노비로 만들 수 없어 평민으로 강등시켰고 신숙주의 청을 거절했다.

당시 40세의 신숙주와 17세의 정순왕후를 공신과 폐비의 그럴듯한 끈적거

림으로 포장하여 야사에 전해져 오는 것을 구한말에 김택영이 저서 한사경에서 언급했다. 이를 춘원 이광수가 소설 단종애사에 재인용하면서 진실처럼 퍼졌다. 역신의 가족으로 노비가 된 조선 여인들의 슬픈 운명을 암시하는 이야기이지만 실제로는 허구이다. 정순왕후의 이름을 가진 조선 왕비는 둘인데 영조의 계비로 노론 벽파와 함께 천주교를 박해한 정순(貞純)왕후는 경주김씨이고 단종의 비는 정순(定順)왕후는 여산송씨이며 81세까지 장수했다.

조선의 사가들은 만담집, 수필집, 백과사전 등 수많은 저술에 기생이나 요부의 이야기를 감질나게 언급하고 있지만 사대부 여인에서 노비로 전락한 여인들의 이야기는 일종의 금기어처럼 전혀 기록이 없다.

사대부 여인에서 천민의 신분으로 떨어졌을지라도 시댁이 언젠가 복관이 될 희망이 있고, 명문가인 친정 집안이 엄연히 살아 있으며, 팔려간 집안 역시 유학적 대의명분으로 가득 차 있는 사대부 집안이기에 천륜에 어긋나는 일은 양반집 담장 안에서 일어날 수 없다고 여겨 후세 사가들이 애써 눈 감고 있었기 때문이다.

사육신은 멸문지화를 당하고 230년이 지난 1691년 숙종 때 모두 신원되었다. 박팽년의 부인인 천안전씨의 묘는 박팽년의 사우에서 멀지 않은 충주시 주덕읍에 만들어져 있다. 어떤 연유로 정인지의 사노비였던 전씨 묘가 만들어지고 현존하고 있는지 그녀의 삶은 어떠했는지 역사만 알뿐이다.

정인지는 세종조에 김종서를 모시고 3년 동안 고려사를 함께 개찬하였다. 계유정난으로 김종서의 아들인 김승규의 아내와 딸 둘을 사노비로 하사받았다. 비록 노비로 전락하였지만, 한때 조정 상관의 며느리와 손녀들을 마주하기가 부담스러워 멀리 떨어진 시골 농장으로 보내져 거기에서 일생을 마치도록 했을 개연성이 높아 보인다.

역사의 굴절이란 눈물겨운 상황은 닳아버리고 사서(史書) 모퉁이에 빛바랜 채 남아 있든지 기억의 얼룩점이 되어 망각의 강을 따라 흘러가 사라져 버리곤 한다. 순천김씨 김종서 집안은 삼대가 죽임을 당하자 큰 타격을 받아 명문가 대열에서 이탈하였고 하동정씨 정인지는 82세까지 천수를 누렸다.

단종 복위운동 주동자에 대해 조정은 거열(車裂)형을 가했다. 거열형은 사지를 수레로 찢어 죽이는 형벌로 두 번째로 잔인하다. 첫 번째는 능지처참의 능지(陵遲)형이다. 능지는 '언덕을 천천히 오르내리듯 한다'는 뜻으로 죽지 않을 정도로 신경과 살점을 조금씩 베어내어 참을 수 없는 고통을 주는 형벌이다. 능지형을 당하면 혼절해 버린다고 한다. 사육신은 거열형을 당하면서 선왕에 대해 충절을 지켰다.

박비에서 박일산으로

단종으로부터 왕위를 찬탈한 세조는 13년 집권 동안 왕권을 강화하고 많은 업적을 남겼다. 이어 왕위에 오른 예종이 13개월 만에 죽게 되자 12세의 어린 나이로 성종이 왕위에 올랐다. 세조비 정의왕후가 섭정하고 똑똑한 모후 인수대비가 곁에서 보좌하고 세조의 공신 신숙주, 한명회, 김질, 구치관 등 9명의 원로대신이 원상으로 나라를 이끌고 있었다.

이극균이 노비 처조카 박비를 만난 시기가 이때였다. 강한 신권(臣權)이

약한 왕권을 보필하고 있는 미묘한 시기에 역신 박팽년 후손이 살아있음을 함부로 발설할 시류가 아니었다. 한자 입 '구(口)'자가 두 개 모이면 울부짖을 '훤(吅)'이 되기에 시기를 기다렸다.

세월이 흘러 성종이 친정체제를 갖출 무렵 박팽년의 유복손 박비는 조정 중신이 된 이모부 이극균의 도움을 받아 성종에게 사실을 고하게 된다. 성종은 이를 반기며 사육신의 후손으로 혼자 살아남았다고 '일산'이라는 이름을 하사한다. 성종은 원상인 훈구 공신들의 지겨운 잔소리와 신권에 반감을 가져 김종직, 김굉필 등 사림세력을 등용하였으며 계유정난에 살아남은 후손들에게 과거 시험을 볼 수 있게 하였다. 고려왕조 충신 정몽주 후손에게도 녹읍을 하사한 어진 임금이었다.

사육신의 후손 중 유일하게 박팽년의 유복손이 살아남아 가문을 잇게 된다는 이 이야기는 실학자 이덕무가 쓴 청장관전서와 이긍익(1736~1806)이 쓴 연려실기술에 나온다. 이덕무(1741~1793)는 이렇게 말하였다.

"평소 긴 수염을 늘어뜨리며 높은 관을 쓰고 대장부로 자처하다가도 어려움에 다다르면 이 여종만도 못한 자가 그 얼마나 많았던가? 내 여기에 절실히 느껴지는 바가 있어 그녀의 알려지지 않는 덕을 드러내게 하였다"

한국사 책에 이름 나오는 청장관전서는 1795년 정조 때 간행된 조선후기 백과사전이다. 청장관이란 관아나 정전의 명칭처럼 느껴지는데 이덕무의 호이다. 그는 정조의 4검서관 중 한 사람으로 평생 2만여 권 책을 읽어 책벌레라 불렀다.

연려실기술은 기사본말체의 조선시대 사서로 야사총서이다. 이긍익이 30여 년에 걸쳐 썼다. 제4권 단종조 고사본말 '정난에 죽은 여러 신하'편에 언급되어 있다. "나는 사실에 의거하여 수록하기만 할 뿐 옳고 그름은 후세 사람들의 판단에 미룬다."고 하였다.

이긍익의 아버지는 동국진체인 원교체로 유명한 서예 대가 원교 이광사이다. 원교가 아들 이긍익에게 휘호해 준 서실 이름이 연려실이다. 연려는 태울 '연(燃)' 청려장 '려(藜)'로 청려장을 태운다는 의미로, 한나라 때 유향이라는 선비가 어두운 밤에 옛글을 교정할 때 태을선인이 청려장 지팡이를 태워 불빛을 비추어 주었다는 고사에서 유래했다. '연려'나 '형설'이란 단어는 불빛이 귀했던 옛날에, 선비들의 학문에 대한 열정은 어두움도 막을 수 없다는 고귀한 언어들이다. 국사시간에 그렇게 외우기 힘들었던 책 이름을, 유래를 알고 나니 이렇게 아름다운 것을, 알면 보이고 보이면 기쁨을 느끼게 되는가 보다.

육신사와 육신전

박비에서 박일산으로 이름을 하사받고 외가 인근 묘골에 정착한 박일산은 순천박씨 묘골의 입향조가 된다. 박일산은 사당을 지어 참형당한 집안 어른을 모시는데 그의 아들 박계창이 기제사를 지낼 때 사당문 밖에 여섯 어른이 서성거리는 꿈을 꾸고서 사육신 여섯 분을 함께 모시게 되었다. 사당의 당호도 여섯 충신을 모신 사당이라는 육신사로 바꾸었고 묘골 제일 위쪽에 자리 잡고 있다.

박일산의 현손 (손자의 손자) 박숭고는 묘골에 태고정을 짓고 사육신의 유문을 모아 1658년 〈육선생유고〉를 만들었다. 이로써 집현전의 젊은 학사들인 사육신의 시문이 미흡하나마 유고집으로 엮어져 오늘날까지 전해 오게 되었다. 영의정 남재의 후손으로 김종직에게 사사한 생육신 남효온 (1454~1492)은 〈육신전〉에서 사육신의 절의를 이렇게 노래하고 있다.1) 명문장으로 읽을 적마다 가슴이 찡하다.

"누군들 신하가 되지 않겠는가마는 육신의 신하 노릇은 지극하다. 누군들 죽음이 있지 않겠는가마는 육신의 죽음은 참으로 장대하다. 살아서는 임금을 사랑하여 신하된 도리를 다하였고 죽어서는 임금에게 충성하여 신하된 절개를 세웠다. 그들의 분노는 태양을 꿰뚫었고 의기는 추상보다 늠름했다. 이로써 백세 뒤에 신하들은 한마음으로 임금을 섬기는 의리를 알아 절의를 천금처럼 여기고 목숨을 터럭처럼 여겨 인을 세우고 의를 취하게 하였다."

박일산의 손자 4형제는 임진왜란 때 학봉 김성일의 초유문에 호응하여 의병을 일으키고 의병장이 되어 공을 세우고 선무공신이 된다. 묘골이 전란에 휩싸이고 맏이 박충후의 두 딸이 왜병의 참화를 피해 낙동강에 몸을 던지는 아픔을 겪지만 4형제는 육신사를 지켜낸다.

---

1) 참고문헌: 문집탐독 (조운찬 2018 역사공간).

이후 두 형제가 무과에 급제하여 함안군수 등 고을 수령을 역임하고 후손들이 번창하여 대구지역 유력 가문이 된다. 오백 년 세가를 이룬 묘골박씨 후손들은 절의와 덕행으로 가문의 이름을 높였고 그 유적으로 도곡재, 삼가헌, 하연정이 남아 있으며 문화재로 보존되고 있다.

자칫 노비로 일생을 마쳐 흔적 없이 살아질 법했던 한 인물이 아름다운 만남으로 인해 역사 속의 주인공이 되어 충절의 가문을 잇게 되었다. 아름다운 만남이 없었다면 오늘날 삼성가도 생겨나지 않았을지 모른다. 삼성가의 어머니 박두을 여사(이병철회장 부인)와 국회의장을 역임한 박준규가 이곳 묘골 출신이다.

마타리2004 54×38cm 장지에 분채

이백 년 만에 나의 뿌리로 회귀하다

세계소첩과 변란 발생 / 스님의 별급문권서(別給文券序) / 화여세계의 발견 / 문중에서 논의가 일어나다 / 뿌리로 회귀하다 / 족보와 양반신분

세계소첩과 변란 발생 [1]

1592년 임진년 봄에 왜군이 부산을 상륙했다는 소식이 안동에 전해지자 안동고을 부사와 아전들은 피신을 해 버렸고 백성들은 혼란에 빠졌다. 학봉 김성일의 조카로 두 해 전 대과에 급제한 운천 김용(1557~1620)은 예문관 검열로 있다가 신병 치료차 안동 본가에 내려와 있었다. 왜군이 침략했다는 소식을 접하자 김용은 의병을 일으켜 안동 수성장(守城將)의 직책을 맡았다.

---

[1] 참고 논문: 의성김씨 화여세계 (김시황 1993 경북대학교 퇴계연구소)

임하의 의성김씨 내앞(川前)문중 출신으로 청계 김진의 다섯 아들 중 김용은 둘째 아들 김수일의 장남이었고 당시 경상도우병사였던 학봉 김성일은 넷째 아들로 김용의 삼촌이다.

전란을 피해 가족을 청송의 산간지대에 대피시킬 채비를 하고 있던 김용은 여섯 아들중 막내인 다섯 살 막둥이 김시과(1588~1653)가 걱정이 되었다. 안동부성에 있는 군진으로 출발하기 전 만일의 경우를 대비하여 조상의 간략한 세계소첩(世系小牒)를 만들어 막내아들 윗저고리 깃에 꿰매어 붙이고 그 사유를 이렇게 적었다.

"만력 임진 (선조 25년 1592) 4월 19일 왜구가 침입하여 이미 여러 진지가 함락되었다는 소문을 듣고 내일 청송 산골로 가족을 피신시키려 하는데 난리 중에 갑자기 헤어져 뜻밖의 일이 일어날지 모르므로 자녀들이 아직 어려 지각이 없는 아이가 있으니 뒷날 증거로 삼기위해 난수(시과의 아명)에게 차도록 한다"

변란 도중에 그가 가족과 헤어졌을 경우에 그것이 그의 신분을 알려주리라고 생각했기 때문이다. 마치 오늘날 놀이동산에서 이름과 전화번호를 적은 목걸이를 아이 목에 걸어 주듯이 그렇게 해놓고 성을 지키러 부성으로 출발했다.

의성김씨 족보는 임진왜란 발생 40년 전인 명종 8년 1553년 처음으로 만들어 졌다. 막내아들 김시과의 옷깃에 넣어준 세계도는 이 족보를 바탕으로 성씨, 본관, 시조, 역대조의 성명, 이력, 생몰연대를 간략하게 기록하였고 만든 사유도 적었다. 김시과는 난수라는 아명으로 표시되었다.

이후 김용은 안동부성에 머물며 군진을 지휘하니 가족들의 안위를 돌볼 겨를이 없었다. 아내 진보이씨가 가족을 이끌고 청송 벽지로 피난을 가던 도중 변을 당했다. 김용의 아내 진보이씨는 퇴계의 손녀이니 김시과는 퇴계의 외증손이다. 왜적에게 당했는지 화적떼에게 당했는지 알 수 없지만 큰 변을 당했다. 임란 초기 임하에서 진보 청송으로 가는 길인 지금의 34번 국도에 침입한 왜적이 누구인지 사료에 나오지 않는다.

6월 말에 안동에 당도한 왜병은 마을을 불태우고 약탈했다. 가장 큰 피해를 본 곳은 삼태사묘였다. 안동에서 예안으로 향하던 중 배용길의 민병대와 합친 관군과 치열한 전투를 벌인 끝에 왜군은 상당한 타격을 입고 풍산 서쪽으로 물러갔다. 영가지(안동읍지)에 따르면 임진년 6월 말부터 8월 중순까지 달포간 안동은 전란에 휩싸였고 노비는 상당수가 도망을 가서 유력 문중의 노비 수가 반으로 줄었다.

변을 당하던 날 김용의 가족들은 다섯 살 난 김시과를 잃어버렸다. 피난 도중 산막에서 밤을 새우고 있는데 적들이 나타나 불을 지르고 약탈하였다. 놀라 흩어져 도망가던 중 여섯째 아들 시과를 잃어버렸다.

김시과의 옷에 꿰매져 있던 세계소첩의 일부가 타버렸다. 앞부분과 아랫부분이 거의 타 버렸고 중간 윗부분과 뒷부분만 남았고 성씨, 본관, 시조 및 윗대 조상, 거주지를 알 수 없으므로 이를 화여세계(火餘世系)라 하였다.

스님의 별급문권서(別給文券序)

얼마간 거지로 떠돌아다니던 김시과는 농부인 김해김씨 부부를 만나 도움을 받고 그들과 함께 지내게 되었다. 전쟁의 혼란 속에 친자식을 잃은 이 농부는 김시과를 자식처럼 사랑하였고 가족으로 받아들였다. 농부 김해김씨에게는 출가한 승려 동생이 있었는데 법명이 혜징으로 학식이 풍부하였다.

김시과의 수양삼촌인 혜징스님은 죽기 전에 김시과에게 다음과 같은 별급문권(증여문서의 옛 표현)을 써 주었고 수결(手決)까지 마쳤다. 이때가 1642년이며 김시과의 나이가 54세로 김해김씨 농부가족이 된 지 오십 년 세월이 지났다. 문권서 (文券序) 내용이다.

"내가 절집에 사십년을 살며 마음공부를 해서 이(理)자 한 글자를 얻었다. 천하의 모든 일이 이치밖에 생길 수 없다는 것을 비로소 알았다. 암자 앞에 산배나무가 한그루 있는데 벌레가 갉아먹어 죽게 되었다. 어린 중이 황금배나무 한 가지를 가져와 산배나무를 잘라내고 접을 붙였다. 처음에는 만부당하다고 모두 비웃었으나 며칠 뒤 새싹이 돋아나 잘 자라니 원래 나무가 무엇인지 알 수 없었다. 땅을 파보니 둘이 하나가 되어 합쳐져 있었다.

아! 이런 이치가 어찌 나무에만 있으리오 사람에게는 없겠는가? 형님에게 자녀가 몇 있었는데 전란으로 다 잃어버리고 다행히 황망 중에 그대를 얻었다네. 비록 누구의 자식인지 알지 못하나 그대가 가지고 있는 세계도 조각에 남아 있는 글자를 살펴보니 분명히 훌륭한 선비의 집 아이이다. 형님이 그대를 양자로 맞이하여 자식으로 삼은 것이 금배나무를 산배나무에 접붙인 것과 무엇이 다르겠는가?

아! 난수는 그대의 아명이다. 세상에 드러낼 이름이 없다는 것은 있을 수 없는 바, 그대 본가의 항렬에 따라 이름을 시과라 부르고 자를 석여라 한 것은 큰 과실이란 뜻이다. 만약 훗날에 가문과 본관을 되찾게 되더라도 우리 김해김문은 어찌 흔적이 없이 없어지겠느냐. 금배 종자가 땅에 떨어져 싹이 나 금배가 열리더라도 산배의 뿌리가 좀먹고 썩었다고 어찌 말할 수 있겠느냐. 금배의 종자를 취하는 사람은 산배의 한 기(氣)가 통하지 않았겠느냐. 그렇다면 우리 김해김문의 한 기(氣)도 통하고 있지 않았겠느냐.

즐겁고 흐뭇하도다!! 훗날 가문을 찾게 되더라도 우리 조상의 영령에 지내는 제사를 빠뜨리지 말고 산소를 묵히지 말지어다. 금배가 산배에서 이어지는 이치를 잊지 말지어다. 이 때문에 백은주화 10량 남기고 묘답 별급문을 문권 끝에 붙여 영원히 전하도록 하노라."

혜징스님이 어느 불맥을 이어받았는지 알 수 없지만 글은 마치 득도한 고승의 법문처럼 깊이가 있다. 어릴 적에 만난 김시과에게 노년에 써 준 이 글은 훗날 김시과 후손이 뿌리를 찾는 데 큰 역할을 했다. 전란 후 피폐해진 농촌에서 김시과는 65세까지 살았고 제사를 지냈고 혜징스님의 학식으로 보아 임란 후 피폐혜진 농촌에서도 완전한 하층민으로 전락하지 않았던 것 같다.

화여세계의 발견

김시과의 후손들은 선비사회로 진입하지 못하고 대대로 평범한 농부로 살았다. 김시과의 가족 배경은 점차 관심 밖이 되었지만, 불타고 남은 세계도와 혜징의 문권서는 상자 속에 고이 간직되어 대대로 전해왔으며 후손은 거주지를 문경군 마암리로 옮겼다.

문경에서 살고 있던 그의 7대손 김순천은 어느 날 자기 집 대대로 내려오는, 대들보 위에 있는 먼지투성이 작은 상자가 궁금했다. 글을 모르는 김순천은 불에 타다 남은 상자의 내용물을 마침 의성김씨 외손으로 인근에 살고 있는 선비 이우량에게 보여 주었다.

가로 39cm 세로 15cm 크기의 한지 14첩으로 된, 불탄 흔적이 있는 고문적를 보고 이우량은 그것이 외가 의성김씨 세계도임을 알아보았다. 깜짝 놀란 이우량은 편지를 써서 김순천을 의성김씨 내앞종가로 보냈다.

임하 내앞에는 의성김씨 대종가와 운천 소종가가 서로 담을 이웃하여 나란히 붙어 있다. 김용의 8대손이며 종손인 김현운(1748~1816)이 그를 맞았다. 이때가 1805년 가을이었다. 임진년 병화가 일어난 지 213년이 지났다. 조정은 임진병화가 발생한 선조임금부터 아홉 임금의 치세를 거친 순조연간이었다

문중에서 논의가 일어나다

종손 김현운과 의성김씨 원로들은 타다 남은 종이에 적힌 8대조 운천 김용의 필적을 알아보았다. 김용은 임란 후 이웃고을 상주 선산부사를 외직

으로 지냈고 당상관인 통정대부 병조참의를 지냈다. 임란이 일어나자 안동부성을 수성하다가 행재소로 달려가 피난 중이던 선조를 호종했다. 이때 그가 쓴 일기가 보물 484호로 지정된 호종일기(扈從日記)이다. 훗날 이조참판으로 증직을 받은 현조(顯祖, 이름이 높게 드러난 조상)의 세계도와 여기에 1642년에 만들어진 혜징스님의 문권서까지 더해져 김순천은 임진년 병화 때 실종된 5세아 김시과의 후손임이 명백하게 밝혀졌다.

두 달이 지난 1806년 순조 6년 정월 16일 의성김씨 일족인 연풍현감 김종수(학봉 김성일의 종손)가 남긴 글이다.

> "내가 연풍현감으로 있을 때 형리가 한 장의 종이를 가지고 들어와 보고하기에 나는 반을 듣지 못하고 일어나 친히 그 종이를 보니 문경에 사는 김순삼인데 종선조 운천선생의 7대손이었다. 의아함을 이기지 못하여 맞아들여 상면하니 김순삼은 고적 1장과 종중 세계보를 내어 보였다.
>
> 내가 보책을 살펴보니 내력이 분명하고 종중으로부터 그 일을 기록해 놓았다. 그다음에 난잡하게 불타 남은 소첩을 보니 운천 종선조의 필치인데 선조의 함자가 혹 남아 있기도 하고 없어지기도 한 것이었다. 매우 놀라 슬픈 느낌이 들어 그 손을 잡고 울면서 그대는 운천선생 오세아의 자손이구나, 어째서 이렇게 되었는가? 세상에 가끔 족보를 잃고 유락(流落)하는 이들이 있지마는 그대 집안 사실은 옛날과 다름이 없다."

김순천은 8명의 친척과 함께 문경고을 현감에게 자신의 예사롭지 않은 이야기를 설명하면서 본인의 본관을 의성김씨로 복원시켜 달라는 복관 청원서를 내밀었다. 이런 이례적인 요구를 처리할 권한이 자신에게 없다고 판단한 현감은 이 일을 경상도 관찰사에게 보고했고 관찰사는 문서를 검토해 보고 다음과 같이 승인하였다.

"선조께서 남긴 자취에 의지하고 탐색해 보니 뚜렷한 증거가 있어 김해김씨가 아니고 의성김씨라는 것을 알겠다. 어찌 기이하고 이상한 일이 아니겠는가. 종족들이 그러하다 하고 문적이 거짓이 아니므로 의심할 여지가 없이 명백하다. 여러 종중에서 의논해서 한 족보에 싣는 것이 마땅하다."

뿌리로 회귀하다

김시과 후손들에게 현실적으로 가장 중요한 것은 의성김씨 족보에 등재되는 것이었다. 복권에서 가장 중요한 단계이며 미미한 백성에서 유력문중의 일족으로 신분이 바뀌게 되는 것이다. 시문과 경전을 알고 모르고는 그 다음의 일이었다. 문중 전체가 만장일치로 동의하여야만 가능한 일이었다. 몇 달이 지난 뒤 의성김씨 문중 회의를 거쳐 1806년 2월에 조상을 모신 종택 사당에서 이백 년 만에 뿌리를 찾아 회귀한 감동적 귀향이 공표되었다. 김시과 후손은 비천한 농부에서 안동 명문가문 의성김씨 내앞문중 일족으로 바뀌어 영광스러운 복관이 이루어졌다.

창망한 옛일이 완연히 어제 같고 이백 년이 흘렀지만 한 기운으로 느끼고 통함을 아뢰었고 창연하고 숙연한 선조의 탄식 소리가 들리는 듯하다고 하였다.

새이름 '증이조판서 청계공 김진 9대손'이 대외적으로 인가되었고 의성김씨 족보가 그의 신분증이 되었다. 사족이 갖는 사회적 지위를 획득하였다.

의성김씨 문중에서는 1808년 〈문경족인 환종기(還宗記)〉를 지어서 기록으로 남겼고 1830년 3월 중앙의 예조에서는 김시과의 후손 13명에 대해 본관의 환원과 종족의 일원으로 복원함을 인가하였다. 아울러 의성김씨 족보에 새로 추가된 이들에게 부역과 군역을 면제받는 사족의 특권을 다시 누리게 해 주었다. 예조의 인가 문서 일부이다.

"이 기록을 보니 깨닫지 못한 사이 탄식이 절로 나온다. 세상에 족보를 잃어버리고 먼 훗날 도로 찾은 이가 간혹 있으나 이와 같이 기이하고 이상한 일은 없었다.

세상이 어지러워 도피할 적에 세보를 써서 옷깃에 넣어 준 선조의 염려함이 주도면밀하였고 병화를 만났는데도 불에 타 없어지지 않았고 남의 집에 의탁하여 살았음에도 버리지 않았기에 230년이나 지난 뒤 발견된 것은 조상의 돌보심이 어찌 아니겠는가? 스님의 별급문 한 장이 명백한 증거가 될 뿐만 아니라 멀리 사는 선비에게 발견되어 소매 속에 가져온 것 또한 기이한 일이다.

10세대 동안 비천한 잡일(淪沒隸僕)을 하던 사람들이 하루아침에 이 나라에서 가장 이름난 집안의 빛나는 문벌(名家華閥)이 된 것은 운수가 있었기 때문이다. 비록 양자의 대를 잇는 성이 끊어지지만 이미 얻은 것을 가련히 여겨 분묘도 종전대로 관리하여 양자로 받아들인 의리를 지켜야 한다." (이하 생략)

족보와 양반신분

이 이야기는 족보와 종족이 조선시대 양반 신분을 나타내는 표징이며 그것이 가지는 정체성과 운명적인 힘이 무엇인지 명백하게 보여준다. 유력 친족에서 분리가 되는 순간부터 사회적으로 무명인이 되며, 자신의 출생신분 자격과 족보상 자리는 사라지게 되어 자손 대대로 하층민 굴레에 빠지게 된다.

양반은 이향즉천(離鄕則賤)이라 반촌을 떠나면 천민이 되기 쉬우므로 될 수 있는 대로 원래의 터전을 떠나지 않으려는 양반의 강한 뿌리적 성향을 나타내는 말로 이런 경우에 나온 것이라 하겠다.

족보는 저명한 조상으로부터의 자기의 출신을 증명하는 역사적 기록물이다. 씨족집단의 공증서로 조상과 후손을 한 개의 씨줄로 연결하여 그들만의 정체성을 나타냈다. 현조(顯祖) 000의 0대손으로 표시되어 대외적으로 신원을 보장하는 증표가 되었다. 그 증표는 한명의 사족이라는 인가이며 훌륭한 조상을 둔 덕분에 출생 때부터 받는 특권의 표시였고 귀와 천의 경계선이었다.

중앙의 예조 공식 문서에 이렇게 표기했다. 김시과가 농부 김해김씨 양아들로 비천한 잡일을 하는 농민 신분 시기를 윤몰예복(淪沒隸僕)으로, 의성김씨 내앞종가로 복원함을 빛나는 문벌의 의미인 명가화벌(名家華閥)로 표시하였다. 정부의 공식문서인데 가문에 따라 신분상 차별을 명백히 했다.

김해김씨는 우리나라에서 성씨 인구가 제일 많은 대성이지만 김시과가 양자로 간 집안은 이름만 전해오는 미천한 농부 집안이니 족보에는 당연히 등재되지 않았고 사족이 아닌 평민이었다. 평민도 성과 본관은 가지고 있었다.

조선은 씨족사회이고 신분사회였다. 조상의 위세로 누구는 태어날 때부터 양반으로 태어나 양반으로 살다 갔고 누구는 한평생 천(賤)이란 운명의 굴레를 안고 태어나 숙명으로 받아들였다. 김시과 후손들도 미미한 의성김씨 방계집안으로 복원이 아니라 안동 제일의 명문사족인 내앞문중으로 복관인 까닭에 흥미로울 따름이다.

비천한 김해김씨 농부에서 당시 빛나는 집안 의성김씨 청계공파 후손으로 바뀐 지 이백 년 세월이 흘렀다. 충북 괴산으로 세거지를 옮긴 김시과의 후손들은 그동안 의성김씨 족보에서 자신들만의 지파를 형성하여 내려오고 있었지만 완전한 양반으로 되돌려진 것 같지는 않다. 반가집성촌을 떠나면 귀천의 경계선은 허물어지게 된다는 이향즉천 모습의 실례가 아닌가 싶다

왕후장상의 씨가 따로 있는 것도 아닐진대 왜란 참변 후 이백 년이 지나 명문가 가문으로 회귀하여 조상을 다시 찾은 것은 그 시대의 바램이라면, 다시 이백 년이 지난 오늘날, 현대에 사는 우리들이 느끼는 것은 지나가는 역사의 바람이 아닌지 모르겠다.

[김시황의 논문, 의성김씨 화여세계를 참고하여 재구성하였다.]

마타리 46.5×31.5cm 장지에 분채

얼자의 눈물, 천(賤)이란 무엇인가?

천의 두 갈래 / 천의 얼굴 / 인자하신 아버지 / 노비의 가격 / 성과 본관의 취득 / 일가 붙이 없는 사람들

  조선시대가 신분사회임을 나타내는 낱말로 천(賤)이란 단어보다 더 확실한 글자는 없다. 천은 조선왕조 오백년 동안 신분을 지배한 언어였다. 출생과 더불어 누구에게는 평생 가슴에 못을 박은 단어였고 현대사의 문이 열릴 때까지 어느 나라보다도 인간 존엄을 가혹하게 짓밟은 운명의 멍에였다.

  우리 조상이 열에 서넛은 천(賤)의 굴레에 갇혀 한평생 핍박받는 삶을 살았음에도 불구하고 후손들은 애써 모른 척했고 남의 이야기처럼 여겼다. 그들의 이야기는 언제나 과거에 있었고 책이나 영화, 드라마 속에 있었지 우리들의 모습은 아니었다.

불과 한 세기 전까지 구한말과 일제 식민지 시절에도 천이란 그림자가 나라 곳곳에 짙게 깔려 있었으며 의지할 데 없는 백성은 숙명으로 받아들였다. 동족 간 피비린내 나는 전쟁을 겪은 후 포탄 연기와 함께 천(賤)은 사라졌고, 모두가 먹고살 만하고 동일한 출발선에 선 오늘날, 천의 이야기는 지나간 역사의 빛바랜 흔적으로만 남아 있게 되었다.

천의 두 갈래

비천한 신분을 표시하는 낱말인 천(賤)이 들어가는 용어로 귀천(貴賤)과 양천(良賤)이 있다. 같은 듯 다른 의미로 쓰이는 이 용어는 조선시대 신분을 가르는 중요한 경계선이 되었다.

귀천은 오늘날에는 "직업에는 귀천이 없다"고 하는 직업윤리에 많이 쓰이고 있지만 조선시대에는 신분상 귀한 사람과 천한 사람을 간략하게 표시하는 말이었다. 귀한 사람은 본디 태어날 때부터 귀하게 태어난 귀인이고 그 외에는 모두 천한 사람이다.

양천은 양민과 천민을 간단히 줄여 일컫는다. 양민은 평민이기에 그런대로 사람대접을 받지만 천민은 대부분 노비이므로 최소한의 인간적인 대우도 받지 못하였고 신분이 대대로 세습되었다.

조선시대에는 사람을 신분에 따라 양반, 중인, 양민, 천민의 네 부류로 나뉘었다. 양반과 중인 이하를 나뉘는 가름막이 귀천(貴賤)이고 양민과 천민을 가르는 경계선이 양천(良賤)이다. 같은 글자의 천이지만 품고 있는 의미가 다르게 쓰였다. 귀천의 또 다른 표현은 존비(尊卑)이다. 이는 서로 대립되는 두 범주에 속해 있는 사람들을 항구적으로 불평등하게 만들었고 결과적으로 배제와 통제 체계가 생겼다.

조선 왕조를 설계한 인물들은 정명(正名)과 정분(正分) 같은 중국 고래의 사상을 들먹이면서 거대한 담장이 귀인과 천인을 영원히 갈라놓아야 사회질서가 확립된다는 명분에 사로잡혀 있었다. 영원히 갈라놓는 현실적 방법은 출계집단의 성분을 따져 신분을 확실하게 밝히는 것이다. 출계집단의 성분은 조상의 위신에 따라 결정되었고 조상의 위신에 따라 결정된 신분은 사회적 자격요건이 되어 사람을 두 부류로 나누었다.[1]

신분제를 구성하는 인구 비율은 시대에 따라 지역에 따라 약간씩 차이가 나지만 대체로 양반은 7~10%, 중인과 양인이 50%, 천민이 40%가 조금 넘었다. 15세기 우리나라 인구를 900만 명 정도라고 보면 양반은 대략 80만 명, 노비는 360만 명이 되었다. 오늘날 한 직장에 20명이 근무한다면 양반자손이 2명, 평민자손이 10명, 천민자손이 8명인 셈이다. 출생신분의 귀천으로 보면 2명이 귀한 사람, 18명이 천한 사람이다. 18명의 천한 사람 중 천민 8명은 하층민으로 한평생 운명의 굴레에 갇혀 가축처럼 살았다.

노비는 조선 중엽 임란 이전에 가장 많았다. 그때에는 전국적으로 농지가 개간되고 재지양반층이 두터워지면서 노비가 많이 필요한 시기였다. 임진왜란이 일어나자 가장 먼저 불에 탄 관아는 노비문서를 관장하는 장예원

---

[1] 참고문헌: 조상의 눈 아래에서 (도이힐러 2018 너머북스)

이였다. 임란 호란을 겪으면서 신분 변동이 일어났고 숙종 때 노비면천법이 정식으로 생겼다. 노비 숫자는 점차 줄어들어 조선 말기에는 10% 미만의 명맥만 유지했다. 1909년 민적법 시행으로 노비도 성씨와 본관을 가지게 되었다.

천의 얼굴

 노비는 모계가 아니고 천자수모(賤子隨母)로 낳은 어미 주인의 물건처럼 소유의 대상이었다. 일천즉천(一賤則賤)이라고 해서 부모 중 한 사람이 노비이라면 자식은 노비가 되었다. 부(父)가 양반이면 정실에서 난 자식은 적자, 측실(첩)에서 난 자식, 비첩자는 서얼인데 측실이 양인이면 서자, 서녀가 되고 측실이 천민이면 얼자, 얼녀가 된다. 이를 천산(賤産)이라 했다.
 노비는 성(姓)이 없으니 노비 가족을 인정하지 않았고 매매, 증여, 상속으로 가족을 쉽게 해체하였다. 짐승도 새끼를 정성으로 보살피는데 하물며 천하다고 어찌 인륜의 정을 강제로 끊을 수 있으랴? 도망간 노비는 잡으러 다니다 보면 도망간 노비는 강제로 헤어진 가족 근처에 가장 많이 있다고 한다. 평생 주인을 위하여 힘든 노동을 하여야 했음에도 불구하고 인간의 기본적 권리마저 박탈당하였다. 먼 훗날까지 굶지 않고 최소한의 대접을 받을 수 있도록 인자하신 양반 아버지는 천산의 피붙이에게 토지와 노비를 별급하면 얼자 얼녀도 다른 노비를 소유할 수 있고 재산을 가질 수 있었다.
 양인인 사람을 헤아릴 때는 사람 '인(人)'으로 표기하지만, 천민인 노비를 헤아릴 때는 물건처럼 입 '구(口)'로 표기했다. 양인 150인과 노비 80구였다. 사람과 노비가 합쳐서 인구(人口)가 되었다. 그래서 인구가 230명이 되었다. 죽은 사체를 헤아릴 때도 '구'로 표시했다. 시체 O구가 그 표기였다. 노비와 시체를 헤아릴 때는 표현이 같은 '구'였다.

원래 성(姓)은 모계에 기반을 두었고 씨(氏)는 부계에 뿌리를 두었다. 그래서 성씨가 되었다. 노비는 성씨가 없고 부르기 쉽게 속어 이름만 있다. 집집마다 돌쇠와 마당쇠는 다 있고, 곱다고 곱단이, 넓적하다고 넙덕이로 불렀고 언년이, 개똥이, 개노미처럼 민망한 이름도 있다.

노비의 세습은 우리나라에만 있고 중국에는 없는 제도였다. 중국에도 노비가 있지만 모두 범죄 때문에 노비가 되거나 스스로 몸을 팔아 고용된 것이지 혈통에 따라 노비가 되는 법은 없다고 했다. 당나라 법전인 당육전에는 관노비가 70세가 되면 양인으로 삼으라고 하였다.

총인구의 반에 가까운 노비들의 삶은 어떠했을까? 여자노비는 바느질하고 베를 짜고 옷을 짓느라고 바빴고 출산 경험이 있는 경우에는 주인의 아이들을 키우면서 그들과 깊은 정을 쌓기도 했다. 부잣집에 딸린 예쁜 여자노비는 가무와 가야금을 배워 주인과 손님의 흥을 돋우는 역할도 했다.

남자노비는 주인과 친지 간 주고받는 수백 통 편지를 전달했다. 그 편지들은 훗날 문집 발간의 주된 자료가 되었다. 주인이 고을 수령으로 부임하거나 중국이나 일본으로 사신을 갈 때 수행원으로 주인을 따랐고 때로는 유배지까지 주인을 따라 가 보살피기도 했다. 시묘하는 주인 곁을 지키기도 했다. 노비들은 필수불가결한 육체노동뿐만 아니라 주인지위를 높여 주는 가신의 임무를 수행했다. 수 대에 걸쳐 주인에게 헌신하였기에 충복도 생겼다. 단순한 재산일 뿐만 아니라 주인의 부를 늘여주는 당사자이기도 했다.

　노비의 결혼 비율은 외거노비가 솔거노비보다 3배나 높았다. 외거노비는 타 지역에서 주인의 농장을 관리하므로 가정이 필요했다. 외거노비의 결혼비율은 75%에 달하기도 했다. 주인 가까이 거주하는 솔거노비에 대해서는 교혼(交婚, 노비와 남녀 양인의 결합)을 장려했다.
　특히 남자 노비를 양인 여성과의 결합(奴娶良女)을 부추겼다. 이 결합은 주인의 입장에서 보면 여러 가지 도움이 되었다. 충직한 노비에 대한 보상으로 배우자를 주며 생색을 낼 수 있었고 노비 자식은 물론이고 아내의 노동력까지 써 먹을 수 있었다. 가난한 농민 가정에서 군식구가 다름없는 양인 소녀를 데려오는 일은 매우 쉬웠고 흉년이 들 경우 양식 몇 말과 딸을 바꿔야 하는 절량농가의 아픔을 이용했다. 당시 환경과 시설이 열악하여 출산 시 사망률이 높았다. 출산으로 자신의 여자노비를 잃는 것보다 외부인을 데려오면 위험부담이 줄어들었다.
　노비인 남편과 노비인 아내의 주인이 다를 경우 이 두 노비간의 결혼은 재산상 분쟁을 야기시킬 수 있으므로 가급적 피했다. 무엇보다도 부모중 한 명이 노비이면 그 자식도 노비가 되게 하는 제도는 주인에게 폭넓은 선택권을 부여했다
　여자노비와 양인 남자 간의 교혼(婢嫁良夫)은 노비주가 탐탁치 않게 생각했다. 그사이에 생긴 자식을 양인으로 인정한 시기도 있었고 도망을 가기도 하여 주인의 입장에게 가노끼리 결혼보다 여러 가지로 어려운 점이

많았다.

노비는 양반가 여성처럼 수절이 강제적으로 요구되지 않았다. 재혼은 양반들처럼 까다롭지 않아 자유롭게 이루어졌다. 주인의 입장에서 노비가 재혼을 통해 자녀를 계속 출산하는 것은 경제적 이익이 되었다. 전 남편과 낳은 자식도 재혼 남편 사이에 얻은 자식도 소유는 모두 노비 주인의 소유였다.

인자하신 아버지

양반과 천첩 사이에 태어난 자식 문제에 역사는 여러 가지 해법을 모색해 왔다. 주자학을 건국이념으로 태어난 조선왕조는 인륜과 도덕을 중시했다. 덕망과 유교적 소양이 가득한 양반 아버지는 비록 천민 신분이지만 자신의 피붙이를 다른 노비처럼 버려둘 수 없었다. 양반과 천민으로 맺어졌지만 부자 사이에는 따뜻함이 있었고 사랑과 안타까움이 넘실거렸다. 자신의 피붙이를 노비에서 면천시키거나 고된 노역에서 해방이 되도록 끊임없이 노력했다.

1680년대 영양 재령이씨 문중에서 일어난 일을 별급문(일종의 증여문서)과 함께 문중 서고에 보관되어 온 노비 관련 기록이다.

재령이씨 양반자제 OO은 안동 양반가문의 딸과 혼인을 했으나 두 사람은 아들을 낳지 못했다. OO은 종증조부의 사노비 추향과 정을 통했다. 추향은 OO보다 20살이나 어렸다. 1680년 그들 사이에 아들 수귀가 태어나자 종증

조부는 그 아이를 ○○에게 별급하면서 다음과 같은 기록을 남겼다.2)

"자네는 나이가 마흔인데 아직까지 아들이 없고 나의 가비 추향은 뜻밖에 천한 아이를 낳았다. 나는 자네의 애정이 적출과 천출을 가리지 않으리라 믿고 또한 수귀를 남자 노비 가운데 한 명으로 만드는 것은 우리 가풍에 어긋나는 일이므로 나는 그를 영구히 자네에게 준다. 수귀와 그 뒤에 태어날 아이들은 법에 따라 면역되어야 할 것이다. 앞으로 이들의 문제는 가문의 명예와 더불어 좀 더 진중하게 생각하길 바란다."

재령이씨 양반자제와 추향 사이에 태어난 얼자 수귀는 당시 종모법에 따라 추향의 자식이 되고 추향의 주인인 종증조부의 소유가 되었다. 종증조부는 수귀를 노비로 키우기가 찜찜하여 친부 ○○에게 증여해 주고 향후 면천시키도록 당부하였다.

얼자 자식이지만 노비인 수귀를 공짜로 넘겨받은 ○○은 추향마저 집으로 데려오기 위해 남자 노비 한 명을 주고 추향과 맞바꾸었다. ○○의 집으로 오게 된 추향은 노비의 고된 노동에서 해방되었다. 몇 년 뒤 추향은 둘째 아들 수학을 낳게 되었고 ○○은 1689년 공식적으로 추향과 두 얼자 아들을 양인 신분으로 바꾸기 위해 관련 문서를 만들어 중앙의 장예원으로 보냈다.

---

2) 조상의 눈 아래에서 (도이힐러 2018 너머북스) 재인용

1690년 호구단자(호적대장)에 추향의 신분 변동이 기록되었다. 그 문서에는 추향이 ○○의 양첩 김씨로 기록되었으며, 훗날 1702년 호구단자에는 그녀의 본관이 함창으로 되었다. 종증조부의 여종 추향에서 ○○의 양첩 함창김씨로 바뀌었다. 추향은 성씨를 먼저 얻고 본관을 나중에 취득하였다.

　아들 둘은 경국대전 법률에 따라 보충대로 편입되어 1000일을 복무하여야만 양인 신분으로 바뀌게 되는데 큰아들 수귀는 보충대에 편입되었고 이름 표기도 노비 이름인 수귀에서 동몽으로 바뀌었다. 둘째 수학은 일찍 죽었다. ○○은 서자가 있지만 자신의 후사를 잇기 위해 동생의 아들 인배를 양자로 입양했다.

　수귀는 보충대의 복무를 마친 뒤 양인이 되었고 이름도 항렬 돌림자에 따라 만배로 바뀌었지만 얼자 표시는 완전히 없어지지 않았다. 1708년 호구단자에 만배는 자립호의 호주로 표시되었고 얼자 딱지는 여전히 남아 있었다.

　얼자 딱지는 출생 시부터 결정되는 귀와 천의 경계선이었다. 누구도 넘을 수 없는 운명의 줄이었다. 인간세상 그 어느 일이 운명밖에 생겼을까마는 도덕심 높은 양반 아버지의 배려에 의해 평생 고된 노역에 시달려야 될 노비 신분에서 그래도 사람대접을 받는 가구주 양인으로 바뀌게 되어 양과 천의 경계선을 넘었다. 하지만 지울 수 없는 이 사회의 제도적 숙명으로 인해 귀와 천의 경계선은 넘지 못해 그의 이름 이만배는 대를 잇지는 못했지만, 인자한 아버지 ○○의 제사상에 술 한 잔을 올릴 수 있었다.

　적자의 선의에 달려 있는 천출의 운명이 얼마나 위태로운지, 그것을 알고 있는 아버지의 심정이 얼마나 안타까운지, 양반 아버지는 자신이 죽은 후에도 얼자 자식이 최소한의 인간적인 생활을 영위할 수 있도록 조처했다. 자식에 대한 부모의 사랑은 예나 지금이나 귀천의 강을 타고 출렁이고 있다.

노비의 가격

노비는 상속 매매 별급 교환 저당의 대상이 되었다. 노비 가족은 매매나 별급될 때 분열되었지만 재산상속을 통해 가장 심하게 분산되었다. 상속은 가족 단위가 아니라 노비 개개인 단위였다. 노비는 나이, 성별, 건강상태, 노동력 등을 세세하게 따져 가격이 결정되고 분산할 때 고려되었다.

실제로 노비는 매매보다 분재로 주인이 바뀌는 경우가 훨씬 많았다. 그래도 상황에 따라 값을 쳐주고 노비를 데리고 와야 하든지 노비 값을 물어 주어야 하는 경우가 더러 발생했다. 이 경우 노비의 가격이 실제로 얼마에 거래되었는지 보여주는 기록 중 하나가 태조실록에 있다. 1398년 태조 7년, 형조 산하의 노비 담당부서인 도관에서 태조에게 다음과 같이 보고했다.

> "노비 가격은 대부분 경우 오승포 150필이 넘지 않습니다. 말의 가격이 400~500필에 달합니다. 이는 가축을 중히 여기는 것이니 이치에 맞지 않습니다."

당시 말 한 마리 값어치가 노비 세 사람의 값어치와 맞먹고 있다는 이야기이다. 흥미로운 것은 신유학을 건국이념으로 삼은 조선의 관리들은 인륜을 거역할 수 없는지 노비의 처지에 대해 동정을 하고 있다는 것이다. 그렇다고 노비의 처지가 훨씬 개선된 것은 아니지만 조선시대에 들어와서 노비의 삶은 이전보다 나아졌다.

노비는 남자보다 여자가, 노인보다 청년이 더 비싼 값에 거래되었다. 여자노비 가운데 노동력이 있는 노비보다 첩으로 활용할 노비가 비싼 값에 거래되었다. 노비 거래 사례에서 터무니없이 비싼 가격에 거래된 경우는 첩으로 활용할 여자노비 거래였다.

17세기 후반에서 19세기 후반까지 전체적으로 노비거래의 사례를 보면 주로 5~20냥에 거래되었다. 당시 경상도 경주지역 쌀 값 추이를 근거로 하여 노비가격을 따져보면 18세기 전반에는 쌀 7~27가마니, 18세기 후반에는 6~22가마니, 19세기 전반에는 5~19가마니, 19세기 후반에는 2~7가마니에 거래되었다.3)

요즘 돈으로 환산하면 18세기에 150만원에서 500만원으로 노비를 사고 팔 수 있었고 노비의 몸값은 조선 후기로 갈수록 지속적으로 떨어졌다.

성과 본관의 취득

노비를 천민으로부터 해방시키는 제도는 숙종 때 생겼다. 1670~71년 경신대기근과 1695~96년 을병대기근이 휩쓸자 백성을 구휼하기 위한 양곡이 필요했다. 이 자금을 마련하기 위하여 경제력이 있는 노비와 평민에게

---

3) 참고문헌: 조선노비들 천하지만 특별한 (김종성, 2013, 역사의 아침)

노비면천법과 공명첩 제도가 시행되었다. 노비면천에는 곡식을 국가에 납부한다는 의미인 납속이 활용되었고 평민에게는 명예직 벼슬을 사서 신분 상승을 꾀하는 공명첩을 팔았다.

　노비는 천한 신분을 벗어나기 위해 다른 지역으로 야반도주하여 양인 행세를 하는 경우도 있지만 대체로 경제력이 있는 노비는 나라에 자기의 재산 일부를 바치고 합법적으로 평민이 되는 납속종량(納粟從良)을 택했다. 납속종량으로 노비가 평민이 되려면 반드시 성과 본관을 취득하여 호구단자에 써넣어야 했다.

　우리나라 성씨는 삼국시대 왕족부터 사용하기 시작하여 고려 개국과 더불어 지방 호족에게 성씨와 본관을 토성분정하여 귀족도 사용하게 되었고 고려 중엽부터 평민도 대개 성을 가지게 되었다. 조선 후기부터 노비들도 점차 성을 얻어가는 추세였지만 한때 백성의 반이 노비였는데 그 많은 노비는 어떻게 성과 본관을 얻었을까? 1678년 숙종조 경상도 단성고을 도산면의 호구단자로 그 과정을 유추한 연구사례가 있다.

　도산면 호적에는 312호가 있었는데 이들 가운데 성과 본관을 모두 가진 사람은 59%로 184호이었는데 이들은 모두 평민 이상의 신분을 가진 사람이다. 나머지 41%인 128호는 대부분 노비이다. 그중 성과 본관이 모두 없는 노비는 35호로 약 11%, 성과 본관 가운데 하나만 있는 노비는 93호로 30%였다.

　성과 본관 중에서 하나만 있는 노비들 중에서 본관만 있는 노비가 압도적으로 많았다. 노비들은 성과 본관을 모두 얻기 전에 둘 중 하나를 먼저 사용했는데 본관을 먼저 사용한 경우가 많았던 것이다.

다시 40년이 흘러간 1717년 도산면 호적에는 성과 본관을 가진 사람이 74%로 늘어나고 성과 본관이 없는 이들은 11%로 큰 변동이 없었다. 크게 줄어든 부류는 성이 없고 본관만 있던 이들로 30%에서 11%로 감소했다. 그전에 본관만 있던 노비들이 성과 본관을 모두 갖추고 평민으로 성장했음을 보여준다. 성과 본관이 없는 노비들은 본관을 먼저 얻고 다음에 성씨를 가지면서 노비 신분에서 벗어나 평민이 되었다.

노비수 점유비는 1678년 도산면 전체 인구수 312명 중 128명이 노비로 41%를 차지했는데 40년 뒤 1717년에는 인구 370명 중 99명으로 노비 점유비가 27%로 줄었다. 전체 인구는 늘었는데 노비수는 줄었고 점유비는 큰 폭으로 감소했다.4)

노비는 성과 본관 중 대개 본관을 먼저 얻고 성을 나중에 얻는 과정을 거쳤다. 노비의 신분적 속박에서 벗어나려면 성과 본관을 만들어 호구단자에 신고해야 하는데 어떤 성관(姓貫)을 택해 만들어야 할 것인지 고심이 매우 컸다. 대체로 다음과 같은 경로를 유추해 볼 수 있다.

첫 번째로 부계조상이 양반으로 천첩의 후손일 경우에는 부계조상 양반의 본관과 성을 사용했을 개연성이 높다. 자신의 뿌리를 대대로 기억해 두었다가 이 시점에서 드러낼 수 있다. 흔치 않은 경우이지만 모계 조상의 성과 본관을 사용할 수도 있다.

---

4) 참고문헌: 노비에서 양반으로 그 머나먼 여정 (권내현, 2014, 역사비평사)

두 번째로 자기가 가장 선호한 성관을 자의적으로 선택하는 경우이다. 혈연적 연관성이 없이 선호도와 취득의 용이성에 따른 경우이다.

도산면의 경우 성과 본관을 모두 가진 평민 이상의 가구주는 김해김씨와 밀양박씨가 가장 많았고 밀양박씨는 지배계층으로 양반이었고 김해김씨는 주로 평민이었다. 그리고 본관만 있는 가구주(대부분 노비)의 경우를 살펴보면 본관 상위 순위는 1678년에는 진주, 김해, 경주, 단성 순이었고 1717년에는 김해, 단성, 진주, 경주 순이었다. 단성은 소속 현이고 진주는 이웃 고을이므로 노비들이 선호한 본관은 김해나 경주였다.

노비들은 지리적으로 가깝거나 인구가 많아 자신들에게 익숙한 지명을 본관으로 선호했고 자기가 거주하는 지역에 흔하면서 신분적 장벽이 높지 않았던 성씨를 자기의 성으로 선택하였다. 그렇다고 전국적으로 노비들이 김해김씨를 선호했다는 것은 결코 아니다. 도산면의 경우 밀양박씨가 가장 많았지만 양반층의 성씨였으므로 도산면에 거주하는 노비들이 선택하기는 부담스러웠던 모양이다.

일가붙이 없는 사람들

노비는 혈연관계를 무시당한 채 상속자들의 가족 수에 따라 해체되었다. 가족이 해체되어 혼자가 되면 죽을 때까지 '일가붙이 없는 사람'(Kinless Person)이 되었다. 쓸쓸하고 어두운 조선의 신분사회에서 버림받은 자로 태어나서 가축처럼 살다가 혼자 외롭게 죽었다. '일가붙이 없는 몸'은 항상 서러운 언어였다. 미당 서정주의 시처럼 애비는 종이었고 그들을 키운 것은 팔할이 바람이었다.

노비와 주인의 관계에서 항상 어두운 면만 있는 것은 아니었다. 18세기 노비 시인인 정초부(1714~1780)가 죽자 주인인 여춘영(1734~1812)은 평생을 벗처럼 여겼던 그를 묻고 돌아오는 길에

"삼한 땅에 명문가가 많으니 다음 세상에는 그런 집에서 태어나시게나"

라고 읊조렸다. 이름 그대로 나무꾼 초부(樵夫)인 정초부는 세상을 향해 노비의 한을 이렇게 읊었다.

강가에 있는 나무꾼의 집일뿐
과객 맞는 여관이 아니라오
내 성명을 알고 싶다면
광릉에 가서 꽃들에게 물으시게나

절정 165×115cm 장지에 분채

3부
영남좌도는 꽃길이다.

한음과 노계가 역사 밖에서 친교를 맺다 / 163

68년간 쓴 일기, 조선의 삶 / 177

학봉의 격문이 영남 선비를 울리고 / 195

평영남비와 경상우도의 눈물 / 211

병호시비와 호계서원의 복원 / 223

한음과 노계가 역사 밖에서 친교를 맺다

천재소년 한음 / 노계와 만남 / 유자음(遊子吟) / 사제곡 / 누항사 / 노계가사 영양역증

천재소년 한음

한음 이덕형(1561~1613)은 임진왜란의 공신이며 뛰어난 외교관이자 명재상으로 나라를 위기에서 구한 명신이었다. 5대조가 갑자사화에 연루되어 큰 화를 당하자 후손들은 경기도 시골에서 숨어 살았다. 고조부터 아버지까지 4대에 걸쳐 벼슬을 하지 아니하고 포의로 초야에 묻혀 살았는데 아버지의 벼슬이 지중추부사인 기록이 보이는 것은 한음이 영의정이 된 후 추증된 것 같다.

한음은 어릴 적부터 뛰어난 재능을 나타내 보였다. 문화류씨인 어머니를 따라 외가가 있는 포천에서 어린 시절을 보냈는데 이때 봉래 양사언

(1517~1584)에게 글을 배웠다. 포천에는 당시의 자취가 아직도 남아 있으며 문화류씨 집성촌이 있다. 시를 잘 짓는 양사언은 한음의 문학적 천재성을 발견하고 "이제 그대는 나의 상대가 아니라 스승이다"라고 했다고 전해진다. 14세 때 지은 한시는 당시 조선 유생들의 감탄을 자아냈고 중국 당나라 시불(詩佛) 왕유의 시를 연상시킨다.

> 들이 넓어 저녁 빛 엷게 깔리고 / 물이 맑으니 산그림자 가득하여라
> 녹음 속에 하얀 연기 솟아오르고 / 아름다운 풀언덕에 두어 집이로세

이런 한음을 당대 최고의 역술가 토정 이지함이 알아보고 조카인 대사간 이산해의 사위가 되게 한다. 한음 나이 16세 때였다. 훗날 북인의 영수가 된 명문가 이산해 집안으로 장가를 가서 3년 만에 약관 19세의 나이로 대과에 등과하여 다시 집안을 일으키며 외가(류전), 처가(이산해). 본가(이덕형)가 모두 선조 광해 연간에 영의정에 오른다.

한음의 됨됨이를 발견한 율곡은 한음을 요직에 두루 거치게 했고 한음은 탁월한 능력을 발휘했다. 31세의 대제학, 41세 영의정, 임진왜란의 공신, 3번의 영의정 등 영예로운 관리 생활과 오성 이항복과 우정은 잘 알려져 있다. 부인 한산이씨는 임진왜란 때 왜적의 참화를 피해 절벽에서 뛰어내려 자결하는 아픔을 겪기도 했다. 1613년(광해군 5) 영의정으로 있을 때 북인세력이 영창대군 사사와 인목대비 폐모론을 들고나오자 이항복과 함께 이를 적극 반대하다가 삭탈관직당하였다. 그 뒤 경기도 용진으로 물러가 나라를 걱정하다가 병으로 세상을 떠났다.

사계 김장생은 그의 어록집에서 한음을 이렇게 평했다.

"덕망과 문장을 갖추었고 출장입상(出將入相)의 능력을 지녔던 인물, 당파에 기울어지지 않고 공명정대한 처사로 일관해 동서남북지인(東西南北之人)이란 평을 받았던 이가 한음이다"

용주 조경은 한음을 옛글에서 보던 삼불후(三不朽)를 실천한 인물이라 했다. 삼불후란 영원히 썩지 않는 세 가지, 덕(德) 공(功) 언어(言語)를 말하는데 이는 덕으로써 백성을 교화하는 것, 나라에 공을 세우는 것, 저술을 통해 길이 남기는 것이니 한음은 이를 모두 실천한 인물이라고 극찬했다.1)

노계와 만남

1601년 임진왜란 끝난 뒤 한음은 4도 체찰사로 경상도에 내려와 여러 고을을 순시한다. 한음의 일생에 있어 최전성기였다. 그때 경북 칠곡에는 일족 광주이씨 칠곡문중이 세거하고 있었다. 한음이 상주를 거쳐 구미 칠곡으로 내려왔을 터이니 14촌의 먼 일가이지만 동질의 아픔이 있어 칠곡 광이를 방문했을 개연성이 있기에 문헌을 찾아보았다.

---

1) 참고문헌: 종가기행 (서수용 2007 한국일보사)

광이(廣李) 칠곡문중은 갑자사화에 난을 피해 경상도에 세거한지 100년 만에 석담 이윤우(1569~1634)가 다시 출사하게 되는데 이는 한음이 도체찰사로 온 지 5년 뒤의 일이다. 당시 나이 40세로 좌우정승을 지낸 천하의 한음이, 긴 세월동안 숨어 지내던 일족 광이칠곡의 석담을 만나 좋은 이야기를 건넸을 법도 하고 석담의 출사가 한음과 어떤 관련이 있는지 살펴보았건만 기록이 없다.

석담 이윤우는 한강 정구의 제자로 1606년에 대과에 급제, 당상관 이조참의를 지냈고 손자 이원정 이원록, 증손 이담명이 과거급제하여 이조판서, 대사헌, 경상도 관찰사로 4대 90년간 조정의 신료로 봉사하다가 1694년 숙종조 갑술년 축출로 사라져 버린다. 이 집안은 성종 때 사촌 8명이 당상관으로 함께 어전회의로 참석하여 극자 돌림 여덟이라 8극이라 불렀다. 한음은 5극의 후손이고 칠곡문중은 8극의 후손이다. 당색도 같은 남인이라 한음이 일족 칠곡광이에 들러 뛰어난 글솜씨로 멋진 글귀 한 점을 남겨 두었더라면 청사의 자취로 빛나련만 아쉬움이 남는다.

한음은 대구를 거쳐 영천에 들러 노계 박인로(1561~1642)를 만나게 된다. 둘은 동갑내기이다. 한음은 당시 좌의정을 지낸 조정대신이고 노계는 이년 전 무과 급제한 종6품 거제 조리포의 만호로 초급관리이다. 직급의 차이는 천양지차이지만 한음은 글 잘 짓는 노계와 소위 계급장 떼고 친교를 맺었다.

둘은 가까워졌고 남도 특산품 감이야기, 전란 중 타계한 모친과 홀아버지에 대한 사친의 정을 이야기했고 노계는 이런 한음의 마음을 담아 읊은 시조가 교과서에 나오는 〈조홍시가〉 4수이다. 일찍이 익어 맛있는 조홍감을 선물로 받아 가져가도 반길 부모가 이미 계시지 않음을 서러워한다는 효친 시조가 1수이고, 가는 세월을 긴 철끈으로 잡아매서 흰 머리의 부모님을 더디 늙게 하고 싶다는 시조가 3수이다.

반중(쟁반속) 조홍감이 고와도 보이나다
유자 아니라도 품은 즉 하다마는
품어가 반길 이 없을 새 글로 설워 하노라

만균(큰 쇳덩어리)을 늘려내야 길게 길게 끈을 꼬아
구만리 장천에 가는 해를 잡아 매어
北堂의 흰머리 부모님을 더디 늙게 하리라

첫 수는 유적의 회귤고사를 떠올리게 하고 셋째 수는 부모님에 대한 효심을 노래했다. 둘째 수와 넷째 수도 까마귀를 비유하여 읊은 효친시조이다.

유자음(遊子吟)

조홍시를 떠올릴 적마다 유자음이 생각난다. 조홍시는 자식이 돌아가신 부모님을 생각하는 사친시조이고 유자음은 자식에 대한 부모의 끝없는 사랑을 노래한 한시이다. 유자음은 당나라 중당시인 맹교(751~814)가 지었다. 맹교는 집안이 가난하여 46세가 되어서야 진사시험에 합격하여 관직에 올랐다. 자신의 넉넉지 못한 삶과 일반 백성들의 어려운 형편을 노래하였다. 이런 면에서 노계와 맹교는 닮았다. 노계도 39세에 과거 무과에 합격했고 누항사에서 곤궁한 백성의 삶을 읊었다. 유자음은 먼 길을 떠나는 아들을 위하여 정성스럽게 옷을 짓는 어머니의 사랑을 묘사하였다.

자애로우신 어머니가 바느질감을 들고서	慈母手中線
길 떠나는 아들 위해 옷을 지으시네	游子身上衣
떠나기에 앞서 한 땀 한 땀 꼼꼼히 기우는 뜻은	臨行密密縫
돌아올 날 늦어질까 염려하시기 때문이라네	意恐遲遲歸
누가 말했는가 풀 한 포기 마음이	誰言寸草心
석 달 봄볕 은혜를 갚을 수 있을까 하고	報得三春暉

따사로운 봄 햇살이 작은 풀을 잘 자라게 하듯이 어버이 사랑은 봄 햇살과 같은 따뜻함으로 자식을 키운다. 작은 풀이 봄볕의 은혜에 보답할 수 없듯이 자식은 그 무엇으로도 어버이의 은혜를 갚기 어렵다. 고사성어 촌초춘휘(寸草春暉)가 여기서 유래하였다.

조홍시와 유자음은 나에게 글의 따뜻함을 일깨워 준 시였다. 가슴속에 담은 시이다. 이 시를 읊조릴 적마다 돌아가신 어머니가 생각이 난다.

대처에서 유학하던 시절, 토요일 오후 고향집으로 내려가면 한땀 한땀 기우시던 손바느질처럼, 홍두깨로 민 하얀 손국시를 예쁘게 칼로 썰어 대소쿠리에 담아 놓고 자식 오기를 기다리시던 어머니, 자취하던 자식이 행여 굶지는 않을까 자신이 좋아하시던 조림반찬은 물론 조홍감은 아니더라도 풋사과까지 떠나는 아들 가방에 다 챙겨 넣어시고, 동구 밖 오리 버스길까지 나오시던 어머니, 아들이 탄 완행버스가 팔조령 여덟 굽이를 돌고 또 돌아 보이지 않을 때까지 바람부는 하건지 들판에 흰 치맛자락을 날리면서 계시던 저 어머니, 그 시절의 내 일기 잡문에는 이렇게 썼다.

"눈물 속에 아롱져 잊을 수 없는 그대의 이름은 어머니라네"

또 중국 배낭여행 맛에 빠졌던 시절, 흙먼지 날리는 산시 황토고원에서 까까머리 아이와 땟국 흐르는 엄마가 풋대추를 쪼개어 나눠 먹는 정겨운 모습을 카메라에 담으며 내 가슴 속에 가장 먼저 떠 올린 시가 조홍시와 유자음이다.

사제곡

노계는 짧은 관리 생활을 마치고 고향에 은거하여 옛글을 읽고 시작 짓기에 몰두한다. 51세가 되던 해 1611년에 10년 전에 만나 친교를 맺은 한음을 찾아 천리 길을 떠난다. 대북 세력과 갈등으로 잠시 중앙에서 물러나 경기도 용진강 사제, 지금 남양주 땅에 머물고 있는 한음을 노계는 죽장망혜 차림으로 찾아간다.[2]

---

[2] 사제는 남양주군 조안면 진중리이고, 한음 종택은 양평군 양서면 목왕리에 있다

경북 영천에서 한강 두물머리까지 보름도 더 걸리는 길이다. 당시 교통 사정으로 보아 대단한 시도이다. 노계가 과거를 보러 한양 나들이를 많이 했고 관직에 있으면서 동래 거제 등지를 오고 간 경험이 있기 때문에 가능한 일이었다. 노계는 한음의 빈객이 되어 수개월간 경기도 양평에 머물면서 강 건너 사제의 아름다운 풍경을, 한음을 화자로 하여 노래한 가사가 〈사제곡(莎堤曲)〉이다. 일부분을 쉽고 찰지게 풀이하였다.

> 늙고 병든 몸, 쉬도록 허락해 주시어
> 한강 동쪽 땅 경관을 찾아 물따라 산따라
> 용진강 거슬러 올라 사제마을에 들어서니
> 천하제일 강산이 임자없이 버려져 있구나
> 내 평생 꿈을 꾸어 오라고 해서 그랬는지
> 이곳 물빛 산색들이 낯설지 않구나
> 무정한 산수도 유정천리로구나
> 하얀 모래벌, 지는 노을 비스듬히 하고
> 삼삼오오 떼 지어 날며 노는 흰 새들아
> 네게 말 좀 물어보자 놀래지 말거라
> 경치 빼어난 이 동네 이름이 무엇이랴 하더냐

용진강은 남양주 조안의 북한강을 칭하고 두물머리부터 긴 제방이 있어 사제라 했다. 아름답기로는 예나 지금이나 마찬가지다. 사제에서 다산 정약용의 생가까지는 20리 길이다. 한음 오백 년 종택이 있는 양서 묵왕리에는 조선왕조 아홉 정승의 무덤이 있다고 '9정승골'이라 불렀다.

　뛰어난 경관에 정신이 홀려 물새에게 동네 이름을 물어보는 노계의 낭만은 이미 자연과 하나가 된 듯하다. 사제곡은 요즈음 고등학교 학력평가 언어영역에 예문으로 자주 나오는 모양이다.

누항사

　한음은 노계에게 농촌의 삶이 어떠한지 물어보았다. 당대의 최고 경세가로 임란 이후 농민의 삶을 진솔하게 듣고 싶었을 것이다. 노계는 자신의 빈한한 삶을 가사 〈누항사(陋巷詞)〉로 화답했다. 향촌에 묻혀 사는 궁핍한 생활을 고운 마음으로 노래하면서 안빈낙도의 뜻을 밝혔다.

　학창 시절 경탄과 울분과 찬미가 설익은 내 청춘을 깨우고 구구절절 내 가슴에 불 지핀 글이 누항사이다. 백 번은 소리 내어 읽은 것 같다. 연탄불 꺼지고 먹거리가 떨어져 힘들 때, 춥고 배고픈 자취방에서 어린 마음에 까닭 없는 슬픔과 분노로 읊조린 시가가 누항사이다. 마지막 부분이다

　　　변변치 못한 이 몸이 무슨 뜻 있겠냐만
　　　두 세 이랑 밭과 논을 다 묵혀 던져 두고
　　　있으면 죽이요 없으면 굶을망정
　　　남의 집 남의 것에는 전혀 부러움 없도다
　　　나의 가난 싫다고 여겨 손짓한다고 물러가랴
　　　남의 부귀 부러워한들 손을 친다고 나아오랴

인간 세상 어느 일이 운명밖에 생겼겠느냐
가난 속에 원망하지 않는 것이 어렵다고 하지마는
내 생활 이러하니 서러운 뜻 없도다

　묘한 어감을 지닌 누항(陋巷)이라는 단어, '누'는 누추하고 누린내 나는 의미로 그런대로 알만했고 '항'은 잘 쓰지 않아 항구, 항아리 등과 비슷한 의미라 생각했다. 바른 뜻도 모르면서 알고 있다고 여겨 그냥 넘어갔다.
　먼 훗날 남도 답사 여행 길에 들린 어느 문화전시관에서, 걸려있는 '똥 막대기'를 보았다. 인분을 거름으로 쓰던 시절, 놀다가도 대변은 꼭 자기 집에서 누어야 했던 그 시절, 변을 누고 뒤처리할 때 사용했던 똥 막대기를 보니 불현듯 떠오른 것이 노계의 누항사였다. 내 기억 속의 누항사 '누'는 누린 똥이었다.
　'항'을 만난 것도 우연이었다. 중국 배낭여행 맛에 흠뻑 빠져 있을 때 시골 오래된 소읍 옛 골목에서 만난 단어가 '항'이었다. 낡은 간판 주소에 항이 있었다. 반가웠다. 옛 골목이나 작은 마을을 '항'이라고 한다. 영어로 alley. 후베이 우한 장강대교 아래 먹거리 미식풍정 골목이 호부항(戶部巷)이다.

　용진강 사제에서 노계를 만난 한음은 2년 뒤 병으로 세상을 떠난다. 52세 나이였다. 노계는 한음을 그리워하며 〈권주가〉〈상사가〉〈노계가〉를 짓고 82세까지 장수한다. 노계의 후반기는 옛글을 읽고 예법을 따르며 수행하는 선비의 삶이었고 시작에 몰두한 가객이었다. 성현의 말씀을 묵상하면서 성·경·충·효(誠敬忠孝)의 네 글자를 좌우명으로 삼고 자성을 게을리하지 않았다.

노계가사 영양역증

다시 80년의 세월이 지난 뒤 1690년 한음의 증손 이윤문(1646~1717)이 영천군수가 되어 영천고을 수령으로 부임한다. 이윤문은 집안 대대로 내려오는 증조부 한음과 노계의 전설 같은 친교 이야기를 노계의 손자 박진선을 만나 다시 확인하고 아직 사라지지 않고 전승되어 온 사제곡을 듣는다. 그해 3월 영천고을 주관으로 목판을 편각하면서 다음과 같이 사유를 밝히고 있다.

> "후손이 용진의 산수 사이에서 선조의 발자취를 뵈오매 서글픈 마음이 넘치어 눈물이 저절로 흘러내린지라, 세대가 이미 멀어져 이 노래가 후세로 전하지 못하고 없어질까 두려워 경오년에 사제곡을 편각하여 널리 전하기로 하였다"

목판본을 만드는 일은 비용도 많이 들고 힘든 일이어서 당시 고을관청, 서원, 큰 사찰, 유력 문중만이 할 수 있었다. 사제곡을 편각하면서 한음과 관련된 시가인 누항사, 상사곡, 권주가 등 가사 3편과 조홍시가 시조 4편을 함께 편각하게 되었다. 이것이 경오본 노계가집으로 가장 오래된 노계가사 목판본이다.

경오본이 만들어지고 110년이 지난 1800년에 오늘날 남아있는 노계집 초간본이 비로소 만들어지게 된다. 이 초간본은 영천군수 이윤문의 경오본을 기본으로 만들어졌고 초간본 발간으로 인해 노계가사가 널리 알려지게 되었다.

경오본은 〈영양역증(永陽歷贈)〉이라는 이름으로 되어 있는데 영양(永陽)은 영천의 옛 이름으로 영양역증은 영천군수로 봉직할 때 만든 옛 기록물이라고 할 수 있겠다. 영천군수 이윤문은 아들이 1728년 영조조 무신란에 가담하여 집안에 화를 당하는 아픔을 겪게 된다. 그런 연유인지 모르겠지만 영양역증은 이윤문의 집안이 아닌 구미 인동장씨 여헌집안의 소장 고문서에서 최근에 발견되어 세상에 나오게 되었다.

인동장씨 여헌 장현광은 퇴계의 제자이며 영남사현의 한사람이다. 서애 류성룡의 사후, 영남 산림으로 남인을 이끌던 여헌이, 병자호란 당시 인조의 삼전도 굴욕 소식을 듣고 절망하여 구미 인동에서 포항 죽장으로 은거해 버리자 노계는 1637년 76세의 노구를 이끌고 83세의 여헌을 찾아 죽장 입암으로 가서 해후를 한다. 이때 지은 단가가 입암가 29수이다. 여헌과 노계는 천수가 다할 때까지 친교를 다진다. 영양역증이 여헌 후손 집안에서 발견된 것은 이때 맺은 인연으로 노계 후손이 여헌 후손에게 목판본이 만들어졌으니 선물로 보냈을 것이라고 추측할 수 있다. 2005년 경상북도 유형문화재로 등록되었다.

노계 가사에 한자 어투가 많다고 타박하는 이들이 더러 있는데 이는 서양 고전작품에 라틴어가 많이 씌어져 있다고 말하는 것과 무엇이 다른가?

말과 글도 살아있는 생물과 같아 17세기 작품은 그 시대 언어로 읽어야 하고 어색하면 오늘날 우리말과 우리 글로 찰지게 바꾸면 된다.

역사 밖에서 일어난 아름다운 이야기는 오늘을 사는 우리에게 즐거움을 안겨주고 조상의 향내를 느끼게 한다. 비록 일부는 실전되었지만 노계가사가 불후의 작품으로 남아 오늘날까지 전승되어 많은 이들로부터 사랑을 받고 있음에는 광이(廣李) 일문이 밀박(密朴) 노계 집안을 만나 영남좌도에 뿌린 따뜻한 마음이 큰 역할을 했다. 아름다운 만남이다.

어깨동무 53×35cm 장지에 분채

68년간 쓴 일기, 조선의 삶

노상추 일기 / 출산과 이른 죽음 / 혼반 맺기 / 과거 그 어려운 여정 /
벼슬아치와 관기 / 정조 독살설 그리고 귀향

노상추 일기

노상추(1746~1829)는 선산 출신으로 삭주부사, 금위영 천총, 홍주영장을 지낸 영남 남인의 대표적인 무관이다. 노상추는 평생 동안 일기를 썼다. 열일곱에 시작하여 여든네 살로 생을 마감하기까지 68년 동안 썼다. 1763년 영조 때부터 시작한 일기는 정조를 거쳐 순조 29년까지 개인의 삶을 기록했다

전통적인 무반 집안인 안강(경주)노씨 후손으로 어릴 적부터 노상추는 조부의 영향을 많이 받았다. 조부 죽월 노계정(1695~1755)은 31세에 무

과에 급제하여 경상좌병사에 오른 인물이다. 아버지 노철은 벼슬을 하지 않고 집안을 지키면서 열아홉 살부터 일기를 쓰기 시작하여 마흔여덟 살이 되던 1762년에 아들 노상추에게 일기 쓰기를 물려주었다. 현재 남아있는 일기는 노상추가 아버지로부터 물려받은 이듬해, 1763년부터 쓴 일기이다.

일기에는 조선 후기 출산의 어려움으로 집안 여인들의 잇따른 죽음, 영아의 높은 사망률, 서출에 대한 애증, 양반가 여인의 수절과 남정네 재혼, 가족에 대한 사랑, 관리의 자부심과 외직 벼슬아치의 생활상, 정조 사후 독살설에 휘말린 영남남인의 불안한 모습이 담겨 있다.

실록이나 사가의 역사적 기록물이 아니라 평범한 무반의 일생을 담고 있어 싱그러운 맛이 난다. 읽다 보면 내가 마치 200년 전 그 시대에 살고 있는 듯, 평안도 삭주부사가 되어 변방 벼슬아치로 일상을 보내는 듯 빨려든다. 한편으로 박경리의 토지가 떠올랐다. 토지는 오로지 작가의 상상력에 의존한 인물 등장과 땅의 대하소설이지만 노상추 일기는 실존했던 사람들의 얽히고설킨 인간사이기에 살만 잘 붙이면 실감 나는 멋진 사회소설이 될 것 같았다.

조부 죽월공이 평안도 박천군수로 봉직할 때 관기와 낳은 천출의 핏줄을 삭주부사 시절에 만나 달래고 울분을 들어준다. 마음속으로 천하지만 내 핏줄의 일부라 여기는 양반의 따뜻함에 놀라게 된다. 조선시대 개인 기록 중 가장 방대한 분량으로 개인사 저변에 깔려있는 소소한 내용까지 담겨 있어 재미가 있다.

오랫동안 국역으로 번역되지 못하여 잠자고 있다가 최근에 완역이 되어 세상에 나왔다. 2009년에 문숙자 선생이 〈68년의 나날들, 조선의 일상사〉로 책을 펴냈다. 오랜만에 책과 일기 여러 권을 동시에 펼쳐놓고 천천히 정독하면서 감명 깊게 읽었다.

출산과 이른 죽음

옛날에는 출산으로 목숨을 잃는 여성이 무척 많았다. 노상추의 가계에도 피할 수 없었다. 집안 대대로 출산의 기쁨과 함께 산모를 잃는 슬픔이 동시에 일어났다. 노상추는 자신의 어머니와 두 아내를 출산 후유증으로 잃었다. 노철·노상추 부자는 모두 세 번 결혼하고 세 번 아내와 사별했다.

먼저 아버지 노철은 첫 아내인 완산최씨가 큰아들 상식을 낳고 며칠 만에 세상을 떠났다. 출산 후 회복하지 못하고 며칠 만에 스물다섯의 젊은 나이로 사망하였다. 두 번째로 맞이한 아내 풍양조씨가 노상추의 어머니였다. 노상추의 어머니는 다섯 명의 자녀를 낳고 잘 살다가 여섯 번째 딸을 낳고 일주일 만에 죽었는데 나이 마흔넷이었다. 출산에 따른 여성의 사망은 초산이든 노산이든 무작위적으로 다가왔다.

노상추 역시 세 번 혼인하였는데 첫 번째 부인과 두 번째 부인이 모두 출산으로 인해 사망하였다. 첫 번째 부인 월성손씨는 아들을 낳고 한 달 이상 앓다가 사망했는데 그때 그녀의 나이 겨우 스무둘이었다. 두 번째 아내 풍산류씨는 세 번째 아이를 낳다가 사망하였다. 그때 노상추는 아내 곁을 지키지 못하였다. 산송 분쟁이 일어나 집안 대표로 한양에 간 사이에 아내가 사망했기 때문이다. 1)

출산 후유증으로 산모를 사망케 하고 태어난 아이 역시 허약하여 1~2년밖에 살지 못하고 어린 나이에 목숨을 잃었다. 아내와 자식을 잃은 노상추는 자신의 처지를 한탄하고 하늘을 원망하였는데 집안에 비극적인 일이 일어날 때마다 이게 과연 하늘의 뜻인가 하고 슬퍼하는 일 외에는 아무것도 할 수 없었다. 그의 비통한 심정을 나타낸 일기이다.

> 첫닭이 울 때 들어가 어머니를 뵈니 통증으로 점점 기력을 다하여 끝내 운명하셨으니 목이 메이고 비통한 마음을 일반적인 말로 표현할 수가 없다. 저녁에 습하였다 형수와 서조모가 분곡하려고 올라 오셨다. 판재를 사 왔다. (1766. 1. 7.)

> 아버지의 이질은 계속 심해지고 차도가 없으니 매우 걱정스럽다. 아, 어머니가 갓난애를 남기고 갑자기 홀연 세상을 버리셔서 어머니를 곡하는 눈물이 마르지 않았는데 아내도 요절하고 갓난애마저 죽었으니 하늘의 뜻이 무엇인지 모르겠다. 장차 어찌해야 할 것인가? 어찌하여 사랑하는 두 갓난애를 모두 올해에 잃는단 말인가? 하늘의 뜻이 무엇인지 알 수 없으니 매우 슬프고 참혹하다 (1766. 8. 6.)

---

1) 참고문헌: 68년의 나날들, 조선의 일상사 (문숙자 2009 너머북스)

노상추의 제수도 출산 후 17일 만에 사망하였고 조카 정엽의 첫 번째 아내 역시 득남한 지 18일 만에 세상을 떠났다. 하지만 이들은 가계를 잇기 위해 바로 재혼하여 두 번째 아내를 맞아들였다.

양반가가 이러한데 가난한 삶을 영위하는 하층민 여성들은 출산 사망률이 더 높았을 것으로 짐작할 수 있다. 노상추 일기에는 서파(庶派, 서자의 자손) 친척들이 출산으로 죽었다거나 집안의 노비가 출산으로 사망한 사례가 적지 않게 나와 있다. 당시 여자 노비의 출산 사망률이 높아 집안 남자 노비의 결혼 상대자로 외부의 가난한 양민의 딸을 데려오려고 했다고 한다. 출산에 따른 위험 부담률을 줄이려는 고육책이지만 너무 안타까운 현실이다.

이 일기는 18세기 후반에 가족이라는 공동체를 유지하기 위해 얼마나 많은 대가를 치르고 희생이 따라야 하는지를 여실히 보여주고 있으며 그렇기에 남아있는 가족들은 더욱 강한 혈연공동체를 유지하고 있었다.

노상추는 아내만큼이나 자식에 대한 회한도 많았다. 호구대장에는 노상추의 자녀로 익엽과 승엽 그리고 딸 둘만 올라와 있다. 그러나 일기에는 일찍 사망한 네 명의 자녀가 더 존재했으며 그만큼 영아의 사망률이 높았고 후사에 대한 간절함도 컸다. 양반 가계를 이어야 하는 책임감과 집안을 번성시켜야 한다는 압박감이 항상 가장의 어깨를 짓누르고 있었다. 다행히 아들 익엽이 혼인한 지 10여 년 동안 아이가 없다가 첫아들을 낳자 노상추의 기쁨은 이만저만이 아니었다.

며느리가 지난달 3일에 순산하여 아들을 낳았다고 한다. 10년 만에 이룬 첫 출산으로 사내아이를 얻었으니 내 마음에 어찌 경사가 아니겠는가? 지금부터 나도 손자가 있으니 역시 기쁘지 않겠는가? 절로 기쁨을 이길 수 없다. (1796. 9. 15. 51세)

혼반 맺기

집안 친척이 나서 누이의 혼처를 구하는데 안동 하회의 류안춘 집에서 허혼할 뜻을 전해왔다.(1767. 3. 14 일기) 대를 이어 가며 선산에 거주하던 경주노씨 집안이 죽월공에 이르러 당상관에 오르고 명망이 쌓아져 혼인 범위가 안동지역까지 넓어지고 하회류씨 같은 안동의 명문 양반가와 통혼하게 되었다.

이때 맺은 인연으로 하회류씨 집안은 이듬해 노상추가 두 번째 아내를 얻은 집안이 되었고 노상추는 하회류씨 집안의 사위가 되어 인맥을 넓히고 훗날 서울에서 관리 생활을 하면서 류씨 친척들과 왕래하게 되었다.

한 달 뒤에 류씨 집안에서 동생의 허혼서가 도착했다. 평상시 같으면 곧바로 혼례를 치렀을 터인데 그해에는 천연두 때문에 예식을 가을에 올리기로 하였다. 사주를 받고 택일을 하고 가을에 의례를 거행하였다.

당시 양반들의 혼례는 신랑이 신부 집에 와서 의식을 치르고 신랑의 요객(繞客)들은 당일 또는 하룻밤 유숙을 한 후 바로 돌아간다. 신랑 역시 사나흘 처가에 머물다가 본가로 돌아간다. 그리고 대략 1년이 지난 후 신부가 신랑의 집으로 신행을 가면서 비로소 정식 결혼생활이 시작된다.

신부 집에서는 혼례일보다 오히려 1년 뒤 신행 때가 더 부담이었다. 신행에 필요한 여러 물품을 구해야 했다. 노상추는 해평 최진사 집에서 가마와 휘장, 등롱을 빌렸다. 최진사 댁은 지금도 반가로 남아있는 해평의 전주최씨 쌍암고가와 북애종택인 듯하다.

지난 1년 반 동안 여러 의례절차를 거쳤고 마지막 신행이 무사히 끝나야만 양가는 비로소 인척이 된다. 양반가에서 혼반을 맺어 인척이 되는 길은 이처럼 지난한 과정을 거쳐야 했다. 누이동생이 안동 하회로 신행을 가는 날 일기이다.

> 일찍 신행을 출발하려고 아침 식전에 유복이 가마를 끄는 말 1필을 몰고 도착하였다. 말은 7필이고 따라가는 하인이 10명, 신부의 가마 앞에 서는 여자종 2명, 신노비[2]로 진분이 낳은 계란이 따라갔다. 요행(繞行)은 아버지께서 친히 가셨다. (1768. 10. 12.)

양반가 신행 행렬은 대단한 볼거리였다. 말 일곱 필과 열 명 이상의 노비를 대동하고 앞에 비 두 명이 서고 혼인할 때 딸려 보내는 신비도 함께 보냈다. 신행길을 아버지가 직접 요행했다. 행렬을 전송해 주기 위해 여러 일가친척이 오셨다. 신행을 떠나고 닷새 만에 아버지가 돌아오셨다. 신행도 별 탈 없이 도착했다고 하니 기쁘고 다행스럽다고 1768년 10월 16일 일기에 적고 있다.

---

[2] 부모가 자식이 결혼할 때 특별히 주는 노비

어릴 적 외가에서 들은 신행 이야기가 생각이 난다. 딸이 많은 외할아버지께서 밀양 영남루 인근 사돈댁으로 둘째 딸의 신행을 갔다가 돌아오는데 친정아버지 가신다고 사립문 너머 빼꼼히 내다보는 달덩이 같은 둘째딸 모습에, 혼자 오려니 눈물이 앞을 가리고 발걸음이 떨어지지 않아 밀양 청도 칠 십 리 길을 어떻게 왔는지 모르겠다고 약주 한잔하시면 밀양장 자인장 새끼돼지 거세 이야기와 함께 한 사설을 널어놓으시곤 하셨다.

노상추의 누이는 혼인한 지 5년 만에 남편이 죽어 청상(靑孀)이 되었다. 재혼을 하지 않고 평생 시가 하회를 떠나지 않았다. 몇 년에 한 번씩 친정에 들리면서 천수를 누렸다. 양반가의 여성들에게는 혼례는 거의 일생 중 한 번이었다. 그에 비해 남성은 아내와 사별하면 바로 재혼을 했다. 가문을 이어야 하는 의무감과 집안을 번성시켜야 했기 때문이다. 노상추도 세 번 결혼했지만 먼저 간 아내에 대한 그리움을 일기에 종종 남기곤 했다.

이날은 죽은 아내 손씨의 기일이어서 새벽에 일어나 제사를 행하였다. 슬픈 마음이 평소보다 갑절이나 심하다 (1768. 11. 28.)

노상추의 두 번째 결혼은 누이의 시아버지 즉 사장어른의 주선으로 하회 류씨 집안의 딸과 그다음 해에 이루어졌다. 재혼이든 삼혼이든 양반가 결혼은 반드시 의례절차를 거쳐야 했다. 누이의 시댁 집안이므로 상호 신뢰가 이미 마련되어 있어 특별한 검증 절차가 필요 없었다. 하회류씨 집안은 누이의 시가이면서 자신의 처가가 된 것이다. 겹사돈을 맺었다.

이후 노상추는 하회를 방문할 적마다 일일이 집안 어른을 찾아뵙고 환대를 받았다. 이런 인연으로 훗날 노상추가 조정의 당상관이 되어 정조 순조 연간에 안동 출신 인물들과 각별한 관계를 맺게 된다. 처가 인물의 안내로 병산서원에 방문했을 때 쓴 감회이다.

> 오후에 류구보와 함께 그의 조부님을 병산서원에서 뵈었다. 동서 김술도 있었는데 서원의 유사(有司) 직임을 맡고 있었다. 그대로 머물도록 권해 하룻밤 묵었는데 달이 밝고 물이 맑으며 암벽은 우뚝 솟아 있었다. 서원 건물들이 강 가까이 있으면서 맑고 깨끗하니 진실로 유자(儒者)의 학당이 있을만한 장소였다. 서원에서 거행하는 일들을 보니 옛 법도가 아직까지 남아 있어서 몸가짐이 엄정하고 나태하지 않았다. 우도사람으로서 이를 보니 서원의 높고 낮음이 현격하게 달랐다. (1768. 6. 14.)

두 번째 결혼도 여섯 해 만에 아내가 출산 후유증으로 사망함으로써 허무하게 끝났다. 아직 서른도 안 된 나이에 아내의 죽음을 두 번이나 경험한 노상추는 사별로 인한 충격도 컸지만 가계를 이어야 한다는 압박감에 사별 5개월 만에 세 번째 결혼을 하게 된다. 달성서씨와 세 번째 혼례를 마치고 돌아온 노상추는 먼저 간 두 아내에 대한 그리움을 일기에 잔뜩 썼다.

첫 아내 손씨의 모습은 대장부 같은 풍채와 태도가 있었고 성품이 세밀하고 민첩해서 세속의 자잘한 부녀자의 태도와는 달랐다. 둘째 아내 류씨는 몸가짐과 규범은 오래된 가문에서 지켜온 법도를 잃지 않고 천성이 순수하고 잡된 것이 없었다.(--) 어진 덕을 지니고도 장수하지 못했으니 이 또한 하늘의 이치인가? 지금 혼례를 치렀는데 새 얼굴에 익숙하지 않고 애틋한 정을 교류하지 않아 그 사람을 알지 못하는 것은 당연하다.(--) (1774. 12. 25.)

예나 지금이나 조강지처와 함께하는 백년해로가 인생의 가장 큰 행복인 모양이다.

과거 그 어려운 여정

노상추가 무과에 합격한 것은 그의 나이 서른다섯 살 때였다. 달성서씨를 배필로 삼고 오 년이 조금 지난 1780년 정조 4년 때 식년시였다. 원래 문과 과거를 공부하였으나 23살이 되던 해, 일기의 표현에 따르면 '붓을 던지기로 결정'하고 무예를 수련했다. 시험 준비에 나선 지 12년 만이었다. 응시횟수로는 일곱 번째이었다. 그동안 들인 노력과 비용, 애타게 졸인 마음, 굴욕감, 한스러움이 과거 합격으로 한꺼번에 씻겨 나갔다. 과거 급제할 때까지 십여 년 간 경제적으로 큰돈이 들어갔다.

조부 죽월공이 돌아가신 지 25년 만에 과거 합격의 이름을 얻으니 또한 천행이다. 부모님 모두 계시지 않으니 이 어찌 경사로 여기겠는가? 슬피 울다. (1780. 2. 25)

논 아홉 마지기, 밭 90마지기, 돈 50냥이 10년 과거 준비에 들어갔으니 앞으로 굶어 죽는 것을 면하기 어려운 것인가. 공명이라는 것이 참으로 가소롭다. (1782. 5. 7)

노상추가 과거 합격한 마지막 시험 길을 따라 가 보자. 1780년 1월 21일 고향 선산에서 출발하여 27일 서울 도성으로 들어가 숙소를 정했다. 날씨는 춥고 눈이 많이 내렸다.

1월 21일 : 고향집에서 20리 가서 낙동진에 이르고 30리를 더 가서 상주 노곡참에 도착했다. 눈이 심하게 내려 여기서 말에게 먹이를 주고 40리 가서 덕통참에 숙방하다. 오늘 어둠을 무릅쓰고 10여 리를 걷고 눈 속을 40리 지나왔다.

1월 22일 : 덕통참에서 10리를 가서 함창 당교참에서 진주의 곽선 곽진 형제와 의령 조명계가 아들 석리를 데리고 합류하다. 상주 외남의 안민수 동행, 20리 가서 유곡역에 도착, 10여 리 문경 신원참에서 말먹이를 먹이고 20리 문경읍참에서 유숙하다. 오늘은 바람이 차고 심하게 불어 참으로 힘들었다.

1월 23일 : 해가 떴지만 바람 차기는 어제와 같다. 일행은 도보로 조령을 넘고 안보역참에서 말에게 먹이를 먹었다. 연풍의 수교참에 묵었다.

1월 24일 : 30리를 가서 충주 단월역참에서 말먹이를 먹임. 60리 가서 충주 모도원참에 묵다. 90리를 이동했다.

1월 25일 : 30리 가서 돌월참에서 말먹이를 먹임. 50리 가서 죽산 주감참에 묵다

1월 26일 : 40리 가서 용인 금령시참에서 말먹이 먹임. 50리 가서 헌천참에 묵다.

1월 27일 : 30리 가서 광주 신원참에서 말먹이를 먹임. 한강에 당도 서빙고나루에서 얼음 언 강을 건너 숭례문으로 들어가다. 침교에 있는 김성태 집에 숙박하다. 이곳에 정달선이 금군으로 머무르기 때문이다. 일행은 신문 밖 여관으로 향하다.

노복이 말고삐를 잡고 노상추는 말을 타고 선산 상주 문경 조령을 넘어 연풍 충주 죽산 용인 광주 서빙고나루 거쳐 7일 만에 숭례문으로 들어갔다. 당시 한양으로 가는 길에는 역참이 마련되어 숙식을 제공받았다. 지금 노선으로 구미에서 충주까지 중부내륙 고속도로를 타다가 충주에서 서북으로 방향을 돌려 중부선을 타고 광주를 거쳐 서울로 온 셈이다.

과거 최종 합격자에 대하여 정조 임금의 접견날 일기가 인상적이다. 창덕궁 인정전에서 행사가 거행되었다. 아침 일찍 대궐로 들어가서 11시가

넘어 행사를 마쳤다. 일기는 정조와 백관이 새로 합격한 관료 후보자들을 맞이하는 엄숙한 장면을 생생히 전해준다.

이날 전하는 인정전에 자리 잡았다. 문무과 합격자의 진하(進賀)를 받기 위해서였다. 새벽 문이 열리기를 기다려 대궐로 나아가 창덕궁 돈화문 밖에 이르렀다. 문이 열리자 훈련원 봉사가 인도하여 입궐했다. 진선문을 지나 합격 순서대로 인정문 밖에 줄지어 섰다. 백관들이 인정전 뜰에 벌려 서고 700명의 금군이 백관의 좌우에서 진을 쳤다. 액정(궁궐 관리)과 궁예(궁궐 노비)는 헤아릴 수 없이 많았다. 두 그루의 총화가 전정 좌우 뜰에 심겨져 있었다.
이어 차례로 문무 합격자를 부르므로 각기 동서문을 지나 들어갔다. 문과 합격자와 무과 합격자가 섰다. 인의(통례원 벼슬)가 일어나 절하라고 하여 사배례를 행하고 앉았다. 선온(임금 하사주) 1잔, 황대구 1편을 각기 내려주었다. 이어 홍패(紅牌, 합격증)를 받고 각자 두 줄기 계화(桂花)를 복두(과거급제자 모자)에 꽂았다. 일어나 사배를 하고 문으로 나가라고 명했다. 이미 사시가 지났다. (1780. 3. 21.)

초시 합격자에게 백패를 주고 복시합격자에게는 홍패를 준다. 과거 합격증이다. 뒤쪽에 좌우 날개가 달려 있는 복두를 쓰고 계화 두 줄기를 꽂기 위해 그렇게 숱한 인고의 세월을 보냈나 보다. 절은 조상에게는 재배, 부처에게는 삼배(혹은 108배), 임금에게는 사배를 하는 모양이다. 하사주 한 잔에 대구포 한 점을 씹고는 하늘 같은 성은에 감격하였다.

벼슬아치와 관기

노상추는 과거 합격 후 4년이 지난 서른아홉 살에 비로소 관직을 제수받는다. 금군(禁軍)으로 입직(入直)한 것이다. 만 40세가 되어서야 본격적인 관직생활을 시작한 셈이다. 이후 벼슬 운이 없다고 할 정도로 크게 대우를 받지 못하다가 47세 때 당상선전관이 되면서 벼슬길이 순탄하게 열려, 48세 때 삭주부사가 된다. 66세 가덕첨사를 끝으로 벼슬을 끝낸다. 이후 늘그막인 83세에 가선대부 동지중추부사를 제수받는다.

벼슬길의 전환점도 시운이 맞았나 보다. 예나 지금이나 보직과 승진은 운칠기삼의 법칙인 모양이다. 1792년 도산서원에서 영남별시가 열리던 해 영남 인재 발굴에 애를 쓰던 정조에게 노상추가 죽월의 손자라는 것이 알려지게 되고 노상추는 정조로부터 조부의 행적과 칭찬의 소리를 듣게 되었다.

춘당대시 전강(殿講)에서 일등을 한 노상추를 정조는 당상선전관으로 승진시켰고 이듬해 삭주부사로 임명했다. 당시 참으로 어려운 영남남인의 당상관 승진이었다. 노상추는 관직생활 8년 만에 자신이 공명을 얻은 것은 조부 죽월의 손자이기 때문이라 여기고 조상의 음덕에 감사했다고, 1793년 11월 24일 일기에 썼다

조선시대 변방에서 관직생활을 할 경우 관기와의 관계는 떼려야 뗄 수 없다. 관기는 공식적으로 관리를 위무(慰撫)해야 할 임무가 있다. 노상추가 변방으로 처음 가게 된 것은 그의 나이 마흔두 살인 1787년 6월 함경

도 갑산 동변장으로 발령을 받은 때였다.

노상추는 갑산부에 부임한 지 두 달여 만에 갑산부 기생 석벽에게 마음을 빼앗겼다. 열여섯 어린 관기 석벽이 자신의 명에 따르지 않자 더욱 공을 들인 끝에 보름 만에 자기의 진으로 오게 만들었다. 석벽을 들인 지 일 년 반이 지난 후 아이를 낳았다. 갑산진에 거주할 동안에 그들은 하나의 가족 관계를 형성하고 있었다. 노상추가 내직으로 발령받아 자리를 옮기게 되자 석벽은 관기이므로 갑산에 두고 딸을 한양으로 데리고 왔다. 1794년 8월 30일 일기에 갑산 동진에서 얻은 여섯 살 된 얼녀, 천산(賤産)이지만 명민한 딸의 죽음을 애석해하는 내용이 기록되어 있다.

삭주부사 시절에는 관서 구성부 소속 기생 옥매와 정을 나누었다. 옥매와의 관계는 옥매가 더 적극적이었다. 일 년 이상 지속되었고 본 남편이 있으나 숨기고 접근한다고 일기에 써 놓았다. 석벽의 경우와 달리 옥매와의 사이에 자식이 생기거나 하지 않았다.

기생들은 관리와 한번 정을 통하면 따라다니며 관계를 지속하고 싶어 했고 관리를 상대로 머리 쪽을 올리는 것을 영광으로 알았다. 관리는 외로운 변방 생활에 위로를 받고 기생은 수청을 듦으로써 경제적으로 도움받고 신분 상승을 기대하는 상호 의존적인 존재였다.

노상추는 삭주부사 시절 조부 죽월공과 연을 맺은 기생을 만났다. 관할

지역 박천 땅을 순행할 때 탁선달이란 사람의 집에 들러 그의 소실을 보게 되었는데 그녀가 조부 죽월공이 박천군수로 있을 때 수청기생 춘당선의 딸이었다. 춘당선은 노인이 되어 있었고 소실은 노상추의 고모인 셈인데 그녀의 딸 계월도 어린 기생이었다. 이들과 왕래하며 지내다가 이듬해 삭주부사에서 내직으로 발령이 나서 헤어질 때 "차마 하지 못할 이별이었다."며 가족과 이별하듯 서운함을 1795년 1월 7일 일기에 적었다.

정조독살설 그리고 귀향

1800년 6월 정조의 위독 소식이 들려오자 금위영(국왕 호위부대) 천총(정 3품 관직)으로 있던 노상추는 어찌할 바를 몰랐다. 불과 달포 전까지만 해도 정정하시던 임금이었다. 오위장에서 당상선전관으로 뽑아준 성군이었다. 국왕 호위부대 고급지휘관이던 노상추는 죽을 때까지 정조독살설을 확신했고 정조의 급서를 안타까워했다.(1802. 2. 25.) 심환지의 친척으로 어의(御醫)인 심인을 독살의 범인으로 지목했다.

> 역의(逆醫) 심인은 심환지의 친척으로 서얼로 무과에 급제하여 일찍이 함안, 거제, 가산 등 세 곳의 지방관에 역임했다. 장용영 총관으로 봉직했다가 어의를 자찬했다. 수은, 유향, 몰약 등 강한 독극물로 귀중한 옥체를 연훈(煙薰)하여 작은 부스럼이 큰 종기로 커졌고 이 때문에 종기가 터져 끝내 이 지경에 이르렀다. 심인의 죄는 죽어 마땅하다 (1800. 7. 15.)

역의 심인의 사형 집행 소식을 듣고 "죄인이 죽었으니 조금이나마 선왕(정조)의 분함을 풀 수 있게 되었다."고 1800년 8월 14일 일기에 썼다.

노론 벽파정권이 위엄과 공갈에 기초하여 정국을 운영하고 있다.(1800. 8. 8.)고 비판했고 고향땅에서 일어난 인동장씨 여헌문중의 인동작변 소식이 조보에 실려 안타까워했다.(1800. 9. 25.) 인동장씨 여헌 종손 장윤종은 잘 아는 사이였고 인동부사 이갑회도 한솥밥을 먹은 사이였다.

예상대로 노론 벽파정권의 12월 인사에서 노상추는 내직 금위영 천총에서 외직 충청도 홍주영장으로 발령이 났다. 중앙정계에서 완전히 추방된 것이다. 이듬해 7월 영장에서 해직되자 귀향을 하였다. 그동안 조정에서 정조의 총애를 받던 영남 출신 관리들도 모두 사직서를 올리고 낙향하였다.

노상추는 27년 관직생활 중 보직을 열다섯 번 임명받았다. 한자리를 2년 이상 지킨 적이 거의 없었다. 노년에 상주 안동 봉화로 방문하면서 김한동 류심춘 등 옛 지인을 만나고 오랜만에 고향에 온 것을 만끽하였다. 이미 아들과 손자도 무과 과거에 합격하여 자기의 대를 잇고 있었다. 10년 뒤 가덕첨사로 임명될 때까지 여유롭게 지냈다. 그가 사망하던 해 정월 초하루에 쓴 일기에는 "84세라면 흔히 대질이라고 한다. 어찌 나 스스로도 이렇게 오래 살 줄 알았겠는가?"라고 썼다.

[문숙자의 68년의 나날들, 조선의 일상사를 참고하여 재구성하였다.]

도라지와 메꽃 101×72cm 장지에 분채

학봉의 격문이 영남 선비를 울리고

신죄당만사(臣罪當萬死) / 학봉의 초유문 / 촉석루의 삼장사 / 영남 의병 / 아아! 진주성 / 역사의 뒤안길

신죄당만사(臣罪當萬死)

임진왜란이 일어나기 직전 경상우도 병마절도사에 제수된 학봉 김성일(1538~1593)은 급히 임지로 내려오니 동래성은 이미 함락되었고 조령관도 무너져 강토의 반은 이미 왜적의 수중에 떨어졌다. 병영으로 가는 도중 창원에서 금빛 탈을 쓴 채 위협하는 왜병 둘을 사살하고 왜병에 대한 초기 정보를 조정으로 장계 올렸다.

학봉이 업무를 시작하기도 전에 조정에서는 이태 전 일본 통신사 시절에 있었던 적정(敵情)보고의 책임을 물어 나명(拿命)을 내렸고 학봉은 국문을

받기 위해 창원에서 조정으로 소환되었다.

　이때 좌의정 서애 류성룡이 국문은 언제라도 할 수 있으니 나라가 위급한 때 허물을 씻고 공을 세울 수 있는 기회를 주어 인재를 전쟁에 활용해야 한다고 적극 변호하고, 학봉이 창원에서 왜병을 사살하고 올린 장계에서 한번 죽어 나라에 은혜를 갚겠다고 치계한 것이 받아들여져 조정은 영남을 잘 아는 학봉에게 경상도 초유사(招諭使 난리가 일어났을 때 백성을 타이르는 임시벼슬) 직을 부여하였다.

　충청도 직산에서 어명을 받은 학봉은 "신(臣)은 만 번 죽어도 마땅한데(臣罪當萬死) 천지에 다시없는 성은으로 명을 받아 감격하오며, 하늘을 우러러 맹세하건대 다시는 왜적들과 함께 이 땅에 같이 살지 않기로 하였습니다."라고 한양 궁궐을 향해 고한 뒤 말머리를 돌려 이미 적의 수중에 들어간 조령관을 피해 전주 남원 운봉 팔량치를 넘어 5월 4일 함양에 도착하였다.

　마침 이곳에는 함안 출신 대소헌 조종도가 조정 관리로 있다가 장인 상을 당하여 내려와 있었고, 두 해 전 대과급제한 의령출신 송암 이로도 전쟁이 일어나자 향리로 내려와 창의거병을 위해 이곳에 있었다. 학봉은 이들을 만난 것은 하늘이 나를 도운 것이라 여겨 감격의 눈물을 흘리고 든든한 원군을 얻어 일당백 겸인지력으로 몸을 던져 왜군에게 짓밟힌 영남 고을을 되찾고자 결연한 뜻을 맹세하였다.

　학봉은 먼저 경상도 67개 고을 수령과 사민(士民, 선비와 백성)에게 나라가 살아있음을 알리고자 격문을 만들어 띄웠다. 1,588자로 되어 있는 격정의 명문장이 학봉의 초유문(招諭文)이다. 결코 미개한 오랑캐 왜적에게 굴복할 수 없다는 뜻을 분연히 밝혀 영남 사민의 가슴에 구국의 불을 지폈다. 급히 씌어졌지만 충의가 북소리처럼 울려 퍼지고 문장의 기운이 하늘을 뚫을 듯했다. 기백이 넘쳐 뜨거운 피를 분발시켰던 까닭에 영남 백성들은 붓과 삽을 던지고 죽창을 세우며 일어섰다.

영남 유림을 잘 아는 학봉은 초유문을 통문(通文)이 가는 길로 삽시간에 영남 전역으로 뿌렸다. 당시 영남 유림사회에는 지역 네트워크가 잘 형성되어 있어 서원, 향교, 종가, 문중을 연결하는 통문망이 촘촘하게 구축되어 있었다. 고을마다 지역 여론을 모으고 유림의 공의를 전달하는 종가나 수선(帥先)서원이 있었다. 나라는 파괴되었어도 문중과 향촌은 아직 살아 있었고 사우와 종가에는 목숨보다 귀중한 성현과 조상의 위패가 모셔져 있기에 쉽게 떠날 수도 없었다.

내 향리를 내가 지켜야 하는 의무과 이백 년 태평성대에 처음으로 닥친 전란 소식에 어찌할 바를 몰라 허둥대는 선비들에게 학봉의 격문은 마른하늘의 우레 같았다. 창의는 요원의 불길처럼 퍼져나갔다. 의병 활동은 지난 수백 년 동안 향촌사회에 뿌리를 내린 재지 양반이 자기들의 세계를 왜적으로부터 지켜야 하는 의무감에서 출발하였다.

학봉의 초유문

"옛날에 큰 난리를 만나서도 나라를 지킬 수 있었던 것은 윗사람은 죽기를 각오하고 싸울 뜻이 있었고, 아랫사람은 윗사람을 위해 목숨을 바칠 마음이 있었기 때문이다.

지금은 실로 지사(志士)는 창을 베고 자면서 왜적을 죽여야 할 때요, 충신은 국난을 구하기 위하여 목숨을 바쳐야 할 시기이다. 그런데 경상도 67개 고을 가운데 아직까지 의(義)를 주창하여 의병을 일으킨 사람이 없단 말인가. 그러니 어찌 탄식을 금할 수 있겠는가. 설령 산속으로 들어가서 왜적을 피하여 자신과 가족들의 목숨을 보전한다고 하더라도 열사(烈士)는 오히려 그렇게 하는 것을 수치스럽게 여길 것이다.

돌아보건대 우리 영남 지방은 본디 인재의 부고(府庫)라고 일컬어져 왔다. 천년 국운의 신라와 오백 년 국운의 고려 및 조선 이백 년 동안 이 고장의 충신, 효자의 고귀한 명성과 뜨거운 의열은 청사(靑史)에 빛나고 있는바, 아름다운 절의와 순후한 풍습 또한 영남이 으뜸이었다.

의관(衣冠)을 갖추고 예악(禮樂)을 배운 몸으로 치욕을 당할 수가 있겠으며, 머리를 깎고 문신을 새기는 야만인의 풍습을 따를 수가 있겠는가. 이백 년을 지켜 내려온 종묘사직을 차마 왜적들의 손에 넘겨줄 수가 있겠으며, 수 천리의 조국 강산을 왜적들의 소굴이 되도록 내버려 둘 수 있겠는가. 문명한 나라가 변하여 오랑캐 나라가 되고, 인간이 변하여 금수가 될 터인데 이것을 참을 수 있겠으며 그렇게 되도록 내버려 둘 수 있다는 말인가.

옛날에 충신과 열사는 이기고 지는 것으로써 뜻을 바꾸지 않았고 강하고 약한 것으로써 기운을 꺾지 않았다. 의리에 있어서 마땅히 해야 할 일이면 비록 백 번 싸워 백 번 지더라도 오히려 맨주먹을 휘두르고 흰 칼날에 맞서 싸워 만 번 죽어도 후회하지 않았다. 충의가 북받치면 약한 자도 강해질 수 있고, 적은 군사로도 많은 군사를 대적할 수 있는 법이니 단지 마음 한 번 다르게 먹기에 달려 있는 것이다.

지금 현재 무너져 도망친 군사가 산골짜기에 가득히 널려 있다. 모두들 스스로 떨쳐 일어나서 나라를 위하여 온 힘을 다 바칠 것을 생각하고 있으나, 단지 앞에서 주창하는 자가 없어서 가만히 있을 뿐이다. 이때를 당하여 한 사람의 의사(義士)가 떨쳐 일어나 큰소리로 한 번 외치기만 하면, 원근에서 구름같이 모이고 메아리처럼 호응하여 앉은 자리에서 계책을 세울 수 있을 것이다.

진실로 원하노니 이 격문이 도달하는 날, 수령은 한 고을을 분명하게 효유하고 장수는 사졸들을 격려하라. 그리고 문무의 조정 관원들과 부로(父老), 유생 등 모든 사람은 서로서로 유시하라. 그리하여 동지를 불러 모아 충의로써 서로 단결하여 방비책을 세워 스스로 막기도 하고, 군사들을 이끌고 싸움을 거들기도 하라. 부자들은 유차달(柳車達)처럼 곡식을 날라 군량을 대고, 용사들은 원충갑(元冲甲)처럼 용기를 내어 적을 무찌르라.

나는 일개 선비이므로 비록 전쟁하는 일은 배우지 못하였으나, 임금과 신하의 대의는 들어서 알고 있다. 온 강산이 뒤엎어진 지금 집집마다 사람마다 각자가 싸우면서 일시에 함께 일어나면, 군사의 위용은 크게 떨치고 용기는 백배나 되어, 괭이나 고무래도 튼튼한 갑옷과 날카로운 무기로 변할 것이다. 그러니 비록 큰 칼과 긴 창이 앞에 닥치더라도 무엇이 두렵겠는가. 만약에 성공하면 나라의 부끄러움을 완전히 씻을 것이며, 성공하지 못하더라도 의로운 귀신이 될 것이니, 그대들은 힘쓸지어다."

초유문의 일부이다. 충의가 넘치고 비분강개하는 조선 선비의 기개에 나라의 혼이 살아있음을 느낄 수 있다.

촉석루의 삼장사

학봉이 함양을 떠나 진주성에 도착하자 관리와 백성들은 산속으로 숨어들었고 성을 지키는 병사들은 어디로 갔는지 보이지 않는다. 남방 큰 고을은 텅 비었고 성벽 아래로 무심한 남강만 흐르고 있어 서글픔을 감출 길 없었다.

조종도 그리고 이로와 함께 촉석루에 올라 50줄의 동년배 조정신하 셋이 모여 한목숨 나라를 위해 바치자고 노래한 시가 저 유명한 촉석루중삼장사(矗石樓中三壯士)이다.

촉석루 위에 마주 앉은 세 장사	矗石樓中三壯士
한잔 술에 비장한 웃음으로 저 강물을 가리키네	一杯笑指長江水
강물이 쉬지 않고 영원히 도도하게 흘러가듯	長江之水流流滔
저 강물 마르지 않는 한 우리의 넋도 죽지 않으리	波不渴兮魂不死

　삼장사 중 한 사람인 대소헌 조종도(1537~1597)는 함안조씨로 남명 조식의 제자이다. 왜란이 일어나자 서울에서 조정 관리로 있다가 영남으로 돌아와 학봉과 함께 창의하였다. 함양, 산청, 단성의 초모관이 되어 의병을 모집하였고 목사 김시민과 함께 왜적을 무찔러 함양군수가 되었다. 정유재란이 일어나자 안음현감 곽준과 함께 의병을 규합, 황석산성에 들어가서 가토 기요마사의 왜군을 맞아 싸우다가 가족과 함께 장렬하게 전사하였다. 이조판서에 추증되었다

　송암 이로(1544~1598)는 고성이씨로 임란 전 1590년에 대과 급제한 뒤 직장에 임명되었으며, 임진왜란이 일어나자 귀향하여 의병을 일으켰다. 함양에서 학봉을 만나 방책을 구하고 의령, 삼가, 합천에 초모관으로 가서 의병을 모집하고 군량을 모았다. 훗날 형조좌랑을 지냈고 이조판서로 추증되었다.

　이로는 이때부터 15개월 동안 전쟁 상황을 매우 자세하고 사실적으로 일기를 썼는데 이 기록물이 용사일기(龍蛇日記)이다. 용사란 임진년의 용(辰)과 이듬해 계사년 뱀(蛇)을 뜻하는데 임진란 참화가 가장 심했던 두 해를 말한다. 용사로 표기한 임진 기록물은 많다. 용사일기에는 학봉의 진중독려와 의병 관군의 활동, 백성의 모습이 일지 형태로 세세하게 나타나 있다.

삼장사 시판은 1632년에 합천군수 유진, 경상도관찰사 유숙, 진주판관 조경숙의 이름으로 만들고 새겨 촉석루에 게시하였다. 지금도 촉석루 가운데 들보에 걸려있다.

삼장사 시를 지은이와 삼장사 인물에 대해 역사적으로 다툼이 있었다. 학봉집 등을 근거로 학봉이 주인공이라는 것이 대세이지만 호남절의록에는 지은이가 호남의병장 최경회이고 삼장사는 최경회, 김천일, 고종후(또는 황진)라고 한다. 학봉의 삼장사에도 이로 대신에 곽재우로 넣기도 한다.

대산 이상정은 1779년 호남에서 보내온 삼장사 관련 통문에 대하여 답변을 했는데 대산집에 그 내용이 수록되어 있다. 여기에 삼장사 시는 김성일이 지은 것이며, 삼장사는 김성일, 조종도, 이로를 칭하는 것이라고 밝히고 있다.

영남 의병

학봉은 영남 선비와 백성을 향해 심장의 뜨거운 피를 토해내었다. 호소력이 강한 초유문은 선비의 기개에 불을 지폈다. 선조실록에는 "가슴을 띠게 하는 이 격문을 받고 초야에 묻힌 선비라 할지라도 격정의 눈물을 흘리지 않은 이가 없었다."라고 기록하고 있다.

이로써 영남 선비들은 분연히 일어나 가노를 이끌고 농민을 규합시켜 의병장이 되었다. 왜적과 싸워 이기겠다는 전의를 불러일으켰다. 이 한 장의 격문이 전라도와 충청도 땅이 왜적의 수중에 떨어지는 것을 막고 낙동강 운송로를 장악해 전세를 호전시키는 계기가 되었다 학봉은 먼저 군대에 기율이 없는 것을 통탄하고 군령의 규율을 관내 고을에 통지하여 기강을 확립하였다. 고을 수령에게는 독전을 독려하라고 강하게 시달하였다. 거창 의병장 김면을 만나 전략을 논의하고 군병을 모집하고 군량을 모으도록 조치하였다. 합천 의병장 정인홍을 만나 격려하고 구국의 뜻을 함께 했다. 수령이 없는 영산, 창녕, 현풍에 격문을 지어 달래고 임시 수령을 임명하였다. 분위기가 안정되자 산속에 숨었던 백성들이 나와 농사를 짓게 되었고 의병활동은 성과가 나타나기 시작했다.[1]

그해 6월에는 의병장 손인갑이 초계에서 노략물을 싣고 내려오는 왜군선을 쳐부수었고 거창의병장 김면은 멀리 성주의 무계포까지 나가 왜군선을 격파하고 포획한 물건을 진주성으로 보냈다. 7월에는 왜군이 진주성을 침범할 것이라는 정보를 접하고 함양 의령 등지의 군졸을 진주성으로 집결시켜 대비하게 하였다. 여세를 몰아 사천 진해 고성 등 여러 해변고을 수복하게 하였고 이어 곽재우로 하여금 창녕, 현풍, 영산의 왜군을 모두 물리치게 하였다.

김면, 정인홍 두 의병장으로 하여금 초계의 곽율과 함께 낙동강 연안의 왜군을 격멸하도록 했다. 의병장 김준민이 무계포에서 왜군선을 격파하고 곽재우가 낙동강에서 잇단 전과를 올림으로써 왜군은 낙동강 통로를 완전히 잃고 주둔지마저 파괴되었다. 무계진에서 정암진까지 수로를 수복함에 따라 경상우도와 좌도가 비로소 연결되어 연락이 가능하게 되었다.

---

1) 임진왜란기 영남의병연구 (최효식, 2003, 국학자료원)

이때 영천에서 60여 명이 창의하여 원군으로 왔었고 권응수를 의병장으로 임명하여 그해 7월 영천성을 탈환하게 하였다. 상주 함창 문경지방에서도 이보를 의병장, 정경세를 소모관으로 임명하여 창의하였다. 달성의 박충후 충윤 형제, 군위의 장사진, 의성의 김사원은 학봉의 격문을 받고 분연히 일어나 의병장이 되었고 안동선비 변중일은 가산을 팔아 마련한 쌀 100섬을 상주진으로 보냈으며 김해가 이끄는 안동의병은 경상도 북부지역에서 왜적을 몰아냈다.

관리와 의병장 간의 불화를 잘 조정하여 민심을 추스르고 전력을 강화하였다. 경상도 관찰사 김수와 의병장 곽재우 사이가 매우 좋지 않았다. 의병 활동에 방해만 된다고 여긴 관찰사 행태에 화가 난 곽재우와 그런 곽재우를 처벌해야 한다고 조정에 보고한 관찰사 사이를 학봉은 잘 무마하여 아무런 말썽없이 문제를 해결하였다. 안동에서 아들과 조카를 불러 들어 의병활동에 합류시켰다.

아! 아! 진주성

학봉은 무엇보다도 진주성의 군사적 중요성을 인식하여 방비를 게을리 하지 않았다. 임진년 5월에 진주성에 도착한 학봉이 다음달 6월에 조정으로 올린 장계에 진주성 중요성을 잘 이야기하고 있다.

진주는 남쪽의 큰 고을로 영남 호남의 요충지에 있으니 만약 진주를 지키지 못한다면 지금 보존된 영우 일대 고을도 단시일에 무너져 보전하지 못할 뿐만 아니라 왜적은 반드시 호남까지 침범하게 될 것입니다.

당나라 때 수양성이 강회지방의 보루가 되었듯이 진주성은 영호남 양도의 보루가 되었으니 반드시 지켜야 할 곳입니다 (---) 신이 본 성에 주둔하여 군병을 감독 조직하여 이 진주성을 굳게 지켜 호남과 내륙지방을 방비할 계책을 세우려고 합니다.

학봉은 진주성 방비를 위하여 동쪽에 삼가의병장 윤탁, 의령의병장 곽재우, 초계의병장 정언충, 북쪽에는 합천가장 김준민, 서쪽에는 호남의병장 최경회, 남쪽에는 고성가장 조응도, 정유경을 배치하여 사방에서 지원토록 조처하였다.

그해 10월 5일부터 10일까지 진주성 1차 전투가 일어났다. 당시 관찰사였던 학봉은 진주목사 김시민, 곤양군수 이광악, 판관 성수경이 의병장 김준민, 정기룡, 최경회, 임계영이 이끄는 구원병과 합심하여 왜군을 격파하였다. 이때 목사 김시민이 적의 탄환에 맞아 쓰러졌고, 끝내 회복하지 못하고 며칠 후 순절하였다. 진주성 승리는 오로지 김시민 목사의 공로라고 학봉은 조정에 장계를 올렸다. 김시민(1554~1592)은 안동김씨로 고려 원나라 지배하에 일본정벌 여몽연합군의 고려 총사령관 김방경의 후손이다. 무과 급제자 출신으로 39세의 이른 나이로 전사한 김시민은 무반인재가 귀했던 임진란 전쟁에서 참으로 아쉬운 죽음이었다.

또 안타까운 인물은 영남 의병대장 김면(1541~1593)이다. 김면은 임란이 일어나자 향리 고령 개진에서 일가 및 가노 등 700여 명을 이끌고 분연히 창의하였다. 조종도, 곽준, 문위 등과 거창, 고령 의병을 규합하여 이천

명의 대부대를 만들었고 낙동강 수로 회복과 군량 조달에 큰 성과를 거두었다. 진주목사 김시민과 더불어 김천 지례에 주둔하고 있는 왜군을 역습한 끝에 대승하여 합천군수에 임명되고 영남 의병장이 되어 군을 통솔하였다. 1593년 1월 우도병마절도사가 되어 고군분투하던 중 전염병에 큰 뜻을 이루지 못한 채 갑자기 세상을 떠났다. 정인홍과 곽재우도 한 수 양보했던 인물, 의병으로 창의하여 우도 병마절도사까지 올랐던 그가 살아있었다면 진주성 2차 싸움은 또 어떻게 되었을 것인지.

초유사 임무를 성공적으로 수행한 학봉은 8월에 경상좌도 관찰사가 되는데 우도의 사민들이 조정에 소를 올려 우도관찰사로 남게 되었고 10월의 진주성 1차 싸움을 승리로 이끌었다. 불철주야 전장을 독려하다가 진주성 진중에서 갑자기 복통을 만나 이듬해 4월 세상을 떠나게 된다. 아마 당시 유행했던 전염병 장티푸스인 것으로 추측하고 있다.

학봉이 죽고 두 달 뒤 벌어진 2차 진주성 전투에서 군·관·민이 합심하여 죽음으로 맞섰으나 성은 무너지고 백성들은 살육을 당하였다. 이때의 모습을 정경운이 쓴 고대일록(孤臺日錄)에 이렇게 기록되어 있다.

"왜적들이 진주성을 함락했다. 우도 절도사 최경회, 창의사 김천일, 충청 병사 황진, 거제 현령 김준민이 모두 전사했다. 진주 목사 서예원은 군졸들을 구휼하지 않아 식량 지급을 줄이고 활과 화살의 지급조차도 허락하지 않았다. 진주 백성들의 마음이 떠나고 용감한 군사들도 흩어졌다. 성을 지키는 모양이 김시민의 반에도 미치지 못하니 사람들이 예측할 수 없는 참화를 걱정했다. 적이 성을 넘어 들어온 지점은 김천일이 지키고 있던 곳이다."(1593. 6. 29.)

고대일록은 유생 정경운이 1592년부터 1609년까지 김성일의 소모유사, 의병장 김면의 소모종사관 등의 직책으로 의병활동을 하면서 겪은 일들을 기록한 일기이다. 임진왜란 당시의 상황과 전후 수습대책 등 전쟁의 모습을 기존 사료들보다 더 방대하고 낱낱이 담고 있다.

훗날 밝혀진 이야기이지만 도요토미 히데요시는 1차 전투 패배를 설욕하고자 왜군 총공격을 명했고 성 함락 후 조선인 몰살을 명령했다. 당시 명나라 군사도 함양에 있었고 호남관찰사는 권율이었고 홍의장군 곽재우도 의령에 있었지만 지휘체계가 흔들려 진주성은 고립무원으로 홀로 싸웠기에 2차 전투는 임진란 병화 중 가장 인명 피해가 컸다.

이 싸움에서 만일 학봉이 살아 있어 사전 방비책을 잘 세우고 협력체계를 구축하였다면 그렇게 무참하게 패하지는 않았을 것이라고 류성룡은 징비록에서 말하고 있고 선조실록에도 그 사실이 언급되어 있다.[2]

임진년 10월에 진주목사 김시민, 이듬해 3월에 우도병마사 김면, 4월에 우도관찰사 학봉이 세상을 떠났는데 두 달 뒤 6월 대전투에 무슨 수로 성을 지킬 수 있었겠느냐. 아!아! 진주성이여, 아!아! 진주성이여.

---

2) 징비록 권2, 선조실록 권60, 선조 28년 2월 기유조(한국사 데이타베이스)

역사의 뒤안길

 지난 여름날 장맛비 개인 7월의 진주성을 찾았다. 426년 전 그 날의 참상이 파노라마처럼 환영으로 다가와 내 눈앞에 어른거렸지만, 문득 돌아보니 배롱나무 붉은 꽃무리 아래 놀이 온 여학생들의 깔깔거리는 웃음소리만 밝게 빛나고 있었다. 촉석루에 올라 역사 관찰자 시점에서 되돌아보니 진주성 2차 전투를 앞두고 감사 김성일, 목사 김시민, 병사 김면, 세 인걸의 너무 이른 죽음은 지금도 아쉬운 역사의 뒤안길이다.

 학봉은 지난날 허물을 씻고자 나라에 한목숨을 바쳤고 죽음으로 성은에 보답했다. 조정은 실록에 "아아, 성일은 옛날의 '유직(遺直)'이라고 말할 수 있겠다."라고 그에게 헌사를 보냈다. 조선 선비의 사표가 되었고 영남사림은 그에게 경의를 표했다. 그 뜻을 이어받아 일제 강점기에 학봉 종손은 가산을 팔아 독립 군자금을 대었고 서산 김흥락, 백하 김대락, 일송 김동삼을 비롯하여 수많은 후손은 나라 독립을 위해 목숨을 던졌다.

 학봉이 사헌부 장령 시절에는 왕실 비리를 추상같이 탄핵하여 대궐의 호랑이(殿上虎)라 불렸고 일본 통신사 사절로 가서도 치열하게 예법을 논하였다. 간파쿠(關伯)는 국왕이 아니므로 뜰에서 큰절을 하는 것은 예의가 아니라고 의례 원칙에 충실했다.
 왜장 고니시 유키나가의 통역관인 요시라는 "김성일은 절의 때문에 전쟁을 준비하는 일본의 형세를 두루 살피지 않았다"고 평했다. 일본 적정(敵情) 보고는 못 본 것을 못 보았다고 진실을 고했고 진실을 고하는 것이

동요하는 민심을 진정시키기 위해서였다고 했다. 전쟁 대비 판단은 보고를 받은 임금과 조정 대신 몫인데 죄는 학봉이 뒤집어썼다. 그가 조정으로 보고한 것은 도요토미 히데요시의 인물 됨됨이였는지 모르겠다.

내친구들 45×30cm 장지에 분채

평영남비와 경상우도의 눈물

평영남비(平嶺南碑) / 비문과 박규수의 서계 / 무신란의 재해석 / 경상우도의 눈물 / 초계정씨 위토 반환

평영남비(平嶺南碑)

정조 4년인 1780년에 경상감영이 있는 대구부성 남문인 영남제일관(반월당네거리 부근)밖 대로변에 이름도 고약한 평영남비(平嶺南碑)가 세워졌다. '영남을 평정하고 세운 비'라는 뜻을 지닌 이 비는 1728년 영조 4년에 발생한 무신란(戊申亂) 때 경상우도 반란군을 평정하는 데 공을 세운 당시 경상도관찰사 황찬의 공적을 찬양한 비이다.

황찬감사 공적비라 하면 될 것을 영남을 마치 적국의 땅으로 여겨 평정한 것처럼 '평영남비'라 하였으니 오랫동안 영남유림의 자존심을 상하게 했

다. 황찬은 장수황씨로 세종조 황희정승의 후손이며 당색은 노론이다. 비문은 대사헌 이의철이 짓고, 글은 황선 조카인 이조판서 황경원이 썼다.

정조의 왕명을 받아 세운 것처럼 보이지는 않으나 관찰사였던 황선의 공적은 찬양 일색이고 반란진압 총책임자였던 병조판서 도순무사 오명항의 공적은 폄훼하는 쪽으로 기록되어 있다. 오명항은 당색이 소론이므로 비문은 노론의 입맛에 맞게 씌어졌다.

무신란이 발발한 지 52년이 지난 정조 초기에 세워진 이유는 알 수 없다. 연도를 살펴보면 비문을 지은 이의철은 이미 2년 전에 세상을 떠났고 글씨를 쓴 황경원은 70이 넘은 고령이었다. 두 사람이 젊은 시절에 짓고 써 놓은 것이 아니라면 관련자 생몰과 비 건립시기가 맞지 않은 것 같아 의아스럽다.

비문의 마지막에 숭정기원후(崇禎紀元後) 세 번째 경자(庚子)년 11월 세웠다고 되어 있으니 1780년이 맞다. 숭정은 명나라의 마지막 황제인 의종(재위 1628~1644)의 연호이다. 명나라가 멸망하고 청나라가 세워진 이후에도 조선은 명나라를 존숭하고 계승한다는 소중화사상의 영향으로 숭정 연호를 계속 사용해 왔다. 어찌 되었던 비문은 무신란 때 영남 반란군을 토벌한 내용이고 조정과 노론 관리들은 승리자로 비명을 '평영남비'로 명명하였다.

비문 중 반란군 토벌에 관한 내용만 뽑았다.

"역괴 이인좌가 호서(湖西)에서 기병하여 밤에 청주를 습격하여 절도사 이봉상을 죽이고 상당산성에 거(據)했다. 그의 동생 이웅보는 영남

우도에서 일어나 일당 정희량 및 나숭곤과 더불어 안음 거창 함양 등지를 연이어 함락시켰다.

죄수 조정좌가 탈옥하여 합천에서 거하여 삼가의 군을 아우르고 이웅보 일당을 위해 원군하려 했으나, 공이 먼저 안동과 상주의 병사를 징발하여 충주로 모은 뒤, 여러 고을의 병사를 더 조발해 12개의 부대로 나누어 강과 언덕의 요해처에 주둔시켜 이인좌의 세력을 막았다.

성주목사 이보혁에게 격문을 보내 그를 우방장으로 삼고 조정좌를 토벌하고자 다섯 갈래의 길로 진군시켜 이웅보를 막게 했으며, 따로 정예 병사 3백 명을 보내 우방장 병사와 합세해 합천으로 달려가 마침내 조정좌의 목을 베었다.

선산부사 박필건을 지례현으로 보내고 고령현감 유언철을 우두산 서쪽 계곡에 잠입하여 복병을 만들었다. 괴수 이웅보를 맞이해 몰래 공격하게 하니 이웅보와 정희량과 나숭건을 모두 사로잡았다. 이로써 영남에 있는 적의 세력이 모두 평정되었다."

비문과 박규수의 서계

비석이 세워져 있는 대구부성 남문은 동래에서 올라오는 영남대로, 동래-밀양-청도-팔조령 고개를 너머 경상감영으로 들어오는 관문이고, 한편 경상우도 대로 진주-삼가-합천-고령을 지나 낙동강 사문진 나루를 건너 대구부성으로 들어오는 길목이다. 영남의 제1 관문으로 인마 통행이 가장 빈번하고 남문을 통과하면 대구감영의 정전건물인 선화당까지 직선길이다.

그러한 남문밖에 평영남비로 명명한 석비를 세움으로써 당시 반역향으로 여겨 60여 년간 과거장 출입을 제한한 영남선비에게 다시는 역모의 흑심을 품지 말라는 집권세력의 경고인 셈이다.

이 비석은 지금 어디로 갔는지 알 수 없다. 조정의 눈이 시퍼런 조선왕조 때에는 없애지 못하고 왕조가 없어진 일제 식민지시대 초엽에 대구 유림사회가 없앴는지 아니면 조선총독부가 뽑아 버렸는지 알 수 없지만 사라져 버렸다. 땅속에 묻어 버렸는지 신천 제방공사에 사용되었을지 모르겠지만 여하튼 탁본은 남아 있어 비명과 비문 내용으로 당시 시대 상황을 엿볼 수 있다.

비석을 세운 지 70여 년이 지난 1854년 철종 5년에 반남박씨 환재 박규수가 경상좌도 암행어사로 나가서 대구감영에 들렀다가 평영남비를 발견하고 이 비에 대해 조정에 서계(書啓)를 올렸다. 서계 내용의 일부이다.

"신(臣)이 대구를 지날 때 성 남쪽 밭 사이에서 이끼 낀 비석을 발견했는데, 바로 영조 무신년 변란 때 역적을 토벌했던 경상도 관찰사 황선의 공을 기록한 것이었습니다. 당시 적도들이 안팎으로 규합하여 호남과 영남에서 함께 일어나니, 인심은 흉흉해지고 조야는 벌벌 떨며 놀랐습니다. 만약 영남의 적도들이 조령을 넘어 한 발짝만 더 왔더라면 나라의 일이 진실로 위태로웠을 것입니다.

황선이 힘을 다해 난적을 평정했으니, 그 공은 오직 영남 일대를 보전한 데만 있는 것이 아니었습니다. 사직을 보존한 공적과 백성을 구해준

은혜가 이와 같이 높은데, 그의 공적이 막 펼쳐지던 차에 불행히도 세상을 떠나고 말았습니다."

무신란의 재해석

조정의 입장에서 보면 반란군은 왕을 바꾸려고 했고 집권 노론세력을 척결하려 했으니 흉악무도한 역적의 괴수들임에는 틀림이 없다. 왕조실록과 승정원 일기에 반란군 가담자들을 엄중 처벌해야 한다는 이야기로 가득하다. 조선왕조실록에 무신란이란 단어가 수백 번 나온다.

반란군의 입장에서는 집권 세력인 노론이 장기간 권력을 독점하고 있어 신임사화이후 중앙정치에 들어갈 틈을 찾지 못한 소론의 준론세력과 아직 남아있던 남인세력이 연합하여 이래 죽으나 저렇게 당하나 매 마찬가지이니 세상을 바꿔보자고 난을 일으켰다.

역사의 기록은 승자의 편이고 역신에 대해 당시 사가들의 평가는 잔혹했다. 세월이 흐르고 역사의 관점이 다양해짐으로써 현대사의 입장에서 무신란이 갖는 반란 의미를 재해석하려는 논의가 일어났다. 1994년 국사편찬위원회에서는 "1728년 무신란은 정치체계와 권력구조의 모순에 의해 일어난 의리명분 논쟁의 한 양상이면서 동시에 대규모적인 권력투쟁의 표출이며, 소외계층의 변혁운동이다"라고 평가한 바가 있다.

무신난을 일으킨 주동세력은 소론 준론이고 난을 평정한 세력은 소론 완론이다. 준(峻)은 가파르고 준엄하며 완(緩)은 느리고 부드럽다. 노론의 도움으로 왕위에 오른 영조는 이인좌 일당이 난을 일으켰다는 보고를 받고서 소론 세력이 일으킨 난이니 소론 너희들이 해결하라고 난리를 쳤다. 당시 집권세력은 소론 완론으로 무신난이 일어나기 바로 직전에 집권하였고 실제로 난을 진압한 오명항 박문수 조현명 등은 소론의 완론이다.

이인좌는 청주출신으로 남인 명문가 후손이고 청남의 영수 윤휴의 손녀사위이다. 주동세력인 소론 준론은 반란의 실패로 자멸해버렸고 몇몇 남은 소론 완론도 힘을 잃었다. 조선초기부터 내려오던 많은 명문가 집안이 연루되어 화를 당함으로써 조정의 지배세력이 완전히 바뀌었고 이후 노론의 세상이 되어 훗날 벽파 시파로 나누어 졌다.

경상우도의 눈물

영남 반란군의 우두머리인 정희량은 초계정씨로 이조참판을 지낸 동계 정온의 증손이다. 합천 괴수 조성좌는 횡성조씨로 정주목사 조정립의 현손이고 조정좌는 창원부사 조정생의 현손으로 서로 같은 집안이다. 나숭대는 나주나씨로 강호구곡을 지은 경주부윤 나위소 현손이다. 모두 떵떵거리던 양반가문의 후손들이다. 정희량은 안음(安陰) 출신이고 조성좌는 합천 출신이다. 대역죄인이라 가문은 멸문의 화를 당하였고 집안 여인은 천민이 되었으며 소유전답과 노비는 적몰되었다. 안의, 합천을 비롯한 영남우도는 역적의 땅이 되었다.

먼발치에서 무신란을 목격한 기호남인 실학자 성호 이익(1681~1763)은

이 역사적 변란에 대해 다음과 같이 이야기했다.

"1728년 무신변란이 일어난 후 대가, 명족, 문인, 현사들은 관직의 높고 낮음에 관계없이 서로 연결되어 있어 형벌로 죽임을 당했으며, 연루자가 나라 안에 가득했다. 그리하여 선비의 기상은 수년 동안 꺾이고 무너져 마치 큰불이 지나간 듯하고 강토는 상전(桑田)이 벽해(碧海)가 된 것 같다."

실제로 영의정 정인지(하동정씨) 신숙주(고령신씨) 남재(의령남씨) 이덕형(광주이씨) 심열(청송심씨) 권대운(안동권씨) 이시백(연안이씨) 등 조선왕조 일곱 영의정 후손이 연루되었으며 조광조 윤휴 목내선 박동열 등 명신의 후손이 가담하였다. 화를 당한 인물은 700명이 넘었고 서해 고군산군도에는 귀양 온 무신란의 역신과 왕족으로 넘쳐 났다. 연루된 집안은 역사에서 멀어졌고 조정에는 국정을 동반하여 이끌어나갈 가문의 수는 크게 줄어들었다.

안음현은 반역향이라 고을을 쪼개어 거창, 함양의 두 현으로 예속시켰다. 훗날 다시 복원되어 이름을 안의(安義)로 바꿨다. 1791년 안의 현감을 지낸 연암 박지원(1737~1805)이 당시 안음현 사람들의 어려움을 연암집에 기록하였다.

"논의 물도 이웃 고을 사람에게 먼저 빼앗기고 대낮에 무덤 주변에 있는 나무를 모조리 베어가도 말 한 마디 하지 못할 뿐 아니라, 입만 조금 움직여도 도리어 역적으로 욕을 퍼부었다. 아전과 하인들은 이웃 거창과 함양에 분속 사역되어 노예처럼 취급됐으며, 유생들에게까지 군정의 충원에 요구되는 형편이어서 그 고초가 뼈에 사무쳐도 호소할 곳이 없다."

경남 고성의 유학자 구상덕이 37년간 기록한 개인 생활일기인 승총명록에 당시 경상우도의 비참한 모습을 다음과 같이 기록하였다.

"1733년 봄, 오가는 행인들의 모습을 살펴보니 태반이 귀신의 몰골이고, 길에는 굶어 죽은 시체가 너부러져 있고 묶어놓은 것이 마치 난마와 같은 모습이라 개벽 이래로 어찌 이러한 세월이 다시 있었겠는가?"

고성은 무신란 발생 지역에서 삼백 리가 떨어져 있음에도 불구하고 이러하니 화를 입은 개인과 문중은 말할 것도 없고, 우도 전체가 극심한 눈물을 흘렸음을 알 수 있다.

초계정씨 위토 반환

영남우도의 대표적인 답사처로 거창의 동계고택과 함양의 일두 정여창 고택을 꼽을 수 있다. 정여창은 성리학의 대가로 좌안동 우함양이라 부르게 된 우도의 중심인물이다. 김종직의 제자로 1498년 무오사화에 연루되어 함경도 종성으로 유배되었고 1610년 광해군 때 문묘에 배향된 동방오현 중 한 사람이다. 그를 모신 함양의 남계서원은 유네스코 세계문화유산에 등재된 9개 서원 중 하나이다.

정온은 내암 정인홍과 한강 정구로부터 수학하였으며 기질은 남명 조식을 이어받았고 당색은 소북으로 남인과 가까웠다. 영창대군 사사와 인목대비 폐모론을 반대하여 광해군의 미움을 받아 제주도 대정으로 유배 가서 10년을 귀양살이했다. 인조반정후 절의의 표상이 되어 청요직을 두루 역임하고 병자호란 때 김상헌과 더불어 척화파에 앞장섰다.

무신란의 영남 수괴 정희량은 초계정씨 동계 정온의 증손자이며 봉사손이다. 정희량은 반란을 일으킨 지 한 달 만에 붙잡혀 역적으로 처형되었고 가산은 모두 적몰되었다. 정희량의 개인재산 외에 정온과 관련된 위토도 적몰되어 초계정씨는 사회적 경제적으로 큰 타격을 입게 되었다. 현청은 없어져 이웃고을에 속하게 되었고 향촌의 명예는 크게 실추되었다. 직계가 역적이 되었으니 집안은 멸문의 위기를 맞게 되었고, 실직이 이조참판이요 증직이 이조판서인 현조 정온의 제향마저 받들 수 없게 되었다.

무신난이 발생한 지 60여 년이 지난 1790년부터 문중과 영남 유림을 중심으로 초계정씨 위토반환 운동이 일어났다. 유학의 근본으로 조상에 대한 향사의 도리는 할 수 있도록 위토를 반환해 달라는 청원이 끈질기게 제출되었다.

1817년 순조 17년에 경상감사 김노경이 지역유림의 청원을 수리하여 사실조사를 지시하였다. 김노경은 경주김씨로 추사 김정희의 부친이다. 경상감사가 관심을 가짐에 따라 안의현감과 거창군수의 협조를 얻어 내었고 사실조사의 결과에 따라 1819년 순조 19년에 위토를 되돌려 주라는 왕의 윤허를 받았다.

무신란 이후 반역향으로 몰린 영남우도 백성을 달래고 중앙정치에서 소외된 남인들의 불만을 무마하기 위한 측면도 있었지만, 정온의 정치적 사회적인 명망과 절의 공신의 표상이던 동계의 제향은 지낼 수 있도록 해야 한다는 대의명분이 작용하였다.

90년에 걸친 노력 끝에 적몰된 위토와 소유재산을 찾음으로써 미흡하나마 명예가 회복되고 초계정씨는 반가의 위상을 다시 가질 수 있게 되었다.

오래전 남도를 답사하면서 동계고택에 들렀을 때 경주최씨 최부자 집안에서 시집온 종부께서 반듯한 모습으로 경상우도를 대표하는 이 종택을 지키고 계셨고 딸은 해남윤씨 고산 윤선도 집안으로 시집간 것으로 기억에 남는다.

바람소리 51×35cm 장지에 분채

병호시비와 호계서원 복원

여강서원 건립 / 애동학서 / 호계서원으로 사액 받다 / 갈등의 골은 깊어지고 / 영남사현 문묘종사 청원 / 갈등의 봉합 / 병호시비에 대한 담론

여강서원 건립

퇴계는 동방의 대학자로 나라 안팎에 이름을 떨치고 많은 제자를 키웠다. 그 중 월천 조목, 유일재 김언기, 서애 류성룡, 학봉 김성일, 한강 정구, 여헌 장현광이 큰 제자로 퇴계 사후 각자 자기의 지역(예안, 서안동, 동안동, 성주, 구미)에 독자적인 학파의 수장으로 떠올랐다.

퇴계가 세상을 떠나자 사후 문집 발간을 계기로 예안의 조목과 하회의 류성룡 사이가 틀어졌다. 횡성조씨인 조목은 퇴계 제자 중 가장 나이가 많고 박식한 제자로 예안 사람이었다. 일찍부터 벼슬에 관심이 없고 학문에

만 몰두하였으며 퇴계자손과 오천김씨(광산김씨 예안파) 유학자와 함께 도산서원 운영에 깊숙이 관여하고 있었다.

　퇴계 사후 예안유림의 주도로 도산서당이 서원으로 승격하자 안동의 퇴계 제자들은 김성일과 류성룡을 중심으로 1575년에 도산서원에 비견될 수 있게 안동 부성 북동쪽에 여강서원을 세웠다. 안동 유림의 공론을 담고 퇴계를 모셔 안동 제일의 서원을 만들었다. 지금은 예안이 안동의 일부이지만 고려시대부터 안동과 예안은 별도의 고을로 안동부사와 예안현감이 각각 고을을 다스렸다.

　광해군 치하인 1614년에 북인의 비호하에 조목이 도산서원에 종향되자 안동 유림들은 조목지지 세력이 일으킨 도발 행위에 반발했다. 이 사건은 당시 조정을 장악한 북인이 예안 유림을 자기편으로 끌어들이기 위한 포섭 행위였고 결과적으로 예안 유림과 안동 유림과의 관계가 극도로 악화되었으며, 인조반정이후 서인세력이 집권하자 예안선비 몇몇은 유배를 당하고 도산서원은 한동안 조정의 탄압을 받게 되었다.

　여기에 대응하여 1620년에 서애 학맥에서 류성룡과 김성일을 여강서원에 함께 모시자고 제안하였으며 안동 유림은 적극 지지하였다. 임란 공신 두 사람의 위패가 추가로 모셔짐으로써 위세가 더욱 높아진 여강서원은 안동 수선(帥先)서원의 역할을 하였다.

　서원 규모도 영남에서 제일 컸다. 사당과 강당, 동재 등 주요건물이 각각 15칸이 되고 전체 92칸이나 되었다. 위치가 안동의 중심부에 자리 잡고 있었고 배향인물 세 분의 위상으로 보아 안동 유림의 본거지가 되었다.

애동학서 (서애는 동으로 학봉은 서로)

 안동에서 가장 명망 받는 양대 명문집안의 수장이고, 경쟁하는 두 학맥의 시조를 함께 배향하는 일은 즉각 열띤 논쟁을 불러일으켰다. 두 사람의 위패가 여강서원으로 옮겨질 때 사당의 중앙에 있는 퇴계의 위패 어느 쪽에 두 사람의 위패를 배치할 것인가가 난제로 떠올랐다.

 자문을 받은 상주의 우복 정경세는 위패는 문묘의 방식에 따라, 하나는 오른쪽에 하나는 왼쪽에 놓아야 하고, 둘 중 누구를 좀 더 명예로운 위치인 동쪽에 모실 것인가는 연령이 아니라 관직의 높낮이에 따라 결정되어야 한다고 조언했다. 영의정을 지낸 류성룡이 관찰사로 마감한 김성일보다 관직이 높으므로 류성룡의 위패가 동쪽에 김성일 위패가 서쪽에 봉안되어 애동학서(厓東鶴西)로 일단락되었다.

 몇 년 뒤 1629년 류성룡에게 시호가 내려진 계기로 류성룡의 위패를 다시 병산서원에 봉안하면서 한 고을의 두 곳 서원에서 류성룡을 배향하게 되었다. 이것이 김성일보다 류성룡의 우위로 여겨져 학봉계는 여강서원에서 열등한 위치에 모셔진 것에 대한 해묵은 불만을 나타냈다. 배향의례 서열이 적정한가를 따졌고 여강서원에 대한 영향력과 퇴계의 적통이 누구인가를 둘러싼 논의가 계속되었다.

 그러나 이 시기는 퇴계제자로서 출사와 조정신료의 동질감을 가지고 있었고 서애의 위상에 학봉계가 동조하는 흐름이어서 갈등은 있어도 크게 문제가 되지 않았다. 향촌파 유일재 김언기의 제자인 남치리를 여강서원에 추향하자는 유림의 공론을 함께 저지하면서 두 학파는 사이좋게 안동유림을 주도하였다.

퇴계의 위패를 모신 서원은 예안의 도산서원, 영주의 이산서원, 안동의 여강서원 셋인데 여강서원만 아직 사액을 받지 못하였다. 인조반정이후 서인세력 집권기에 견제가 심했던 까닭이다. 설립한 지 백 년이 지난 1676년 숙종 3년에 여강서원은 마침내 호계서원으로 사액을 받았다. 현종 말기에 단행된 갑인환국(1674년)으로 남인이 정권을 잡았을 때 두 학파가 힘을 합친 결과였다.

호계서원으로 사액 받다

호계서원으로 사액서원이 되면서 내부적으로 두 학맥사이에 서원 주도권 두고 갈등이 일어났다. 병파와 호파는 퇴계의 고제자로 퇴계사상 확산 목표는 같았지만 추구하는 방향은 달랐다.

서애계인 병파는 가학을 배경으로 퇴계학의 정체성을 확보하는 이론 심화에 중점을 두었다. 율곡학과 차별을 통해 비교우위를 확보하면서 정치적 갈등을 최소화하고 상호 공존과 견제의 방안을 마련하는 모습을 보여주었다.

이에 반해 학봉계인 호파는 퇴계학의 실천성을 위한 논리적 개발에 집중하였다. 퇴계학의 시대적 합법칙성을 전제로 정국주도권을 확보하려는 의지가 반영되었고 율곡의 이기심성론을 사론(邪論)으로 규정하고 서인세력과 공론대결을 전개하였다.[1]

---

1) 참고논문: 퇴계학파의 분화와 병호시비 (설석규, 2009, 경북대학교 퇴계연구소)

두 학맥간 지향하는 방향에서 차이가 있었고 유생들의 거주 지역도 달랐다. 서안동 풍산 하회에서 호계서원까지는 백 리 길이었고 학봉 학맥의 주 거주지인 동안동은 가까웠다. 서애의 위패는 병산서원과 호계서원 두 곳에 배향하므로 아무래도 수적으로 불리하였다. 유생의 서원 출입은 한번 정하면 바꾸기가 쉽지 않았다.

이후 호계서원을 장악하기 위한 두 학파의 갈등이 안동의 유림사회를 두 쟁파로 갈라놓았다. 병호시비(屛虎是非)라고 부르는 이 갈등은 서안동 풍산 류씨와 동안동 의성김씨 집안의 시비를 넘어 전국적인 관심거리가 되었고 왕조가 멸망할 때까지 지속되었다. 병호시비라는 표현에서 보듯이 호계서원은 점차 학봉계가 장악하였다.

안동 유림을 두 개로 갈라놓은 이 시비에 대해 이웃 퇴계 후손은 어떻게 처신했을까? 퇴계 후손은 3개의 집성촌에 나뉘어 살고 있었는데 한 곳은 병파 풍산류씨를 지지했고 다른 한 곳은 호파 의성김씨를 지지했고 나머지 한 곳은 중립을 지켰다. 그만큼 안동 유림사회에서 골치 아픈 일이 되었다.

갈등의 골은 깊어지고

1623년 이후 중앙정계 진출이 어려웠던 안동 유림사회는 하나가 되어 힘을 합쳐도 어려울 지경인데 서로 반목하니 점차 힘을 잃어갔고 중앙 세력의 지역 탄압이 점차 심해졌다.

의성김씨 문중서원인 사빈서원에 대해 훼철 시도가 있었고 진성이씨 종손 서원장에 대한 장살 사건도 발생하였다. 대과를 급제해도 종 5품을 넘기가 어려웠고 김성탁과 같은 안동 인물에 대해 노골적인 탄압이 이루어졌다. 갈암 이현일의 신원이 번번이 거절되었으며 이미 발간한 문집에 대해 소각령도 내려졌다. 서인 인물들만 문묘에 배향되는 것도 막지 못하였고, 병산서원에 대한 사액이 서원 건립 250년이 지난 1863년 철종조에 겨우 이루어졌다. 척화파로 유명한 노론의 김상헌 사우를 안동 풍산에 건립하는 것도 막지 못했다.

그러한 어려움 속에서도 큰 학자로 추앙받는 후학들이 병파와 호파에서 번갈아 가며 나타났다. 우복 정경세, 수암 류진-졸재 류원지-우헌 류세명-낙파 류후조로 이어지는 서애 학맥도 대단하였고 경당 장흥효-갈암 이현일-밀암 이재-대산 이상정-손재 남한조-정재 류치명-서산 김흥락으로 이어지는 학봉파는 퇴계정맥을 잇고 있다는 자부심으로 가득 찼다.

학봉파에는 유일(遺逸)로 천거되거나 등과하여 영남사림을 이끌고 당대의 유종으로 존경받던 인물들이 더러 있었다. 이현일과 이상정, 류치명이 그러했다. 류치명은 사후 그의 장례 시 상여의 줄을 잡은 영남선비가 900명에 이르렀다고 하니 상상만 해도 대단하다. 옛 선비들은 고매한 대학자가 세상을 떠나면 상여 줄을 잡고 예를 다하여야만 학맥과 기운이 자기에게 이어진다고 믿었다. 18세기에 호계서원장 자리는 이현일의 문인이 주로 차지했다. 이들은 호계서원을 중심으로 이현일의 신원운동을 추진하였다.

병파와 호파가 마냥 싸움만 하지 않았다. 호계서원에 관한 문제는 서로 양보하지 않았지만 다른 사안은 협력하고 통문이 오고 갔다. 모두 퇴계의 제자이고 영남남인의 일원이었다. 무신난에 김성탁과 류몽서는 힘을 합쳐 창의를 주도했고 김성탁의 문집 발간에 류규가 도유사를 맡았다. 긴 세월을 다투었지만 적어도 피비린내는 발생하지 아니했고 선비가 지켜야 할 경계선을 서로 넘지 않았다.

영남사현 문묘종사 청원

1796년 정조 20년 영남 유림들은 오랜만에 활기를 찾았다. 수년 전에 열린 도산별시와 사도세자 신원의 영남만인소를 통하여 한껏 높아진 영남 남인의 위상을 정조치하에서 느끼고 있었다. 중앙조정에서 영남인물고를 만든다고 고을마다 바빠졌고 영남 유림은 오랜만에 다가온 기회에 편승하여 김성일, 류성룡, 정구, 장현광의 영남사현에 대한 문묘 종사 운동을 전개하게 되었다.

대구와 구미 유림에서 시작된 이 운동에 호파가 적극적으로 참여하여 전개되었으므로 나이를 우선해야 한다는 호파의 입장이 관철되었다. 병파는 이에 불만을 품고 운동에 빠지게 되었으며 이후 10년 동안 호계서원을 출입하지 않았다. 정조가 승하하고 노론벽파가 득세하자 문묘종사 청원운동은 물거품이 되었다.

동방 5현이 1610년 광해군 2년에 문묘 배향된 이후 일곱 임금 200년 치세를 거치는 동안, 서인계열 인물은 7인이 문묘에 배향되었지만 남인계열의 인물은 한 명도 되지 못하였다. 성리학의 나라 조선 왕조에서 공자의 문묘에 배향된다는 것은 유학자로서 최고의 영예이었고 문중 현인이 문묘종사 공신이 되는 것은 선비가문의 더없는 영광이었다.

영남 유림은 서인의 인물이 문묘에 추향될 적마다 매번 반대의 소를 올렸다. 문묘 종사 인물이 학문의 깊이가 얕고 명망이 떨어지는데도 파벌의 위세로 배향된다고 여겨 분함을 참기 어려웠기 때문이다. 소두는 유배를 당하는 벌을 받았으나 학맥을 불문하고 대를 이어가며 저항했다. 안동 유림이 병·호파간 명분의 다툼으로 문묘종사 청원이 물거품 되던 1796년 정조 20년 그해에, 정철의 스승인 호남의 하서 김인후가 문묘에 배향되었다. 하서를 모신 장성의 필암서원은 유네스코 문화유산으로 등재된 9개 서원중 하나가 되었다.

 1805년 순조 5년 노론 시파가 등장하자 영남 유림에서는 다시 영남사현 문묘종사 청원 운동을 추진하게 되는데 그해 겨울 안동, 대구, 구미의 유림은 문묘 배향을 청원하는 구체적인 행동에 돌입했다.
 상소문을 작성하는 과정에서 병파는 네 명의 위패가 호계서원의 전례와 같은 방식으로 즉 류성룡 위패가 김성일 위패보다 상석에 배치되어야 한다고 주장했고 호파는 김성일의 위패가 상석에 차지해야 한다고 강변했다, 연령을 우선시해야 한다는데 동의한 대구, 구미 유림은 네 학자를 동시에 배향할 때 출생일만 따져야 한다는 의견을 제시했다. 이런 취지의 상소문이 조정에 제출되자 병파는 연령순의 서열방안은 폐기되어야 마땅하다는 별도의 상소문을 조정에 올렸다.
 두 파의 불화에 당혹감을 느낀 순조는 네 명의 승무(陞廡)를 윤허하지 않았다. 1년 뒤 대구, 구미 유림이 자기들만의 상소문을 제출하겠다고 선언하자 안동유림은 즉각 반박문을 작성했으며 병파와 호파는 여러 면에서 의견이 달라 결과적으로 더 이상 상소는 이루어지지 않았다.

1812년 호파에서 대산 이상정을 호계서원에 추향하자는 논의가 제기되었다. 이는 이상정의 추향(追享)을 통해서 호계서원이 호파의 거점이라는 사실을 표방하며 퇴계학파의 계보를 잇고 있다는 호파의 위상을 다지기 위한 것이었다. 이상정의 제자 가운데 병파 출신도 다수 있었지만 명분에 맞지 않다고 여긴 병파는 병산서원을 중심으로 통문을 돌리는 등 반발하였다.

두 파의 반목이 해소될 기미가 보이지 않고 점차 멀어져 병파는 호계서원과 결연하고 서안동의 병산서원을 중심으로 세력을 결집하고 호파는 호계서원을 장악했다. 이후 퇴계 위패는 주향인 도산서원으로 옮겨가고 서애 위패는 병산서원에서 주향으로 배향하였고 학봉 위패는 1847년 낙동강변의 임천서원으로 옮겨가 모시게 되었다. 이로써 안동 제일의 수선서원으로 위풍당당하던 호계서원의 사당에는 모시는 성현이 없게 되어 강당만 남게 되었다.

갈등의 봉합

양측의 시비를 보합하려는 노력이 고종 조 대원군에 의해서 추진되었다. 섭정이 된 대원군은 1866년 고종 3년 류성룡의 8대손 류후조를 우의정으로 임명하고 안동부사에게 시비의 진상을 파악해 해결방안을 모색하도록 지시하였다. 1870년 호계서원에서 호파의 유림 600여 명과 병파의 유림 400여 명이 모여 논의하였으나 성과 없이 끝났다.

화가 난 대원군은 이 시비를 국가적 사건으로 간주해서 충역(忠逆)으로 논단할 수 있다는 의향을 비치며 해결을 촉구했다. 결국 봉화 삼계서원에서 병산서원에 보합을 촉구하는 통문을 보내는 한편 양측의 일부 인사들이 해결방안을 모색하였다. 그 결과 보합적인 분위기가 마련되어 대원군은 보합의 상징적인 조치로 병파의 입장을 대변한 「여강지」와 호파의 정재 류치명이 쓴 「대산실기」 목판과 판본을 태우도록 지시했다. 같은 해 12월에 대구 감영에서 소각함으로써 상징적으로 논란이 종식되는 듯하였다. 이듬해 1871년 대원군은 병호시비의 근저에 깔려있는 흐름이 호계서원 장악에 있다고 여겨 서원철폐령에 호계서원을 포함시켜 시비의 불씨를 수면 아래로 잠재웠다.

구한말 격동의 세월과 일제 식민지 시대를 겪으면서 해묵은 갈등은 줄어들었다. 현대사의 물결을 타고 명분의 성리학은 색깔이 희미해졌고 파편화된 도학은 점차 힘을 잃어 갔다. 1973년 안동댐 건설로 호계서원이 수몰되자 임하면 임하리로 강당만 옮겨 찬란했던 위용은 사라지고 초라한 모습으로 이름과 명맥만 남아 오늘에 이르렀다.

2013년 5월 호계서원의 복원 사업을 계기로 경상북도에서 내놓은 중재안이 받아들여져 류성룡을 동쪽에, 김성일을 서쪽에, 이상정을 김성일 서쪽에 배향하는 것으로 결정되면서 시비는 종지부를 찍게 되었다. 서원은 옛날 예안 땅 도산면의 국학진흥원 옆에 13개동 93칸 규모로 17세기 모습으로 2019년 복원하였다. 그 속에 차곡차곡 조상들의 품격과 선비정신을 채우는 것은 오늘에 사는 우리들의 몫이다.

병호시비에 대한 담론

병호시비는 퇴계 사후 제자들 내부에서 퇴계의 적전 문제와 더불어 호계서원 주도권 다툼에서 출발하였다. 이는 수세기 동안 안동 유림사회가 병파와 호파로 갈라져 지역 내에서 세력 다툼을 벌인 일종의 향전(鄕戰)이었다. 풍산류씨와 의성김씨 사이의 해묵은 갈등은 지역적 담론의 붕괴를 보여 주었을 뿐 아니라 남인의 대의에도 치명적인 결과를 안겨 주었다.

영남에서 가장 돋보이는 두 유력문중이 널리 알려진 대로 명분과 고집의 싸움을 벌임으로써 네 명의 명유(名儒)가 나라의 최고 명예를 얻는 것을 가로막았다. 더욱 중요한 것은 그로부터 문묘에 많은 서인이 독점적으로 종사된 현실을 바로 잡을 기회가 무산되었다는 것이다. 영남남인의 패배는 자업자득이었다.2)

또 한편으로는 중앙정치 진출이 막혀버린 상황에서 지역사회는 그나마 남아있는 커다란 담론의 장이었다. 병호시비의 출발을 개울물이었으나 점차 큰 강물로 변하였다. 300년이란 긴 세월 동안 호적수를 만나 밀고 당기면서 때로는 경의를 표하기도 하고 왕래를 끊은 적도 있었지만 중앙정치와 다르게 적어도 피비린내는 풍기지 아니하였다. 선비가 지켜야 할 경계는 벗어나지 않았다. 경쟁자가 있었기에 긴장의 끈을 늦출 수 없었고 분출되는 학문적 열정은 많았다. 향전에서 힘을 키워 맷집이 생겼고 반대 정치세력의 침투를 효율적으로 막아 지역사회와 향권을 지켰다. 긴 세월 동안 정치적 힘은 빼앗겼지만, 사회적 힘은 지속적으로 가졌다. 이 싸움은 안동 유림 사회가 조선 후기에도 살아남을 수 있게 한 정신적 철학적 밑거름이었다. 병호시비는 시비(是非)가 아니고 시비(施肥)였다.

참고문헌: 조상의 눈 아래에서 (도이힐러 2018. 너머북스)

봄이왔어요 60×40.5cm 장지에 분채

4부
역사는 따뜻하다

신라 · 백제 · 고구려 이야기 / 239
문중으로 읽는 고려시대 / 263
서양사학자 눈으로 본 조선의 붕당 / 279
경화사족 연리광김을 아시나요? / 289
명현의 명문장 네 편 / 305
학도병 정철수와 대륙의 딸 장융 / 321

신라 · 백제 · 고구려 이야기

경주 고문물 아쉬움 / 백제왕가의 파편 / 고구려 유민과 라후족 / 국보 신라탑 순례 / 열암곡 부처님, 이제 일어나십시오. / 마지막 신라인 윤경렬

경주 고문물 아쉬움

경주를 다니다 보면 문물은 대부분 역사 속으로 사라지고 죽은 자의 무덤인 고분군만 휑한 모습으로 남아 있어 무엇인가 늘 아쉬웠다. 동시대 일본과 중국에는 고문물이 더러 남아 있기에 신라 명물 황룡사 9층 목탑과 감은사 금당이 소실되지 않을 수 없었는지 늘 궁금했다. 몽골은 왜 불태웠는가? 몽골도 티벳불교인 라마교를 신봉하는 민족이고 몽골이 지나간 자리가 어디 경주뿐이랴.

몽골이 점령했던 정복지, 중국 산시 시안의 대안탑이 그대로 있고, 원난

따리왕국의 따리 삼탑도, 미얀마 바간의 천년 불탑도, 남송의 수도 항저우 육화탑도 아직 남아 있다. 몽골이 바간왕국을 정복하고 선봉장수가 쿠빌라이에게 불탑을 어떻게 할지 물으니 불탑은 부처가 사는 곳이니 그냥 두라고 했다. 앙코르왕국에는 중국 온주사람 주달관을 사신으로 보내 진랍풍토기를 기록하고 우호관계를 유지했다. 그래서 바간의 천년 불탑과 앙코르 유적이 몽골의 파괴없이 그대로 남아 지금 세계적인 문화재가 되었다. 그런데 우리나라의 귀중한 목조 대탑을, 600년간 서 있었던 부처의 집을 몽골은 왜 불태웠는가?

황룡사 대탑은 643년, 감은사는 682년에 세워졌고 몽골이 경주까지 약탈한 시기는 3차 침입으로 고려 고종연간 1237년경이었다. 550년 세월이 끼여 있다. 몽골은 고려를 1231년부터 1257년까지 27년 동안 7차례 침입하였다. 징기스칸 아들인 2대 오코타이칸과 4대 몽케칸 치세였다. 오코타이로부터 고려 복속의 전권을 부여받은 몽골 대장군은 살리타이였다. 1차, 2차 고려 침략의 우두머리이다.

살리타이는 1차 귀주성전투에서 박서에게 치욕을 당하고 2차 용인 처인성에서 승병장 김윤후의 화살에 맞아 죽자 몽골군은 철수하게 된다. 복수의 칼을 갈던 몽골은 금나라를 멸망시킨 이듬해 텅꾸를 대장으로 1235년부터 4년간 고려 국토를 유린한다.

강화도로 천도한 고려 조정은 초조대장경을 만들어 부처에게 기도를 드리고 육지싸움은 포기한다. 몽골은 첫해 평안도 일대를 유린하고 이듬해 충청, 경기지역을 거쳐 전주까지 짓밟는다. 이어 경주로 들어가 황룡사 대탑과 감은사, 사천왕사 등을 불태우고 전국을 초토화시킨다. 백성들은 몽골을 피해 울릉도로 가려다가 배가 전복되어 수많은 백성이 동해에 수장되기도 한다. 고려 고종은 사신을 보내 제발 살육을 그쳐 달라고 간청을 하고 몽골은 물러간다.

몽골은 세계정복 초기에는 그런 복수의 나라였다. 징기스칸은 중앙아시아 전쟁에서 손자 무투칸이 전사하자 아프카니스탄 바미안 계곡의 성채도시 '샤리 골골라'에 살아 있는 모든 생물을 없애도록 명령한다. 풀 한포기 짐승 한마리까지 전부 없애 죽음의 땅으로 만들었다. 지금도 바미안 대불이 있는 샤리에는 풀 한 포기가 나지 않는다.

몽골을 오가는 이슬람 대상을 피살하였다고 페르시아땅 호라즘 왕국을 정복하고 아스파한에 해골을 탑처럼 쌓아 유럽인을 공포에 떨게 하였고, 징기스칸을 모욕했다고 서하왕국과 백성을 전멸시켜 지금도 탕구트족이 세운 서하왕국 후손들의 DNA는 중국 전역에서 찾아보기 힘들다고 한다. 서하왕국은 중국 영하회족자치구 성도 인촨에 있었다.

황룡사 대탑과 감은사의 소실은 살리타이 죽음에 대한 복수전이었다. 살리타이를 죽인 사람도 승병의 장수였고 그로 인해 부처의 집이 불탔으니 역사의 물길은 부처의 뜻으로 흘러갔는가 보다. 그 후 몽골은 정복 정책을 여진족 야율초재의 건의를 받아들여 파괴와 도륙에서 조세를 거두는 쪽으로 전환하였고 문화재 파괴는 더 이상 일어나지 않았다.

윈난 따리왕국 정복은 1254년, 미얀마 바간왕국 정복은 1287년, 중국 남송정벌도 1279년이었다. 모두 1237년에 있었던 황룡사 대탑 소실보다 뒷날에 일어났다. 황룡사 대탑의 소실은 금나라 요나라 송나라 틈바구니에서 고려가 다른 나라 보다 일찍 몽골 침략을 받았고 무신정권의 강한 항몽정책의 결과였다.

　신라인은 통일의 염원을 담아 황룡사 대탑을 세웠고 통일 신라의 만만세를 위하여 감은사를 지었다. 신라의 삼한 통일도 그저 오지 않았다. 신라의 삼한통일에 관하여 숨어있는 이야기이다. 나당연합군이 백제와 고구려를 멸망시키고 당나라가 백제와 고구려 땅에는 물론, 경주에도 도독부를 설치하여 한반도를 지배할 야욕을 드러내자 신라는 우리 땅에서 당나라 세력을 몰아내기 위하여 통일전쟁을 일으킨다.

　신라는 고구려에서 넘어온 장수들과 힘을 합쳐 매소성과 기벌포 전투에서 크게 승리를 거둘 때, 같은 시기에 당나라는 서역의 타림분지 안서4진(지금의 쿠처 허텐 카스 등 실크로드 사막남로 오아시스 도시) 점령전쟁에서 당의 설인귀 10만 대군이 티벳에게 크게 패하였다.

　서역 개척과 방비가 한반도보다 군사적으로 훨씬 중요한 당나라는 한반도에서 물러나기를 결정하고 병력을 철수하자 신라는 7년간의 지루한 싸움 끝에 676년 대동강 원산만을 잇는 반쪽짜리 통일을 하였다. 신라는 보이지 않은 국제정세의 도움으로 통일과업을 완수하게 되었고 통일은 예나 지금이나 국제정세가 우리 쪽으로 기울어져야만 가능하다는 것을 말해준다.

　감은사는 불국사보다 훨씬 크고 좋은 위치에 역사적 의미가 깊은 사찰이다. 감은사 소실 기록은 사료에 구체적으로 나타나 있지 않다. 고려왕조실록은 임진왜란에 불타 없어졌고 몽골 침략기인 고려 고종 연간은 최씨 무신정권의 강화도 천도와 삼별초 항쟁으로 역사 기록이 단절된 시기였다. 경주 땅을 병탄한 몽골이 반나절 거리의 호국 대사찰 감은사를 그냥 두지 않았을 것이다. 내륙 유목민인 몽골이 멋진 구경거리인 동해 바닷가를 침탈하지 않을 리가 없다.

역사서에는 승병장 김윤후의 화살이 몽골 침략군을 물리치고 나라를 지킨 구국의 화살로 이야기하고 있다. 큰 흐름에서 역사 관찰자가 되어 살펴보면, 화살은 빗나가고 화평이 좀 더 일찍 이루어져 몽골이 행한 전 국토의 파괴와 살육을 피했더라면 황룡사 대탑과 감은사 금당은 어떻게 되었을까?

다시 800년의 세월이 흘렀다. 그때 그 시절의 사연을 아는지 모르는지 갈 풀이 무성한 황룡사지의 주춧돌만이, 감은사지의 동서 삼층석탑이 서라벌 석양 아래 그 자리를 지키고 있다. 견딜 수 있는 것은 세월이라고 말하고 있는 듯하다. 우현 고유섭은 〈대왕암〉에서 "만파식적은 어이하고 감은고탑(感恩孤塔)만이 남의 애를 끊고 있다"고 노래했다.

백제왕가의 파편

나당 연합군의 포로가 된 의자왕은 무열왕과 당의 소정방에게 술잔을 올리는 굴욕을 당하고 태자와 왕자, 조정 신하와 병사 그리고 백성까지 만 이천 여 명이 661년에 낙양으로 끌려가 중국 황제 고종 앞에 무릎을 꿇고 신하 되기를 맹약하였다.

의자왕은 이듬해 병사하여 뤄양 북쪽 망산에 묻혀 북망산의 넋이 되어 떠돌게 되었고 왕자 부여융의 묘지석 조각이 1920년 뤄양 망산에서 발견되었다. 묘지석(墓誌石)은 일생의 기록을 새겨 무덤에 함께 묻는 정방형의 돌이다, 나라 잃은 왕가의 슬픈 잔해가 천삼백 년 세월 속에 묻혀 있다가 최근에 나타나게 된 것이다.

백제인으로 중국에 끌려가 중국에서 일생을 마친 이들의 묘지석이 최근까지 12개가 발견되었다. 그중 가장 온전한 것은 흑치상지의 묘지석이었다. 흑치상지는 백제 부흥운동의 대장군이었고 당에 항복하여 당나라 장수가 되어 서북 칭하이성 지역에서 티벳, 돌궐과 싸워 큰 공을 세웠다. 1929년 10월에 뤄양의 망산에서 그의 아들 흑치준의 묘지석과 함께 발견되었다. 흑치상지는 당나라에 충성하여 공을 세웠으나 무고로 옥사를 당하였으며 묘지석은 그와 백제인의 슬픈 기록이다. 난징박물관에 보관되어 있으며 글자는 41행으로 행마다 41자씩 모두 1,604자이다. 백제 멸망 이후 당나라로 끌려간 백제인들의 삶을 대한 연구하는 데 크게 도움이 되었다.

대장군 예식의 묘지석 조각은 2008년에 뤄양 골동품 가게에서 발견되었는데 그는 백제 웅진성 성주였다. 부여 사비성이 함락당하자 의자왕이 피신한 곳이 공주 웅진성 지금의 공산성이다. 그때 웅진 성주가 예식이다.

예식은 재기를 노려 피신 온 의자왕을 포박하여 당나라 소정방에게 끌고 갔다. 백제를 배신한 공로로 예식은 당나라 장군이 되었고 그 자취가 1300년 뒤에 나타났다. 산시 시안에서 백제인 예씨집안의 조손 삼대 묘가 발견되었고 허난 루산현에서 난원경의 묘지석이 발견되는 등 나라 잃은 백제 유민의 슬픈 흔적이 중국 땅 곳곳에 흩어져 있다.

왕조 멸망 이후 중국으로 끌려간 백제인은 뤄양(洛陽) 주변에 많이 살았던 것 같다. 오늘날 많은 한국인들은 용문석굴을 보기 위해 뤄양으로 여행을 간다. 베이징에서 뤄양을 거쳐 시안까지 고속철 여행을 해 본 사람들은 우리와 너무도 다른 풍경에 놀란다. 가도 가도 끝없는 화중평야, 토굴집의 황토고원, 수백 리 뻗어있는 태항산.

우리에게는 너무나 익숙하고 친근한 낱말이지만 중국에는 아예 없는 것이 있다. 바로 서해(西海)이다. 중국인에게 서쪽은 험준한 설산과 미개한 오랑캐가 살고 있는 불모의 땅이고 한국인에게 서해는 갯벌과 낙조 그리고 평화로운 어촌 마을이 떠오른다. 그 옛날 백제인들은 해지는 서해바닷가 갯벌에서 조개를 채취하고 섬과 낙조를 바라보며 평화롭게 살다가 왕조가 망하자 물설고 척박한 땅 이역만리 중원으로 끌려와 노예처럼 살다가 일생을 마쳤다.

용문 석굴을 설명하는 얼굴 뽀얀 아가씨가 그 옛날 대륙으로 끌려온 백제인의 후예일지 모르겠고, 낙양성 십 리 밖에 높고 낮은 저 무덤이 백제인의 한 맺힌 죽음의 흔적일지 모른다. 용문석굴은 당 고종과 측천무후 때 마무리되었으므로 천삼백 년 전 그 옛날에 우리 조상 백제인의 손길이 석굴 곳곳을 스쳤을 것이고 황토바람 부는 뤄양성 밖으로 나라 잃은 백성의 슬픈 행렬이 떠돌아다녔을 것이다.

소식 60×48cm 장지에 분채

고구려 유민과 라후족

668년 고구려가 멸망하자 당나라 고종은 고구려 유민 20만 명을 중국 서북쪽 오지지역으로 강제로 이주시켰다. 마지막 왕 보장왕은 쓰촨지역에, 백성은 반란을 우려하여 칭하이성 불모지에 내팽개쳐졌다는 기록이 삼국사기 고구려본기에 실려 있다. 칭하이(靑海) 지역에 던져진 고구려 유민의 후손이 윈난 소수민족 중 하나인 라후족이라는 이야기가 있다.

라후족은 조상이 '흰 눈 내리는 북쪽'에서 왔고 라후는 '호랑이를 잡는다.' 라는 뜻이라고 전해져 왔으며, 메콩강 상류지역인 윈난 란창강 서쪽에 많이 살고 있고 일부는 하류로 내려가 미얀마, 태국의 북부 산간지역에서 화전과 사냥, 차재배 생활을 하고 있다. 그 옛날 전란을 피해 남으로 내려왔다고 한다.

인구는 대략 70만 명인데 중국 윈난에 가장 많이 살고 있으나 만나려면 쿤밍에서 미얀마 방면 루이리국경이나 라오스 방면 보텐국경까지 내려와야 하고, 미얀마에는 라후족이 사는 북부 카친주가 아직 치안이 불안하여 외국인 출입을 통제하고 있으니, 태국 북부 골든 트라이 앵글(황금의 삼각지역)로 가는 편이 라후족 만나기가 비교적 쉽다. 태국 치앙라이 시내에는 고산족 박물관이 있어 라후족 전통의상과 민속품을 볼 수 있다.

라후족은 피부색이 우리보다 좀 더 황갈색인 것을 제외하면 얼굴 모습은 너무 닮아 있다. 특히 여성의 얼굴이 더 닮은 것 같다.

이 부족이 말하는 언어 순서는 우리말과 거의 같다. 나를 '나' 너를 '너', '나도너도'를 '나터너터' '나는 너를 사랑해요'를 '나래 너타 하웨요.' '나는 가요'를 '나래 까이요' "나에게 와요"를 '나게 라웨요' 이처럼 비슷한 말이 많아 언어

학자들도 놀란다고 한다.

  노래와 춤을 좋아하고 명절 때 색동무늬의 장옷을 입는다. 아궁이를 사용하고 콩으로 된장을 담그고 채소를 소금에 절인 '워찌'라는 물김치도 담가 먹고, 안남미를 대신에 화전을 해서라도 찰벼를 심어 찹쌀로 지은 밥을 먹는다. 아기를 업을 때 두디기 띠로 받쳐 등에 업는 습관, 전부는 아니지만 라후족 사람들은 개고기를 먹는 풍습마저 닮았다. 개를 자기네 조상이라고 믿고 난생설화인 주몽, 혁거세, 알지, 수로왕 등 우리 선조의 알과 관련한 이야기도 비슷하다.

  고구려 풍습인 서옥제와 같이 남자가 처가살이를 하고, 혼례를 올릴 때 닭을 곁에 두고 식을 올리는 풍습 등 민속학적 유사성을 과학적으로 설명하기 어렵다고 한다. 형이 죽으면 동생이 형수를 보살피는 형사취수제, 아기를 낳으면 대문에 금줄 표시, 설날 제사 지내기와 지신밟기, 돼지머리에 돈 꽂기, 사람이 죽으면 봉분을 만드는 매장 풍습, 집안의 불씨를 24시간 꺼뜨리지 않고 보존하는 습관 등 생활 모습이 우리 옛날과 너무 유사하다. 오랫동안 문명사회와 동떨어진 외진 곳에서 자기들만의 삶을 대대로 이어왔기에 이들의 옛날 풍습은 관습이 되어 지금까지도 달라진 게 별로 없다고 한다.

  라후족은 춤과 노래를 좋아한다. 라후족 마을에 들어가 라후족 여인이 추는 전통춤을 구경하고 소리꾼에게 라후족 신가(神歌) 으사께 바치는 노래 '까므'를 청해 들은 한국인 여행가는 이를 이렇게 표현했다.[1]

---

1) 참고문헌: 오지의 사람들 (연호택 1999 성하출판)

"라후족의 노랫가락은 처량하게 부르기 그만이다. 밤새 들어도 가슴이 찡한 야릇한 슬픔 때문에 자리를 뜨기가 어렵다. 라후의 신가(神歌)를 들으면 절대자 앞에 선 인간 존재의 고독을 새삼 실감하게 된다.
외부인 출입이 금지된, 신의 처소인 툼 사이푸에서 라후족 여인들이 추는 춤은 단아하면서도 기품이 있어 나는 이보다 더 우아하고 아름다운 춤을 보지 못했다. 절제된 동작 속에 지고의 멋이 존재한다."

또 어떤 이는 라후족 여인의 춤은 우리 전통춤 살풀이춤이 연상된다고 한다. 라후족의 노랫 가락은 처량하여 정선아리랑 가락 "산이 높아 찾아오는 이 없네, 외롭고 배고파 이 시름을 노래라도 불러 잊어 보자"라고 하는 것 같다고 한다. 그들은 잊어버렸지만 춤과 노래 가락 속에 원시적 고구려 유민의 한과 본능이 숨겨져 있는지도 모르겠다.

천하의 당 태종도 정복하지 못했던 고구려, 왕조 멸망 이후 대륙으로 끌려간 20만 백성들, 불모의 땅에 버려져 역사 저편으로 사라진 고구려 후예들은 어디로 갔는가? 그들이 라후족인지 알 수는 없지만 강원도 민요 같은 그들의 노래를 들으면 고구려 옛 모습이 떠올려진다고 이들을 만난 많은 이들은 말하고 있다.

국보 신라탑 순례

경주에는 신라시대 만들어진 국보 탑이 8기 있다. 서로 다른 모습의 국보 탑들이 한 곳에 몰려 있는 지역은 아마 경주가 유일한 듯하다. 경주를 재미있게 여행하는 방법 중 하나는 이들 국보 탑만 하루에 집중적으로 보는 것이다. 다른 답사를 일체 하지 아니하고 국보 탑만 순례하는 여행은 나름대로 특별한 의미가 있다.

국보 문화재는 일반 문화재와 급이 다르다. 해설사의 설명을 들어 보고 나름대로 감상법도 익혀 8기를 전부 답사하고 나면 탑을 보는 안목이 훨씬 깊어지고 문화재를 대하는 마음이 이전과 달라져 있을 것이다. 이후 다른 지역 예컨대 정림사지 5층탑이나 의성 탑리 5층탑, 경천사지 13층탑 등 국보탑을 보더라도 받아들이는 느낌이 달라 스스로 놀라게 된다. 일본, 중국, 동남아 소승불교와 티벳 불교의 스투파를 보더라도 우리 탑과 차이점을 쉽게 알게 되고 그들의 문화를 이해하게 된다.

국보 신라 탑 8기는 서쪽 나원리의 국보 39호 나원백탑, 안강 옥산서원 옆 국보 40호 정혜사지 십삼층석탑, 시내 구황동 국보 30호 분황사 모전석탑, 낭산아래 보문들 입구 국보 37호 황복사지 삼층석탑, 박물관 뒤뜰의 국보 38호 고선사지 석탑, 불국사 경내의 국보 20호 다보탑과 21호 석가탑, 동해바닷가 국보 112호 감은사지 삼층석탑이다.

다니기 좋은 순서대로 언급하였고 정혜사지 탑은 거리상, 탑의 성격상 별도 탐방도 가능하다. 계절은 아무래도 꽃가루 바람이 끝난 소만과 망종의 절기, 유월 초가 좋을 것 같다.

탑은 기단부와 탑신부, 상륜부로 나누어지는데 이 세부분의 조화와 아름다움이 탑의 성격을 결정짓는다.

탑의 아름다움은 상승미와 안정감이다. 공중으로 솟아오르는 상승감은 아름다움과 조화를 이루어야 하고 균형미는 비례감에서 나온다. 힘이 있으면서 둔탁하지 않아야 하고 날렵하면서도 가벼워서는 아니 된다. 안정감이 있되 무겁지 않아야 하고 빼어나되 천박하지 않아야 한다.

탑이 품고 있는 전설이나 신화적 분위기를 느낄 수 있어야 하고, 설명할 수 없지만 무엇인가 다르다는 느낌과 울림을 받을 수 있어야만 멋진 탑이다.

근육질의 강함과 미인의 부드럽고 우아함을 동시에 나타내 보이고 지진이 나도 흔들리지 않을 당당함과 폭격을 받아도 홀로 서 있는 고고함이 국보 탑의 모습이다.

나원백탑은 흰 새깔의 오층탑이다. 정혜사지 십삼층석탑은 출신지가 수수께끼인 이형석탑이고, 고선사지탑과 감은사지탑은 형제처럼 닮았다. 신라 통일초기 같은 시기에 세워졌기 때문이다. 아니면 석공이 동일인일지 모른다. 그 이후 신라 석탑은 완벽성을 더해 석가탑이 만들어졌다. 아름다운 탑의 정점에 석가탑이 있다. 석가탑 이후 삼층석탑의 대부분은 석가탑을 본떠 만들었다. 즉 아류이다.

다보탑은 화강암 돌을 나무처럼 흙처럼 마음대로 주물럭거리는 신라 석공의 솜씨를 엿볼 수 있다. 감은사탑은 저녁 해가 토함산으로 넘어갈 때가 좋다. 엷은 어둠이 황혼과 함께 다가올 때 동편에서 촬영하면 누구든지 작품사진을 찍을 수 있다. 탁 트인 배경의 명암이 탑의 실루엣과 묘하게 연출되어 웅장함과 신비감을 더해 준다.

　분황사 모전탑은 원래 7층 또는 9층인데 지금은 3층만 남아 있다. 분황사 앞의 너른 벌판이 황룡사지이다. 9층 목탑이 있었는데 몽골 침입으로 소실되었다. 분황사 탑이나 황룡사 대탑은 당시 모습을 추정하여 컴퓨터 그래픽으로 보여주고 있다.

　그런데 왜 지금의 건축 기술로 모형이나 모조탑을 만들지 않고 있는지 늘 궁금했다. 문화재를 복원하자는 의미가 아니다. 설계도가 없으니 복원하는 것은 불가능하다. 추정되는 옛 모습을 적당한 곳에 현재의 건축 기술로 지어 뽐내고 관광객에게 볼거리를 제공하자는 것이다.

　고고학이나 역사학은 학문의 영역으로 보아 '학'을 썼고 여행이나 관광은 비즈니스나 직업의 영역으로 '업'을 썼다. 고고학이나 역사학은 상위 수준의 연구 분야이고 여행이나 관광은 호기심 충족의 경제적인 분야이다. 고래부터 내려오는 사농공상의 '사'와 '상'의 범주에 갇혀 있지 않기를 바라는 마음이다.

　행복은 즐기는데에서 온다. 여행이나 관광은 전 국민의 즐기는 분야이다. 역사와 고고학에 해가 되지 않도록 얼마든지 볼거리를 만들 수 있지 않을까. 볼거리도 2~3세대만 지나면 문화재가 된다. 사람이 짓고 세월이 때를 묻히면 역사가 되고 문물이 된다.

　해외를 돌아다녀 보면 문화재는 문화재이고 볼거리는 볼거리이다. 관광객은 문화재보다 볼거리에 더 많이 몰린다. 중국 우한의 황학루, 난창의 등왕각, 양저우 연성사의 서령탑, 태국 치앙라이의 백색사원 모두 문화재 하고는 거리가 먼, 최근에 콘크리트로 지은 건축물인데 관광객이 차고 넘친다.

　이곳의 공통점은 자국민보다 외국인 관광객이 더 많다는 데 있다. 볼거리에 스토리텔링이 합쳐지면 유명 관광지가 된다. 천년고도 경주는 느낌을 받는 곳이지 볼거리 사진을 찍기 좋은 뷰 포인트는 없다. 낭산의 사천왕사지와 망덕사지에 13층 목탑이 있었다는 옛 기록이 있는데 이 폐사지 인근에 21세기 13층 탑을 세우면 멋지지 않겠는가? 이 모두 1237년 몽골이 경주 땅을 유린할 때 황룡사 대탑과 함께 사라져 버렸다

신라 황성인 경주에는 '황(皇)'자 돌림 이름이 유난히 많다. 황룡사 분황사 황복사 황성동 황남동 구황동 황오동… 도시 전체가 지붕 없는 박물관으로 되어 탑과 능과 불상이 우리를 반기고 있다.

탑을 보는 재미, 능을 만나는 반가움, 불상을 읽는 기쁨을 알아야 진짜 경주 여행이다.

참깨별꽃 46.5×27cm 장지에 분채

열암곡 부처님, 이제 일어나십시오.

2007년 5월 경주 남산 남쪽 골짜기 열암곡에서 앞으로 넘어진 마애불이 발견되었다. 부처의 머리가 지면 바위와 5cm가량 떨어진 채 땅을 보고 엎드려 있었다. 40°경사로 고꾸라져 있는데 좁은 틈새 사이로 보이는 볼륨 있는 얼굴, 날카로운 눈매, 도톰한 입술, 좌우로 벌어진 발의 모습으로 세기의 발견이라고 떠들썩하였다.

부처상은 머리에서 발끝까지 4m 60cm, 연화대좌는 1m, 총길이가 5m 60cm 되는 거대한 마애불상이었다. 아마도 지진으로 불상이 새겨져 있는 바위가 앞으로 떨어졌는데 불두는 손상을 입지 아니한 것 같다. 전체적인 모습은 알 수 없으나 보이는 부분은 매우 양호하다. 조성 시기를 밝혀내지 못하였지만 대략 8세기 후반으로 추정하고 있고, 추락 시기는 1430년 세종대왕 때 이 지역에 일어난 큰 지진으로 5m가량 높은 곳에서 떨어진 것으로 분석하고 있다.

곧 일으켜 세울 듯 한바탕 난리를 피우더니 발견된 지 12년 세월이 흘렀다. 긴 세월 동안 바뀐 것은 거의 없는 듯하다. 처음에는 풍우를 막기 위해 파란 천막으로 감싸 놓더니 최근에는 넘어진 마애불 주변에 철망으로 담장을 두르고 검은 차양 비닐 망으로 비닐하우스를 만들었다. 마치 비닐하우스 속에 마애불 바윗덩어리를 가두어 놓은 것 같다. 얼핏 보면 공사장에 쌓아놓은 건설자재를 파란 비닐로 덮어 비바람을 막고 도난을 방지하기 위해 임시 담장을 만들어 보관하고 있는 것처럼 보인다.

남산 백운대 아래 거대한 바위가 줄지어 있다고 해서 열암곡이라 부르고

이 마애불을 보기 위해 탐방객이 꾸준히 드나드니 산 아래에 주차장을 새로 만들어 놓았다. 주차장에서 마애불까지 800m가량 된다.

그동안 마애불의 보존 방안에 대해 숱하게 논의를 한 듯하다. 다시 세우는 방법, 90도 180도 돌려 와불로 보관하는 방법, 그대로 두는 방법 등을 고심하였을 것이다.

수년 전 향후 계획을 알고 싶어 문화재청에 질의를 하였더니 아직 문화재로 등록이 되지 않았으므로 관리기관인 경주시청으로 관리 이첩하였다고 한다. 경주시청에 다시 질의를 하니 주변 정비 중이고 주변 부지를 넓히는 방안을 설계 및 검토 중이라고 한다. 올해도 똑같은 답을 하고 있다.

국립경주문화재연구소에서는 2015년에 마애불 현황과 보존처리 결과의 정비보고서를 발간하였고 경주시청에서는 한국건설기술연구원에 입불 가능성에 대한 연구용역을 의뢰하였다. 결과가 이미 나왔을 것이다. 입불을 위한 모의실험에만 수십억이 소요된다고 한다.

문화재청이 안전하게 세울 방법을 찾지 못해 당분간 그대로 보존하기로 결정했다는 지방언론의 기사도 보인다. 특별한 기술이 개발되기 전까지 천년을 지내왔던 것처럼 그대로 엎드려 있어야 한다는 것이다. 제발 사실이 아니길 바란다. 현대 공학에서 마애불을 일으켜 세우는데 개발하지 못한 무슨 기술이 있는지 더 필요한지 이해하기 어렵다. 기술의 문제가 아니라 실행 의지의 문제가 아닌가 싶다. 잘해보아야 본전이고 잘못되었을 경우 비난을 덤터기로 당할까 봐 주도면밀한 계획을 세운다는 미명하에 12년 세월을 흘러 보냈다.

12년짜리 프로젝트이면 댐도 건설하고 백층 빌딩도 세우고 우주 기지를 건설할 시간이다. 그동안 정권이 3번이나 바뀠다.

경주 남산에는 마애불이 무척 많다. 삼릉 상선암 마애대불, 용장사지 마애여래좌상, 칠불암과 신선암 마애불, 백운대, 약수골, 오상골, 윤을곡 마애불, 탑골 마애조상군 등 수없이 많으며 칠불암 마애불이 유일하게 국보이다.

마애불은 경주 남산이 불국토임을 말해주는 대표적인 유물이다. 이는 하늘의 신과 땅의 신이 바위 속에 머물면서 백성들을 지켜준다고 믿었던 신라인의 소망이 투영된 것이라 한다.

마애불은 사각형이든 길쭉한 구형이든 큰 바윗덩어리이든 평평한 면에 부처의 모습을 조각하였다. 마애(磨崖)는 석벽에 불상을 새긴다는 뜻이다. 열암곡 마애불의 사각 바윗덩어리의 무게는 70~80ton이 된다. 원래 서 있었던 위치를 정확하게 찾지 못했지만, 지금의 자리로 큰 바윗덩어리가 구르면서 떨어져 마애불이 어떻게 손상을 입었는지는 아직 알 수 없다.

그래서 제일 먼저 바윗덩어리를 조심스럽게 돌려 땅을 보고 있는 부처상을 하늘로 바로 보게 하자고 권하고 싶다. 그다음에 불상의 가치를 판단한 뒤 입불로 하든지 와불로 하든지 결정하면 어떨까 싶다. 비탈지고 좁은 경사면에 처음부터 입불로 하려면 많은 어려움이 있을 것 같다. 어차피 그 자리는 마애불의 원래 위치가 아니고 입불의 눈 맞이 나지 않는다.

부처의 눈은 우리의 눈이고 우리의 눈이 곧 부처의 눈이다. 입불로 하려면 우리 눈이 부처가 되어 주변을 돌아봐야 하지 않을까. 적어도 사방 30~40미터 소나무는 다 베어내고 바닥을 완만하게 경사지게 만든 뒤에 어느 정도 높은 단을 만들어 부처가 서 계실만한 자리를 만들어야 될 성 싶다.

입불로 부처상을 세울 때 주변과 어울림이 매우 중요하다. 우리가 부처를 쳐다보는 것이 아니라 부처의 눈으로 사바세계를 보아야 한다. 만일 꽉 막힌 곳에 덩그러니 부처상 하나만 서 있다면 어쩐지 끔찍할 것 같다. 원래 입불로 만든 부처상을 와불로 할 경우에도 문제가 많을 것으로 여겨지지만 지금의 그 자리에 부처상을 두어야 하므로 와불로 두는 방법도 고려해 볼 필요가 있다.

사바세게를 내려다보며 천년 세월을 지켜온 멋진 마애입불은 불국토 남산에 많이 있다. 격조 높은 마애불 1기가 칠백 년 동안 입불로 사바세계를 굽어보다가 심심한 사연으로 친근한 와불이 되어 우리 곁에 다가와 함께하는 것도 기쁨이요 부처와 시절 인연이다. 와불은 부처가 열반할 때 모습이다. 그래서 평화롭고 따뜻하다. 열암곡 부처님! 이제 일어나실 때가 되었습니다.

발견된 지 12년의 세월이 지났다. 어려움 속에 최선을 다하고 있겠지만 민초의 생각이 담긴 법어 한 구절을 드린다.

수처작주 입처개진 (隨處作主 立處皆眞)이라. 있는 그 자리에 주인이 되면 행하는 일들은 모두 참될 것이다.

마지막 신라인 윤경렬

마지막 신라인 윤경렬(1916-1999)은 남산 지킴이였다. 경주 남산을 600번이나 올랐고 남산의 진면목을 국내외 알리기 위해 평생을 바쳤다. 1970년부터 남산을 「노천 박물관」이라고 외치면서 스물여섯 골짜기를 샅샅이 훑었다. 무너진 돌더미에서 부처를 찾았고 흙 속에 파묻힌 바위덩이에서 신라인의 혼을 건졌다.

1916년 함경북도 경성에서 태어난 윤경렬은 젊은 시절 일본 후쿠오카의 인형연구소에서 3년 반 동안 인형 제작법을 배웠다. 그 후 조선 토우에 매료되어 그의 표현대로 〈운명처럼 만나〉 흠뻑 빠져들게 되었다. 스물일곱의 젊은 나이에 개성에서 고려인형사를 열고 조선 풍속인형을 만들고 수집했다. 거기서 평생 길잡이가 된 두 인물, 우현 고유섭과 1세대 서양화가 오지호를 만나 이들에게 사사받으며 우리 미술의 가치를 찾고 배워 앞으로 나아갈 방향을 얻는다.

우리 미술사를 학문의 단계까지 끌어올린 고유섭은 윤경렬의 손끝에 묻어있는 일본 독소를 빼내고 백제와 신라 불상의 아름다움, 그곳에서 싹트고 꽃피운 우리 고유의 것을 찾으라고 하였다. 한국의 자연미와 풍정을 인상주의 화법으로 표현한 오지호는 이 땅의 하늘과 기후, 강산에서 우리의 아름다움을 찾아야 한다고 일깨워 주었다.

윤경렬의 일생은 「사랑하면 보인다.」 그 자체였다. 남산을 사랑하고 신라를 사랑하고 어린이를 사랑했다. 1954년에 경주 어린이박물관학교를 만들어 주말마다 남산으로 왕릉으로 함께 다니면서 경주 어린이들에게 우리 문화의 자긍심을 심어주었다. 어린이박물관학교는 경주박물관 부설기관이 되어 오늘날까지 이어져 내려오고 있다. 그 어린이들이 자라 남산 지킴이가 되었고 문화유산의 전도사가 되었다.

경주 남산에 관한 해박한 지식은 뛰어난 저술로 나타났다. 1979년 발간된 〈경주남산 고적순례〉, 1989년 대원사에서 발간한 〈경주남산〉 상·하권, 1993년 불지사 발행 〈겨레의 땅, 부처님의 땅〉이 그것이다. 오늘날까지 경주 남산 매니아들에게 없어서 안 될 소중한 텍스트북이다.

경주 남산의 26개 골짜기에는 불적이 700여 곳이 있어 '살아있는 노천박물관'이라고 한다. 그는 그의 저서 〈경주남산〉에서 남산을 이렇게 언급하였다. "절은 하늘의 별처럼 탑은 기러기처럼 줄지어 늘어섰다(寺寺星張塔塔雁行)"

신라인에게 남산은 극락정토의 땅인 서방세계요 부처님이 계시는 불국토였다. 불탑을 만들어 부처를 모신 것이 아니라 산 전체를 부처의 집으로 만들었다. 바위에 부처를 새긴 것이 아니라 바위 속에 숨은 부처를 찾아내 경배하였다.

윤경렬이 600번이나 올랐다는 남산을 60번도 오르지 않고 이제는 모두 다 알고 있다는 오만감으로 더 이상 오르지 않고 있는 자신이 한없이 부끄럽다.

고청 윤경렬이 1949년 경주로 옮겨와 머물렀던 곳은 남산의 북쪽 끝자락 양지마을, 해 뜨는 동네이다. 남천이 휘돌아 반월성으로 넘어가는 모래벌에 있다. 남산 종주 등반길의 출발지이다. 천 년 전 이곳에 머물다 신선처럼 사라진 고운 최치원의 상서장과 이웃하고 있다.

남산 자락에 노니는 학과 같은 모습이 중첩되었는지 동남산 초막으로 가기 위해 이 앞을 지나노라면 고운이 고청같고 고청이 고운같다는 생각이 들곤 하였다. 고청 고택을 기념관으로 바꾸고 있다.

"내 평생 보람된 일은 우리의 풍속인형을 만든 일과 경주 남산을 조사하고 소개한 일, 경주 어린이들에게 우리 문화의 아름다움과 자긍심을 가르친 일이다"라고 생전에 소박한 마음을 소박한 언어로 말하였다.

1999년 11월, 83세 일기로 그토록 사랑하던 남산 품에 안겼다. 그 이듬해 경주 남산은 유네스코 세계문화유산에 등재되었다.

오늘날 남산에 오르는 많은 이들은 어느 너럭바위에 앉아 하얀 머리카락을 날리며 배반들을 내려다보는 고청 산신령께 한잔의 음료를 먼저 드린다고 한다.

불곡 감실 할매부처와 더불어 계시는지, 신선암 마애불이 되셨는지 알 수 없다. 진달래꽃이 아름다운 용장골 금오산실에서 매월당 김시습을 만나 송화주에 취하셨는지도 모르겠다.

그러나 양지마을 전설이 담겨있는 마왕바위를 힘으로 누르고 남산의 기(氣)를 다스리는 일천바위 위에 흰 도포자락을 날리며 서있는 허연 신라영감이 누군지 경주사람들은 다 알고 있다.

진밭골 가는 길 71×48cm 장지에 분채

문중으로 읽는 고려시대

삼한공신과 토성분정 / 씨족과 겨레 / 광종의 숙청 / 천년 과거 / 귀족 가문과 묘지명 / 재상지종 / 신흥세력과 새 왕조 태동 / 왕조를 뛰어넘은 집안

 우리나라는 문중의 역사다. 궁궐이나 도성을 벗어나면 향촌에는 동성마을로 이루어져 있었고 마을 역사가 깊을수록 높이 쳤다. 혈연공동체가 지역을 지배한 것은 삼국시대부터였고 출사하여 조정관리가 되더라도 뿌리는 언제나 동족마을이었다.
 구한말 우리나라에는 동족마을이 만 오천 개가 있었다. 향촌을 실질적으로 지배한 세력은 조정이 아니라 문중이었다. 동양사를 연구한 서양 사학자는 우리 사회를 씨족사회라고 말하고 있지만, 우리 역사가들은 왕조 중심으로 연구하다 보니 애써 문중사를 언급하지 않으려는 경향이 있었다. 문중은 당색과 연결이 되고 당색에 따라 붕당이 형성되어 일제 식민사관에

동조하는 모양새가 될까 봐 우려도 있었다.

문중과 조상은 일체이다. 배고프고 어려운 시절에 조상으로부터 물려받은 것이라곤 가난과 식민지뿐이라고 원망하던 때가 있었지만 이제 어느 누구도 그렇게 생각하지 않는다. 훌륭한 유전인자를 물려주셔서 조상께 감사하고 조상의 신분이 무엇이든지 간에 떳떳하게 여긴다.

귀족의 나라 고려에는 어떤 문중이 있었는지, 무신정권과 몽골지배에서는 어떻게 변했는지, 역성혁명으로 왕조가 바뀌어도 이를 뛰어넘은 문중은 누구였는지 문중의 이야기로 고려시대를 더듬어 보자.

다원화와 세계화가 일상인 오늘날에도 뿌리를 찾는 여정은 세계 곳곳에서 활발하게 일어나고 있다. 문중 지나치게 내세울 필요는 없지만, 조상의 향기는 맡을수록 진하고 흥미롭다.

삼한공신과 토성분정

개성출신으로 권력기반이 약했던 태조 왕건은 취약한 통치기반을 확보하기 위하여 채택한 방법이 혼인 동맹과 공신 책봉이었다. 지방의 유력한 협력자와 혼인을 맺어 17개 호족집단으로 부터 29명의 후비를 얻고 이들로부터 25명의 아들과 9명의 딸을 낳았다. 공신 책봉은 고려 개국에 공을 세운 자들에게 그들의 충성심을 오랫동안 붙잡아 두기 위한 제도로 당나라 말기에 중국에서 처음 시행했다.

태조의 개국공신을 삼한공신(三韓功臣)이라 일컬으며 2,000명이 넘었다. 건국 후에도 호족들은 해당 지역을 지배하고 있었기 때문에 이들에게 실질 지배력을 인정하고 지방에 계속 머물게 하려고 중국식 성씨에 거주지를 본관으로 쓰게 하였다. 이를 토성분정(土姓分定)이라 하는데 '토(土)'는 지역의 뜻인 본관을, '성(姓)'은 혈연의 뜻인 성씨를 의미했다.

935년 신라 경순왕 항복에 고무된 태조는 신라 수도 계림을 '경사스러운 고을'이라 경주로 이름을 바꾸면서 신라 6부 촌장에게 토성을 분정하였다. 이 성씨가 경주를 본관으로 하는 이·정·손·최·배·설씨이다. 안동도 마찬가지로 고창이란 옛 이름대신에 동쪽을 편안하게 해 주었다고 안동이라 개칭하고 고창전투에 공을 세운 세 사람 태사의 성씨를 김·권·장씨로 분정하면서 안동을 본관으로 사용하게 했다

이처럼 개국 초기 지방에 토착하고 있던 씨족집단에게 성씨와 토호지배권을 인정함으로써 호족 중심의 혈연공동체가 지방을 지배하도록 하였다. 토성의 수는 대체로 고을 규모에 비례해 큰 고을 목이나 도호부에는 7~10개, 중소 규모의 군, 현에는 4~5개로 분정하였다.

권세를 지녔던 그들은 훗날 각자의 씨족집단에서 시조로 추앙받았고 후손들은 재지향리가 되어 지방을 다스리거나 거주지를 떠나 상경종사(上京從仕)하여 수도의 벼슬길에 올랐다. 신숭겸(평산신씨) 배현경(경주배씨) 염형명(파주염씨) 복지겸(면천복씨) 유금필(평산유씨) 박술희(면천박씨) 윤신달(파평윤씨) 나총례(금성나씨) 서신일(이천서씨) 원극유(원주원씨) 한란(청주한씨) 홍은열(남양당홍) 류차달(문화류씨) 김선평(안동김씨) 권행(안동권씨) 장정필(안동장씨) 등은 당해 성씨의 시조가 되었다.

씨족과 겨레

토성분정은 매우 값어치 있는 일이었다. 지방제도 개편과 함께 이루어졌다. 성이 없는 호족과 토호세력이 많아 자기를 나타낼 징표가 없으므로 왕은 이들에게 각자의 성씨에 거주지 지명을 결합하여 특정지역의 세력가임을 만천하에 나타내 주었다. 성씨와 거주지를 인정해 줌으로써 공적에 대해 생색을 낼 수 있었고 토성을 받은 자는 우월적 지위와 지역 지배권을 대내외 과시할 수 있었다. 그것은 일종의 정치적 사회적 인가증이었다.

토성집단은 여러 요인에 따라 성쇠를 거듭했지만 한번 분정받은 성관(姓貫)을 절대로 바꾸거나 버리지 아니했다. 본관과 혈연이 결합된 씨족의 이름을 빛내기 위해 다양하게 노력하였다. 비로소 족(族)이란 개념이 싹트기 시작했고 같은 뜻인 〈겨레〉라는 순수 우리말이 생겼다.

태조는 왕씨 성을 하사해 호족을 왕족으로 끌어들이기도 했다. 사성(賜姓) 제도이다. 강릉김씨 일파가 강릉왕씨가 된 연유가 그러하다. 훗날 왕씨 집단이 대단한 세력을 형성하지 못한 것으로 보아 그 수는 많지 않은 것으로 보인다. 신라왕족과 귀족인 경주김씨, 경주최씨도 고려 창건에 깊숙이 관련하여 몇 대에 걸쳐 중앙의 고위직 자리를 차지하였다. 성씨의 편리함과 유용성이 인정되어 고려 중엽부터는 일반 평민들도 널리 사용하였다.

광종의 숙청

25년간 통치하던 태조 왕건이 세상을 떠난 지 6년 뒤 왕건의 세 번째 아들인 광종이 왕위를 차지했다. 고려 4대 왕이 된 광종(재위 949~975)은 형인 정종으로부터 왕위를 물려받았을 때 왕권은 위태로웠다. 고려 개국에 공헌을 한 이유로 지난 삼십여 년 동안 삼한공신들은 온갖 정치적 사회적 혜택을 누리고 왕권을 압박했다.

　광종은 공신의 압력에서 벗어나 왕권을 강화하기 위하여 956년 노비안검법을 시행하였다. 공신들의 노비를 원래의 양인 신분으로 복원토록 하여 노비에서 해방시켜 주는 이 법은 공신들의 경제력과 군사력을 크게 약화시켰다.

　공신들은 당연히 반발하거나 불만을 가졌고 광종은 저항하는 공신을 무자비하게 숙청하여 삼한공신 대부분을 제거하였다. 개국에 공을 세운 수많은 인물들이 역사 저편으로 사라지게 되었고 많은 집안들이 지방으로 숨어 훗날을 도모했다. 이 때 당대에 한 목격자는 이렇게 말했다.

"공이 많은 옛 신하들과 역전의 노장(구신숙장舊臣宿將)들은 다 사라지고 다음 임금(경종)이 즉위할 때 남아있던 옛 사람은 40여 명뿐이었다"

　이천여 명의 삼한공신이 광종 치하 26년 만에 백 명 이하로 줄었으니 대단한 숙청이었다. 물론 연로하여 죽은 경우가 더 많았겠지만 삼한공신의 명성은 대부분 당대로 끝나 버리고 화려했던 이름들은 기록에만 남겨졌다. 역사기록은 승자의 몫이므로 숙청당한 이들의 아픔은 구체적으로 전해오지 않는다.

　장강의 뒷 물결이 앞 물결을 밀어내는 이 시기의 목격자는 최치원의 후손 경주최씨 최승로(927~989)이다. 고려 초기 가장 뛰어난 학자로 태조의 총애를 받았고 광종의 전제적 통치를 비판했다. 그는 유교적 정치이념에 입각한 시무 28조를 조정에 건의하였고 성종이 이를 받아들여 고려왕조는 이때부터 점차 안정되기 시작했다.

신라 말 최치원은 당에서 돌아와 진성여왕에게 시무 10조의 개혁안을 올렸지만 받아들이지 않아 육두품의 한계를 인식하고 은거해 버렸고 88년 뒤 후손 최승로는 고려 성종에게 시무 28조를 올려 정치를 개혁하고 수문하시중에 올랐다.

천년 과거

고려 광종 때 처음 실시한 과거제도는 우리나라 역사상 가장 획기적인 제도 중 하나이다. 노비안검법을 실시하고 2년 뒤인 958년에 첫 시행되어 조선말 1894년 갑오개혁 때까지 고려 조선의 천년 사직과 함께 했다.

과거제도가 도입됨으로써 토착 사회와 정치 체계에 큰 영향을 끼쳐 귀족 집단이 재편성되었다. 능력이 있는 신진 인물들이 새로이 등장하여 주류사회에 편입함으로써 귀족사회에 일대 변화를 가져왔다.

과거제 도입은 기존의 특권을 위협하는 혁신제도이므로 매우 큰 저항이 있었다. 실력 위주의 새로운 제도를 실시함으로써 신라귀족 출신 관리들은 관직 자리를 놓고 남북용인(南北庸人)들과 다투는 사태를 우려했다. 남북용인은 〈남쪽과 북쪽에 사는 변변찮은 무리〉란 의미로 후백제와 발해의 유민 즉 신라·고려 권력중심 세력의 바깥에 있던 인물들을 말하는 것으로 보인다. 이때 벌써 지역성과 차별성이 엿보이지만 고려사를 기록한 조선 초기 역사가(김종서, 정인지 등)들은 유학적 소양이 가득 차 있었으므로 그러한 부정적인 증거를 애써 무시하였다. 1)

과거가 실시된 지 100년 동안 여러 시행착오를 거쳐 1055년 문종 때 응시 자격을 신분이 알려진 귀족집안 즉 〈씨족록〉에 본관과 성씨가 실려 있는 자만이 치를 수 있도록 바꾸었다. 응시자의 사회적 신분인「조상의 검증」이 과거에 도입된 것이다. 부계와 모계가 모두 귀족집안이어야 나라의 공복이 될 수 있게끔 했으므로 이때부터 평민이나 노비는 과거 응시가 사실상 불가능했다.

과거는 중국의 유학과 규범이 고려사회에 접목되어 일상생활에 큰 영향을 끼쳤다. 어릴 적부터 일종의 외국어인 중국 문자를 숙달하고 중국고전 원문을 익힘으로써 기존의 귀족과 다른 새로운 형태의 신지식인이 생겨났다.

엘리트 신분을 국가가 입맛에 맞게 나누어 줄 수는 없으므로 조상에 근거하여 공인된 귀족 출신의 자녀에게 국가시험의 응시 기회를 평등하게 주고 합격한 자에게 국가의 공복이 될 수 있는 자격을 부여했다. 탈락한 집단은 귀족 신분에서 점차 멀어져 갔고 그 자리를 새로운 집단이 채워졌다. 귀족과 왕조는 긴밀하게 연결되어 있지만 합쳐지지 않았고 언제나 두 개의 분리된 사회적 실체를 유지하고 있었다.

---

1) 참고문헌 : 조상의 눈 아래에서 (도이힐러 2018 너머북스)

광종 치세에 치러진 과거의 최초 담당관은 중국 후주사람 쌍기였고 최초 과거 합격자는 958년 경주최씨 집안의 최섬이다. 관리와 외교로 뛰어난 활약을 보인 이천서씨 서희는 960년 과거 급제자였다. 이천서씨는 삼한공신 서신일부터 4대가 정승을 한 고려 초기 명문집안이었다. 귀주대첩 강감찬은 983년 성종 때 문과 장원급제자였고, 여진족을 정벌하고 동북 9성 쌓은 윤관은 1074년 문종 때, 순흥안씨 안향은 1260년, 남평문씨 문익점은 1360년에 문과과거 급제자였다. 실시 이후 역사상 인물들은 과거라는 등용문을 열고 나타났다.

1170년에 무신정권이 들어서기 전까지 230년을 고려 전기로 보는데 고려 전기에는 130명이 과거에 합격하여 귀족의 나라 고려 왕조를 이끌었다.

귀족 가문과 묘지명

고려 전기 저명한 집안으로 신라계 경주김씨(김부식), 경주최씨(최승로)와 강릉김씨(무열왕릉계 일파)가 유명했고 호족 출신으로 평산박씨 파평윤씨(윤관) 해주최씨(최충) 집안이 이름을 날렸다. 그래도 가장 강력한 집안은 이자겸의 난을 일으킨 외척세력 경원이씨 집안이었다. 세 딸을 현종의 왕비가 된 안산김씨와 공예태후를 배출하고 세 아들이 모두 왕이 됨으로써 외척세력을 누린 장흥(정안)임씨도 빼놓을 수 없다.

귀족들은 가문의 위세를 후세에 남기려고 묘지명(墓誌銘)을 새겨 무덤에 묻었다. 묘지명이란 죽은 이의 덕(德)과 공로를 석판이나 도판에 글로 새겨 무덤 앞에 묻는 것을 말하는데 여기에 귀족들은 자기 가문을 문벌, 벌열, 대가, 명가, 세족, 대족, 갑족, 명족이라 새겼다. 경원이씨는 〈해동갑족〉, 평산박씨는 〈신라귀성〉, 수원최씨는 〈삼한대족〉이라고 자신들을 나타냈다.

무신정권(1170~1250)이 들어서면서 고려전기 귀족 집단은 대부분 제거되었고 일부는 훗날 다시 재기하지만 새로운 집안들이 등장했다. 여흥민씨 횡성조씨 철원최씨 남평문씨가 그러하다. 무반으로 언양김씨와 평강채씨도 상층부에 합류했다. 한미한 집안출신인 무신정권의 최충헌은 장흥임씨 딸을 두 번째 아내로, 22대 왕 강종의 딸을 세 번째 아내로 삼았다. 공주가 왕족 외의 인물과 혼인한 유일한 경우였다.

고려에는 귀족의 특혜라 할 수 있는 음서가 제도화되어 있어 고위관리들은 과거를 통하지 아니하고 자손에게 관직을 대물림할 수 있었다. 음서로 인해 문벌의 위세가 영속화되었다. 또 혼인동맹을 맺어 자기들끼리 딸들을 주고받음으로써 귀족들은 종종 몇 세대에 걸쳐 얽히고설킨 복잡한 혼인망을 만들어 내어 서로의 족망을 높여 주었고 서로를 인정했다

왕비는 건국 100년 동안 왕실 내 근친혼으로 뽑다가 11세기부터 몇몇 유력가문의 딸로 간택되었다. 국왕은 평균 4명의 왕비를 두었는데 근친혼 왕비와 몇몇 귀족 집안에서 독점한 왕비로 섞여 있었다. 왕비를 바친다는 뜻의 '납비(納妃)'를 통해 왕실의 외척이 되는 것은 귀족 가문의 징표였다.

재상지종

고려시대 유력한 귀족집안이 어떠한 집안인가에 대한 왕실의 공식적인 언급은 충선왕 때 있었다. 1308년에 충선왕이 즉위하면서 몽골 왕실의 지

시에 따라 고려 왕실과 혼인이 가능한 15개의 재상지종(宰相之宗), 즉 명문가문을 선정했다. 몽골왕의 외손녀인 고려 공주의 혼처를 왕족이 아닌 왕실 바깥의 귀족에서 구하여 왕실의 근친혼 풍습을 없애기 위해서였다. 근친혼으로 인한 유전적 결함을 몽골 왕실은 이미 알고 있었다.

태조 왕건 때부터 공주를 배다른 오빠나 남동생과 결혼시켜 왕족 집단 내에 머무르게 함으로써 혈통의 순수성과 왕실 세력을 강화하려 했다. 이 근친혼은 왕실의 관습이 되어 왕조 내내 답습되었다.

신유학으로 무장된 조선 초 역사가들은 고려 근친혼이 인륜의 근본을 무너뜨리는 행실이라 비난했다. 15세기 성종 때 서거정이 쓴 역사서 동국통감에는 이렇게 기록되어 있다.2)

> 좌전(左傳, 좌씨춘추)에 남녀가 성이 같으면 태어나는 자손이 번성하지 못한다고 했다. 같은 성씨 사이에도 그러한데 더구나 아주 가까운 친척 간에는 어떻겠는가? 이제 그 고모나 자매에게 장가를 든 사람을 보면 대개 후손이 없는 사람이 많다. 고려왕조가 오백 년 사직을 유지했어도 종손과 지손이 수십에 지나지 않았다. 이것을 본다면 선왕께서 동성의 혼인을 금한 예(禮)는 깊은 뜻이 있다.

고려 왕족의 후손이 번성하지 않는 것은 근친혼 때문이라 했다. 고려 왕족의 성씨인 왕씨는 지금도 희성(稀姓)이다.

---

2) 참고문헌 : 고려사의 재발견 (박종기 2015 휴머니스트)

재상지종으로 엄선된 15개의 귀족집안은 경주김씨(김부식) 파평윤씨(윤관) 여흥민씨(민영모) 공암(양천)허씨 장흥임씨(임원후) 경원이씨(이자겸) 철원최씨(최영) 해주최씨(최충) 청주이씨(이계감) 안산김씨(김은부) 언양김씨(김취려) 평강채씨(채송년) 횡성조씨(조영인) 남양홍씨(홍은열) 평양조씨(조준)이다.

무신정권으로 세가 약화된 신라귀족 출신의 평산박씨 경주최씨 강릉김씨의 이름이 보이지 않지만 대체로 고려 초부터 이어온 명문 집안과 신흥문벌이 재상지종에 선정되었다. 물론 15개 가문이 100년 뒤 조선이 건국될 때까지 벌족으로 남아있는 집안은 파평윤씨 여흥민씨 남양홍씨 등 소수이고 나머지는 새로운 집안으로 교체된다. 15개 명단에는 빠져 있지만 후기 신흥세력으로, 주자학을 최초로 도입한 안향의 순흥안씨를 비롯하여 경주이씨 안동권씨 광산김씨 성주이씨 문화류씨는 당시 두드러진 집안이었다.

가문별 문과과거 급제자 수를 살펴보아도 재상지종 가문은 점차 쇠퇴하고 있음을 알 수 있다. 매회 1~5명 이내 소수 인원을 뽑은 문과과거에서 20명 이상 합격자를 배출한 가문은 왕조내내 여섯에 불과하다. 여흥민씨 27명, 경주이씨 26명, 광산김씨 23명, 안동권씨 22명, 순흥안씨 21명, 경원이씨 20명으로 여흥민씨와 경원이씨를 제외하고 나머지는 신흥 세력이었다.[3]

---

3) 참고 웹사이트 : 한국역대인물 종합정보시스템 (한국학중앙연구원)

무신정권 80년, 몽골 지배 100년을 겪으면서도 당시의 사회구조나 관습을 완전하게 바꾸지는 못했지만 이질적인 두 시기는 기존의 정치적 사회적 경계선을 완전히 무너뜨렸다. 기존의 질서가 교란되는 상황에서 세상은 혼란과 소용돌이 속이었고 14세기 후반은 사회적인 것도 정치적인 것도 큰 변화를 목전에 두고 있는 폭풍전야 같았다.

신흥세력과 새 왕조 태동

몽골 지배를 끝내고 고려왕조는 1351년 공민왕이 즉위하면서 국가 재건의 새로운 목표를 세웠다. 남양홍씨를 어머니를 둔 공민왕은 제일 먼저 부원세력인 행주기씨 기철일파를 제거했다. 외사촌인 홍언박이 중심이 되었다.

문하시중인 경주이씨 이제현은 공민왕에게 경(敬)과 신(信)을 왕도의 근본원리로 삼아야 한다고 강조했다. 경주이씨는 신라 육부의 선임으로 분정받아 고려 개국공신에 이름이 올랐으나 고려전기에는 명족에 끼이지 못하고 이제현의 부친, 이진의 삼 형제가 1280년 과거에 급제한 뒤 문벌의 반열에 올랐다.

같은 시기 뛰어난 능력을 발휘하여 재상에 오른 안동권씨 권부가 두각을 나타냈다. 안향의 제자인 권부는 이제현의 부친과 함께 과거에 급제하였으며 권부의 딸에게 이제현은 장가를 들었고 권부는 이제현의 스승이었다. 이러하듯 훗날 명문거족이 된 두 집안은 중시조부터 혼반과 학맥으로 얽히기 시작했다.

신돈의 전횡을 끝내고 친정체제를 구축한 공민왕에게 대장군 최영을 비롯한 친원세력의 그림자가 남아 있었다. 최영의 철원최씨는 태조의 삼한공신의 후손으로 고려 전기부터 명문집안이었다. 15개 재상지종의 하나로 최영의 딸이 우왕의 비가 되었지만 위화도 회군으로 이성계에게 패배하자 쇠락하였다.

혼돈의 시대 고려 말에는 새로운 인물들이 속속 등장하였다. 몽골 과거에 등과하고 개성 과거에서 장원 급제한 한산이씨 이색(1328~1396)은 이 시기에 뛰어난 인물이었다. 주자학의 도입에 앞장서 정치 개혁의 선봉장이 된 연일정씨 정몽주, 권부의 증손인 안동권씨 권근이 돋보였다. 명장 김방경의 5대손 안동김씨 김구용, 경사에 해박한 친명주의자 반남박씨 박상충, 여말삼은의 한사람인 성주이씨 이숭인도 뛰어난 인물이었다. 그 밖에 길안임씨 임박, 무송윤씨 윤소종, 단양우씨 우현보, 광주이씨 이집 등이 새로운 인물로 등장했다.

이성계는 신왕조 창조에 걸림돌이 되었던 정몽주를 제거하였고 정몽주는 피살된 지 13년 만에 태종에 의해 복권되고 중종 때 문묘에 배향됨으로써 연일정씨는 조선조에도 명성을 유지하게 되었다.

봉화정씨 정도전은 새로운 왕조 설계를 책임졌다. 군사 세력가인 이성계는 책사로 평양조씨 조준을 발탁하였다. 조준과 정도전에 의해 유교의 기본원리에 입각한 신왕조의 뼈대를 만들어졌고 기존 권문세력은 빠르게 사라졌다.

왕조를 뛰어넘은 집안

태조 이성계는 1392년 즉위하자마자 이색, 우현보, 설장수 등 56명에게 고려의 잔당 세력이라고 몰아냈고, 정도전 조준 등 44명을 개국공신으로 봉했다. 고려후기 명성을 날리던 파평윤씨, 문화류씨, 안동권씨, 여흥민씨 집안을 비롯하여 공신인물인 조준의 평양조씨. 김사형의 안동김씨, 한상경의 청주한씨, 남재의 의령남씨, 정탁의 청주정씨 등은 조선 초기에도 명문집안으로 이름을 올렸다. 경주이씨와 성주이씨도 여전히 건재했다.

고려시대 귀족문벌 가운데 일부는 조선 초기에 쇠잔했다. 철원최씨, 장흥임씨, 공암허씨. 횡성조씨, 언양김씨, 평강채씨는 저녁 햇살처럼 힘을 잃었고 봉화정씨도 정도전과 함께 쇠락했고 순흥안씨도 정축년의 변고를 당했다.

1393년에서 1494년 첫 백 년 동안 과거 문과시험은 79회 치러져 1,799명 급제자를 냈는데 411개 씨족집단에서 급제자를 배출했다. 그중 200개 씨족집단은 단 한 명의 급제자를 내었다. 왕조 초기에 권력 집단으로 진입하려는 새로운 도전이 전국적으로 일어나고 있음을 보여 준 것이다.

하지만 최정상부의 권력이 소수 가문에 집중되는 현상은 조선 초에서도 여전했다. 15세기에 가장 많은 문과 급제자를 배출한 집안은 권근 후손의 안동권씨이다. 57명의 과거급제자를 냈고 전주이씨와 여흥민씨가 뒤를 따랐다. 안동김씨도 수 대에 걸쳐 급제자를 배출하였다.

성현의 용재총화에서 지금 가장 융성한 2대 문벌이라고 추켜세웠던 집안은 광주이씨와 창녕성씨였다. 광주이씨는 15세기 26명을 등과시켜 이 시기 여섯 번째 많은 과거급제자를 배출하였다. 창녕성씨는 단종복위 사건에 성삼문 집안은 멸문을 당하지만 다른 지파는 살아남아 성현, 성희안을 배출하여 유력 문중이 되었다.

조선 초기 뛰어난 인물을 배출한 새로운 집안으로 황희 정승의 장수황씨, 예악을 정비한 허조의 하양허씨, 맹사성의 신창맹씨, 하륜의 진주하씨, 양성지의 남원양씨, 강희안의 진주강씨가 돋보인다. 김종서(순천김씨), 정인지(하동정씨), 신숙주(고령신씨), 한명회(청주한씨), 황보인(영천황보씨), 변계량(밀양변씨)은 세종 세조조의 역사적 인물이지만 후손의 번성여부에 따라 집안이 명문가로 성장하기도 하고 한미한 집안으로 머물기도 했다.

조선 초기 태조부터 예종까지 60여 년 동안 최고위급 관리인 삼정승, 좌우찬성, 육조판서를 배출한 가문은 총 110개에 이른다. 가문별 배출 인원을 보면 안동권씨(9명), 파평윤씨(8명), 창녕성씨(7명), 전주이씨(7명), 문화류씨(6명), 연안김씨(5명) 한산이씨(5명) 청주한씨(5명) 순이다.

4명의 고위직을 배출한 가문은 광산김씨 여흥민씨 청송심씨 광주이씨 동래정씨 한양조씨로 모두 6개이며, 3명을 배출한 가문은 의령남씨 성주이씨 양주조씨 전주최씨 진주하씨 하양허씨 장수황씨 등 모두 7개 집안이다.

개국공신과 훈구파로 일컬어지는 이 세력들은 왕권과 신권 사이 치열한 다툼을 벌이다가 성종조 조정에 들어온 사림과 일전을 벌이게 되는데 16세기에 들어오면서 사림 세력에게 국가 운영의 자리를 물려주게 된다. 조정을 장악한 사림 세력은 이후 삼백 년 동안 도학을 정치의 도구로 삼아 붕당을 조성하면서 조선 사회를 이끌었다.

잔대와 무릇 162×97cm 장지에 분채

서양 사학자 눈으로 본 조선 붕당

신유학의 도입 / 상이한 견해 / 도학의 분열 / 도학의 파편화 /

　스위스 출신의 역사학자 마르티나 도이힐러가 쓴 우리나라 역사서 〈조상의 눈 아래에서〉2018년 11월에 출간되었다. 우리나라 역사를 씨족사회의 역사라고 역설한 이 책은 두께가 1,000페이지에 되는 방대한 학술서적이다. 끝없이 이어지는 참고 논저 표시와 주 해석이 200페이지가 넘고 부록의 참고 문헌과 학술논문이 1,000편 이상이 된다.
　종전의 우리 역사 서적은 한문으로 쓰여 진 고문을 인용하든지 한자어가 섞여져 있었지만 익숙해서 읽는 데 어려움이 없었다. 그러나 이 서적은 서양 사학자가 영어로 쓴 우리 역사를 다시 우리말로 번역한 탓인지 읽는데 좀처럼 진도가 나가지 않았다. 영문체로 쓴 우리 역사를 접하다 보니 느낌이 완전히 달랐고 마치 행정학이나 경제학의 번역서를 처음 읽을 때처럼 수많은 회독이 필요했다.

같은 듯 다른 용어와 다른 뜻하면서도 같은 풀이가 반복되고 서구식 서술기법, 단어 선택의 차이, 영문체 특유의 형용사구 접속구 해석에 어려움을 겪었다. 우리 역사에 대한 이야기이므로 모호함이 없이 분명하게 이해하려고 수없이 밑줄을 긋고 괄호에 넣고 일부를 생략하고 부록을 들여다보고 인터넷 사전을 찾으며 정독을 했지만 아직 이해하지 못한 부분이 있다. 풍부한 지식, 뛰어난 표현, 방대한 자료 인용에 감탄을 넘어 기가 질렸다.

우리나라 역사 연구에 일생을 바쳐 묵직한 담론과 새로운 시각을 던져주어 나 같이 평범한 역사 애호가마저 몇 날의 밤을 지새우게 했고 한없이 부끄럽게 만들었다. 대단한 노력으로 큰 선물을 보내 주신 노학자에게 경탄과 감사의 뜻을 올린다.

전문 학술서적인 이 책이 던지는 거대한 담론- 우리나라는 씨족(종족)의 역사라는 논의는 학자들의 몫이다. 나는 몇 페이지에 걸쳐 쓰여 있는 조선 왕조 성립배경과 붕당에 대한 저자의 탁견에 나의 필이 꽂혔다. 노학자의 통찰력과 혜안에 가슴이 뜨거웠고 몇 번을 정독한 끝에 조선왕조 개국과 붕당에 관해 몇 줄 감상을 써 보기로 했다. 원문 번역의 충실함을 벗어나 우리말로 쉽게 옮기려는 가운데 노학자의 뜻을 잘못 이해하는 우를 범하지 않았는지 염려스럽다.

신유학의 도입

몽골 100년 지배가 고려왕조에 넘겨준 것은 망가진 정치체제와 신유학의 도입이었다. 송나라 정이·정호 형제와 주희에 의해 재단장된 신유학을 고려 말 학자들은 국가와 사회를 쇄신하는 도구로 사용하기로 결정했다. 서양의 시각으로 이 학문은 주희라는 인물의 개별적 사상의 집대성으로 보는 명칭에는 다소 거부감을 느껴 주자학이라고 칭하지 않았고, 또한 형이상학적인 영역에서 권력화, 정치화, 탈색화가 되었으므로 성리학이라고도 언급하지 않았다.1) 14세기 새로운 유학이라는 의미로 〈신유학〉이라 칭하고 종래의 공맹 사상의 유학과 차별화하였다. 신유학의 등장은 과거제 도입과 함께 우리 역사의 전환점이 되었다.

신유학으로 무장을 한 고려말 학자들은 군사적 취약성을 깨닫고 나라의 장래를 우려하는 무인들과 뜻을 같이했다. 역성혁명은 신유학을 학습한 「학자의 지적요소와 무인들의 군사적 요소」가 결합한 기이한 모습이었다.

무인 이성계가 조선의 왕좌에 앉게 된 것은 〈신유학의 설득력이라기보다 군사적 국가이성〉이었다. 즉 신유학자에 의해 추대된 것이 아니라 무인 세력이 국가의 장래를 우려하는 동기가 앞섰다. 그러면서 무인 세력은 신왕조의 사회 정치적 토대 구축을 신유학자들에게 의지했다. 조준을 책사로 발탁하여 정도전과 함께 나라의 설계를 맡겼고 문과 과거 출신의 유능한 관리에게 다시 힘을 실어 줌으로써 고려 전통세족들은 정치적 복귀를 위한 발판이 마련되었다. 역사적으로 흔히 있었던 무력에 의한 강압적 무신 통치와 성격을 달리했다.

---

1) 저자는 직설적으로 표현하지 않았지만 전체적인 흐름으로 판단했다

여말선초는 과도기가 아니었다. 신·구세력이 교체되는 분수령이 아니었다. 사회적 정치적 균열의 시기에 새로운 신진 사대부가 등장하여 구체제 옹호세력을 대체했다는 근거는 어디에도 없다. 중국의 당·송 교체기와 달리 어떠한 과감한 숙청도 없었다. 권문과 세족은 동일 부류가 아니라 전혀 성격을 달리하는 상이한 집단이었다.

조선 건국의 의미는 오래된 엘리트에게 신유학으로 재무장시켜 일신된 새로운 통치양식의 관리자로 변신하게 하였다. 새로운 세력의 등장이 아니라 종래의 명문 토착 집단 내의 정상적인 순환이었다. 누대에 걸쳐 유연하고 힘이 있는 귀족 집단에 의해 관료사회의 연속성이 유지되었고 고도의 사유화된 정치가 생겨나 왕권에 제약을 가했고 공동통치를 주장할 수 있었다.

상이한 견해

조선의 첫 세기는 왕권과 신권(臣權) 사이 투쟁으로 일관했다. 왕은 왕권으로 세상을 지배하려 했고 신하는 왕권의 절대적 권력을 인정하지 않았으며 왕을 하늘에 대한 제 1의 신하로 여겼다. 왕은 맨 앞줄에 서 있는 신하이므로 절대자가 아니었다.

왕권이 상식과 금도를 넘어서면 신권이 강한 제약을 가했다. 어전회의는 신하들이 왕권을 제한하는 '통촉하옵소서'와 '차라리 신을 벌하소서'가 다반사였다. 초기의 몇몇 왕은 새로운 사상의 속박을 거부했고 신하들은 자신들의 영향력을 증대시키기 위하여 왕에게 신유학의 개념을 주입시키고자 노력했다.

왕권과 신권의 강약이 조정되고 힘겨루기 하는 동안에 〈신유학을 어떻게 사용할 것인가에 대한 상이한 견해〉가 관료사회에 피비린내를 풍겼다. 왕자의 난도 계유정난의 충역(忠逆) 구분도 모두 사상적 기반은 신유학이었다. 국가와 사회를 개조하기 위하여 받아들인 신유학을 서로 다르게 사용한 결과였다. 나라의 안정을 택하든 충신의 도리를 지키든 모두 신유학이었다. 피 냄새가 진동한 연산조 사화의 원인은 모두 신유학에 대한 인식의 차이였다. 수도의 관리들은 난을 피해 지방으로 피신하였고 재기를 노리면서 중앙과 정치적 연줄을 끊지 않았고 신유학을 퍼뜨리며 지방을 장악하였다.

훈구파와 사림파의 정치적 대립도 그 출발은 신유학에 대한 서로 다음 견해에서 나왔다. 국가 개혁의 목표는 같았지만, 실용주의와 이상주의 충돌이었다. 초기의 신유학은 실학적 유교이념에 실천성이 풍부한 실용주의였다면 도덕심을 가미한 이상주의는 인간성과 인간의 도덕적 성향에 대한 진지하고 다채로운 탐구를 촉발시켰다.

이는 초기 신유학이 정화과정을 통하여 두 번째 유교화로 태동하였고 이상주의 사림이 주도했다. 건국초기 신유학의 실학적인 면에서 벗어나 두 번째로 태동한 신유학은 더한층 높은 도덕성을 요구했다. 사림은 신유학의 정화과정을 거치면서 태어났다

도학의 분열

왕과 신하의 도덕적 교화를 주된 임무라고 여기고 있는 이상주의자들에

의해 도학이 정치의 영역에 뛰어들었다. 도학과 신유학은 같은 듯 다른 의미, 다른 듯 같은 용어이다. 실용성을 앞세우면 신유학, 형이상학의 이기(理氣)를 강조하면 성리학, 하늘과 인간의 도리에 방점을 찍으면 도학이 되었다. 조선 초기의 실용적인 신유학이 지적 정화의 과정을 거치면서 도덕적 차원의 도학으로 옮겨졌다. 신유학은 실용성에, 도학은 도덕성에 가치를 두었고, 조선은 신유학을 건국이념으로 나라를 세웠고 도학이 정치에 물들면서 붕당이 발생했다.

16세기 전반에 신유학의 가치와 규범에 거대한 담론을 촉발시키면서 정치적 논의를 가져왔다. 치열한 싸움 끝에 공신 훈구세력이 사라지고 새로운 사림이 등장한 것을 「신유학의 지적 정화 과정」으로 인식했다. 소위 위기지학(爲己之學)으로 일컬어지는 '자신을 위한 공부'에 대한 성찰이 이루어지고 인간성과 도덕성에 대한 다양한 탐구가 일어났다.

이 거대한 물결에 타격을 가한 것은 두 명의 사상가이자 대학자였다. 퇴계와 율곡이 동시대에 등장하여 주희의 핵심적인 철학 개념에 대해 상이한 해석을 내놓음으로써 조선의 도는 두 개로 쪼개어졌다. 그들은 생전에 학문적 담론을 양분할 의도가 전혀 없었지만 〈지적 영역이 정치사회적 영역에 착종된 결과〉 도학은 금이 갔고 이 분열은 향후 조선 정치사와 사회사에 결정적 영향을 미쳤다.

도학의 분열은 지식사회를 지적 노선에 따라 두 개로 갈라놓아 친족을 바탕으로 붕당을 만들었다. 사림의 붕당은 송나라 성리학적 붕당관에 기초한 것으로서 공도(公道)의 실현을 위해 군자당을 만드는 것은 올바르며 공론에 따라 붕당끼리 상호 비판은 바람직하다는 논의를 아전인수식으로 해석한 것이 문제였다.

　권력의 도구로 도학이 차용됨에 따라 도학이 정치화되었다. 도덕에 권력의 옷을 입혀 놓았다. 16세기를 도의 분기 시대로 만든 이 분열은 붕당의 이익에 따라 학문을 왜곡했고 바른 학문, 정학(正學)에 대한 열띤 논쟁을 촉발시켰다.

　붕당은 도의 분기였다. 한번 분열된 도는 더 이상 합쳐지지 아니했다. 분열되면 합쳐지고 다시 다르게 나누어지는 역사의 정반합 흐름에 따라 도의 물줄기가 흘러가야 하는데 한번 분열된 도는 합쳐보려는 시도조차 없이 점차 자기 고집의 진한 색깔을 띠게 되었다. 변색된 학문은 갈수록 교조적인 입장을 견지하게 되었고 경직됨에 따라 타협과 배려는 불가능하였다.

　우리는 퇴계학과 율곡학으로 갈라진 흐름을 너무 당연하게 받아들이고 있지만, 서양 시각으로 조화로운 공존을 위한 학문적 담론이 왜 없었는지 끊임없는 의문을 제시하고 있다.

도학의 파편화

　퇴계와 율곡에 의해 두 갈래로 분열되었던 도학이 붕당에 휩쓸리어 여러 갈래로 쪼개져 큰 위기를 맞게 되었다. 도의 파편화였다. 주희는 존경을 한 몸에 받는 인물로 남아 있었지만 주희의 정학이 무엇인지를 놓고 투쟁은 더한층 심해졌다.

　국가와 사회의 헤게모니를 장악하려는 붕당들 사이의 피비린내 나는 투쟁에는 언제나 도덕심이 높은 도학을 차용했다. 각 붕당들은 권력을 잡았을 때 자신들의 도학만을 정학으로 규정하고 상대방의 도학은 사학(邪學)이나 사이비로 간주했다. 학문에 대한 다른 견해를 인정하지 아니했다. 그들 사이에는 학문적 논박 대신에 권력 투쟁의 승자와 패자만 존재했다. 권력 투쟁을 도덕적 용어로 표현하여 승자들은 군자연(君子然)하고 도덕적 패자를 소인(小人)으로 여겨 숙청을 합리화했고 패자를 중앙권력에 추방했을 뿐만 아니라 그들의 신분까지 격하시켰다. 학문적 담론이 정치적 영역에 휩쓸려 이제까지 경험하지 못했던 새로운 대립의 모습을 가져왔다.

예송논쟁, 척화와 주화, 청남과 탁남, 준론과 완론, 벽파와 시파 모두 자기의 주장에 맞게 도학을 변형시킨 결과였다. 도학이 권력의 도구로 차용되면서 붕당의 이익에 배치되면 학문을 왜곡시켰고 도를 파편화시켰다. 도의 추구는 더 이상 개별 학자의 사적인 문제가 될 수 없었다. 학문은 스스로의 노력으로 진리를 깨우치는 것(자득 自得)이라는 맹자의 본뜻을 상실했다. 사문난적에서 보듯이 이단으로 비난받을 위험을 늘 안고 있었다.

한국 유학을 대표하며 학문의 종장으로 문묘에 배향된 동국 18현도 학문적 명예보다 출신 붕당의 이익을 대변했고 결국 정치적 영역을 벗어나지 못했다. 상대방 인물들에게 존경과 인정을 받지 못했으며 대단한 갈등만 유발시켰다. 성현이라 해도 현실 정치에서 반대세력에게 치열한 논박의 대상이 되었던 인물들이니 참된 도통은 이들 사이에 존재하지 않았다.

도학이 파편화되어 구역의 철학, 지역의 철창에 갇히게 되었다. 권력투쟁의 최종적인 승자인 서인은 자신들이 신봉하는 도학을 국가의 이념으로 정했다. 패자인 남인의 도학은 영남으로 물러섰고 남인의 도학은 사실상 국론에서 배제되었다. 국가 이념으로 정한 도학이 전국을 통일한 것이 아니라 기호 황해 충청을 무대로 했고 패배한 남인의 도학은 경상도를 지배했다. 전라도는 소수의 남인의 도학이 다수의 서인의 도학에 둘러싸여 있었다. 같은 뿌리의 도학이 파편화되어 학문의 구역화가 되었다.

도학의 파편화를 말해주는 또 다른 곳이 서원이다. 도의 학문을 전수하고 성현의 가르침을 받들던 서원이 붕당의 이익을 대변하고 지역 인물의 위세를 과시하는 곳으로 변질되자 도학은 서원 속에서 지방화되고 매몰되었다. 자유로운 소통에 의한 국론의 수렴을 조장하기보다는 오히려 저해했다. 조선 후기 공인되지 못한 지역 인물을 모시기 위해 지역마다 세워진 수많은 서원은 도학의 본래 모습은 사라지고 파편화되고 지방화된 도의 모습을 적나라하게 보여 주었다.

파편화된 도학은 엘리트층의 몰락을 가져왔고 필연적으로 국가의 위기를 초래했다.

화창한 봄날 90×63cm 장지에 분채

경화사족 「연리광김」을 아시나요?

경화사족 / 왕비 집안 / 세도 가문 / 명문가와 국반 집안 / 난장판 과거 / 재지 양반

경화사족

「연리광김」 「대서장김」 「당홍풍홍」 「서지약봉에 홍지모당」 이라는 말을 들어본 적이 있나요? 4자성어가 아니고 족보 이야기이다. 「연리광김」은 조선 후기의 연안이씨 월사 이정구집안과 광산김씨 사계 김장생·김집집안을 말하며 「대서장김」은 대구서씨와 신안동김씨인 장동김씨 집안을 말한다.

「당홍풍홍」은 같은 홍씨 집안이라도 남양(당성)홍씨 당홍문중과 풍산홍씨 문중은 서로 다른 세도가 집안이고 「서지약봉에 홍지모당」은 후손이 현달하여 이름을 떨친 집안은 대구서씨 약봉 서성 집안과 풍산홍씨 모당 홍이상 집안 정도는 되어야 한다.

이들은 당대에도 정승 반열에 들어갔지만 후손들이 현달하여 부자 영의정, 조손 영의정, 3대 정승, 3대 대제학, 정승 20년, 10대 당상관 등으로 1623년 인조반정 이후 300년 동안 국정을 좌지우지했다.

가문의 권력 집중이 얼마나 심했는지 이런 일화가 있다. 숙종이 어느 날 조회를 마치고 용상에서 내려다보니 오가는 대신들이 대부분 대구서씨 약봉가 일족이다. 그래서 "마치 어미 쥐가 새끼 쥐를 거느리고 다니는 듯하도다." 해서 박장대소를 하였다. 영의정 서종태를 비롯한 약봉가 인물이 참판이상 중신관리만 30명이 넘었다. 쥐의 한자어도 서(鼠)이다.

도학이 정치에 물들어 발생한 붕당은 조선 지식인 사회에 커다란 균열을 만들었다. 17세기 인조반정 이후 정권을 잡은 서인은 서울 기호지방에 살면서 권력을 독점하여 일본제국주의자들에게 나라가 병탄될 때까지 왕조를 이끌었다. 서울 기호지방에 사는 화려한 벌족이라 해서 이들을 경화사족(京華士族)이라고 부른다.

자기들만의 울타리를 세워 밖에서 진입하는 세력을 막았으며 권력을 빼앗기지 않기 위해 무실국혼(無失國婚)을 당론으로 내세웠다. 역대 왕비 자리를 반드시 자기 파벌의 딸들로 채워 척신(戚臣)으로 왕권과 힘겨루기를 하니 왕권은 항상 위태로웠다.

경화사족은 넓은 범위의 종족(宗族)이 아니고 특정 인물의 좁은 씨족집안이다. 초기에는 학맥으로 이어지다가 점차 혈맥으로 바뀌었고 같은 집안이라도 당론이 다르면 적이 되었고 가문의 위세를 유지 못하면 떨어져 나갔다.

개인 경쟁이 아니라 집안 싸움이 되었고 싸움에서 지면 연좌제가 적용되어 문중 전체가 힘을 잃었다. 동시대 구성원 수는 많아야 수십 명을 넘지 않았고 같은 씨족이라도 한번 떨어져 나간 방계 집안은 끼워 주지 않았다.

왕비 집안

왕비 집안은 한반도에 국가 기틀이 세워지면서부터 시작되었다. 신라시대 성골 김씨 집안에서 왕위를 독점하였을 때 왕비는 박씨 집안에서 발탁되었고 고려시대에는 외척세력으로 늘 시끄러웠다. 대표적인 왕비 집안은 이자겸의 난으로 알려진 경원이씨이고 인종비 공예태후를 배출하고 공예태후의 세 아들이 의종, 명종, 신종이 됨으로써 3대 외손 왕의 세력인 장흥임씨, 세 딸이 모두 현종비가 된 안산김씨도 외척으로 유명하다.

조선시대 왕비를 가장 많이 배출한 집안은 파평윤씨였다. 대윤 소윤 싸움도 왕비의 욕심에서 시작되었다. 청송심씨 청주한씨도 선초의 왕비 집안이었다. 조선 후기에는 노론 가문이 왕비를 독점하였고 풍천홍씨 경주김씨 풍양조씨도 외척 세력이었다. 풍천홍씨는 혜경궁 홍씨 집안으로 본향이 안동이라서 남인으로 분류되기도 했다. 신안동김씨 여흥민씨 집안은 척신으로 세도정치를 벌여 조선 후기 나라를 망가뜨린 원흉 집안으로 비난의 대상이 되었다.

왕비로 인한 가문끼리 갈등도 있었다. 조선초 세종이 즉위하자 왕비 소헌왕후의 친정아버지 심온은 영의정이 되었고 주변으로 세력이 모여들기 시작했다. 이때 상왕으로 물러나 있던 태종이 외척 발호를 염려하여 명나라 사절에서 돌아오던 심온을 잡아 숙청하였다. 심온은 자기를 제거하려는 간계에 깊숙이 개입한 인물이 좌의정 반남박씨 박은임을 알고 자손들에게 앞으로 청송심씨는 반남박씨와 영원히 혼인하지 말라고 유언으로 남겼다고 야사에 전한다. 청송심씨와 반남박씨는 조선 후기까지 벌족이었다.

조선시대에도 집안 딸이 중국 황제 후궁이 된 가문이 있다. 성종의 모후인 인수대비 친정아버지는 청주한씨 한확이었다. 신숙주 한명회와 함께 세조의 왕위 찬탈 공신인 한확은 누이 둘이 중국 황제의 후궁이 되었다. 큰 누이는 1417년 명나라 진헌녀(進獻女)로 끌려가 3대 영락제의 눈에 들어 후궁 여비(麗妃)가 되었다. 1424년 영락제가 죽자 순장되었다. 좋은 말로 순장이지 황제가 죽자 저승길 동행하라고 목매달아 죽였다. 베이징 명십삼릉 중 가장 웅장한 장릉에 여비한씨가 같이 묻혔다는 이야기도 있지만 진실은 역사만 알 뿐이다.

동생 한계란은 언니가 공녀로 끌려가고 12년이 지난 1429년에 17살 나이로 5대 선덕제의 공녀로 차출되었다. 한계란은 오빠 한확에게 "누이 하나 팔아서 부귀영화가 이리 극진한데 무엇을 위하여 동생까지 팔려고 하느냐"고 난리를 쳤다.

한계란은 언니 여비와는 달리 명나라 궁궐에서 74세까지 천수를 누리며 4명의 황제를 모셨다. 그녀는 57년이나 명나라 궁궐에 머물면서 품격을 갖춘 언행으로 공신부인(恭愼夫人)의 시호를 받았다. 지금은 공원이 된 베이징 서쪽 향산에 묻혔는데 비문에는 "본래 조선에서 태어나 중국으로 출가하여 매사 공손하게 조정에 봉사하고---"라고 새겨져 있다. 그녀는 친정조가 인수대비와 서신으로 연락하며 조선 초기 명나라 사절의 무리한 요구를 잘 막아 주었다.

왕비로서 역사에 나오는 인물은 계비가 많다. 대윤 소윤으로 을사사화를 일으킨 문정왕후는 중종의 계비였고 영창대군의 생모 인목대비는 선조의 계비였다. 왕세자 문제로 환국정치의 빌미가 된 인현왕후는 숙종의 계비였고 노론 벽파와 손잡고 천주교를 박해한 정순왕후는 영조의 계비였다.

세도 가문

당상관은 18품계 중 정3품 통정대부 이상 고위직이다. 당상관과 당하관은 복식, 띠가 다르고 권한과 대우는 천양지차이다. 당상은 마루 위, 당하는 마루 아래이다. 마루 위에서 국정을 책임지고 임금과 국사를 논할 수 있는 자리가 당상관이다. 외직으로 관찰사, 병사 이상 내직으로 부제학, 대사성 이상이다.

조선 후기에는 노론 소론의 특정 집안에서 당상관 자리를 거의 독점했다. 그 시기에 문중별로 배출한 당상관 수를 살펴보면 신안동김씨 113명, 반남박씨 111명, 대구서씨 98명, 동래정씨 76명, 남양홍씨 73명, 해평윤씨 73명, 의흥민씨 67명, 광산김씨 67명, 전의이씨 66명, 연안이씨 63명, 양주조씨 61명, 풍산홍씨 57명 등이다.1)

---

1) 참고논문: 조선후기 벌열과 당쟁 (차창섭 1996 한국학술정보)

한때 나는 새도 떨어뜨리는 권력을 지녔지만 우리 역사 발전에 기여도가 낮고 TV사극의 단막인물로 등장하는 그들의 이름을 일일이 언급해서 무얼하랴?

물론 청빈한 삶으로 청백리의 표본이 된 이도 있고 독립운동으로 노블레스 오블리주의 책임을 다한 집안도 있다. 노론 인물 중에서도 항시 나라와 백성을 앞장세우며 준엄한 삶으로 일생을 마친 이들이 많다.

같은 당색이라도 뜻이 맞지 않으면 수시로 분파를 하거나 내부적으로 다투었다. 1672년 송시열이 회덕향안의 서문에서 연산의 광산김씨, 니산(논산)의 파평윤씨, 회덕의 은진송씨 집안을 호서(湖西) 삼대족(三大族)이라 일컬으며 화벌임을 과시했다. 이 가운데 회덕의 송시열과 니산의 윤증과의 다툼을 '회니시비'라 부르며 이 사건이 노론 소론 분파의 단초가 되었다. 안동 양반사회에서도 하회류씨를 중심으로 하는 병산서원과 의성김씨를 중심으로 하는 호계서원 사이의 갈등을 '병호시비'라 부르는데 거의 300년 동안 다투었다.

조선 유교사회는 붕당을 아전인수 격으로 해석하여 합리화했고 고착화를 당연하게 여겼다. 붕당은 당색에 따라 만들어졌으며 같은 일족이라도 당색이 다르면 이웃보다 못했다.

안동댐 수몰로 군자리에 세거지를 옮긴 외내 광산김씨 예안파는 입향조가 농수 김효로이다. 퇴계학풍을 이어받고 도산서원을 관리하는 안동의 명문집안이지만 같은 광산김씨로 대제학 7명 배출의 긍지가 대단한 노론의 사계 김장생집안과 당색이 다르다. 조선 중기까지 서로 왕래하였지만 당색깔이 짙어질수록 사이는 멀어졌다. 예안파를 거주지를 따서 오천김씨라고 부르기도 한다.

봉화 유곡의 충재 권벌 집안에서 오랜만에 대과 급제한 권두경이 정 6품 홍문관 수찬의 말직에 머물고 있을 적에 수도권 안동권씨 노론 권상하는 송시열의 수석제자로 대제학, 좌의정으로 있었다. 나이도 열댓 많은 정승 권상하는 한 번쯤 일족 권두경에게 눈길을 줄 법도 하건만 당색이 다른 족인에게는 남과 다름이 없었다.

노론의 권상하는 명나라 신종의 제사를 지내기 위해 괴산 화양동에 만동묘를 만들었고 영남남인 권두경은 퇴계의 학덕을 기리기 위해 도산에 추월한수정(秋月寒水亭)을 지었다. 권상하 5대손 권돈인은 노론 영의정이 되어 추사와 교유하고 서화가로 이름을 떨쳤지만, 조령 이남에 사는 안동 일족은 그에게 '편협하고 고집 센 시골 선비'였다.

오백 년 왕업이 세계사 어디에선들 쉬운 일인가. 현명한 군주가 적었더라도 훌륭한 신하가 많았기에 위태로움 속에서도 왕조는 유지하였다. 흔히 노론이 성리학에 매몰되어 역사를 망가뜨린 것처럼 말하는 이들도 더러 있지만 세계사의 흐름에서 보면 반드시 그러하다고 말할 수 없다. 신유학을 건국이념으로 택하지 않았다면 국가 정체성을 무엇으로 하여야 했을까? 소승불교 무사도 천주교 이슬람….

학문을 숭상하고 도덕과 인륜을 중시하였기에 오늘날 우리나라가 세계 물결에 뒤지지 않고 부러움을 받는 밑거름이 되지 않았을까?

하지만 19세기 민란의 단초가 된 탐관오리, 나라를 팔아넘기는 데 일조를 한 매국 관리에게 경화사족의 타락한 그림자가 어른거린다. 긴 세월 동안에 권력의 동아줄을 한 번도 놓지 않고 영화를 누렸건만 구한말과 식민지 시절의 우리나라 독립운동사에서 이들의 이름을 찾기는 무척 어렵다.

나라 독립과 국가 보국에 기여할 기회도 있었지만, 대다수 가문은 흔적도 없이 사라져 수백 년간 대대로 지녀왔던 가보, 고서화, 옛 문물들은 사설 박물관으로 팔려나가고 가끔 TV프로 진품명품에 진기한 물건으로 등장하곤 한다. 일부 가문에서는 세도가가 묻힌 묘역과 위토에 대해 지방세를 납부할 여력이 없어 압류를 당할 지경이라니 영고성쇠의 무상함을 모르고 그렇게 족벌정치에 몰두했는지 인간의 우매함은 끝이 없다.

명문가와 국반 집안

1728년 무신변란의 광풍이 불어 소론 준론과 기호남인을 역신으로 엄벌에 처하고 조정이 노론 일색으로 변하자 당시 영남안핵사로 내려갔던 청남의 오광운이 영조에게 올린 장계에 나라의 슬픔을 이야기하고 있다.

"나라의 반쪽이 역적의 땅이 됐으니, 어디서 인재를 찾을 수 있겠습니까? 조정에서 물리쳤다 하더라도 명류(名流)와 그 후손들을 찾아 모두 받아들여 사사로움이 없이 기용하여야만 나라가 튼튼해질 것입니다. 무릇 탕평의 근본은 일심(一心)으로 최상의 목표를 세우는 데 있으며 행하는 모든 시책은 지극히 공적으로 사사로움을 없애고 올바르게 해야 하며 편벽함이 없어야 합니다."

실제로 영조 초기 발생한 무신란에 가담한 역신들의 조상은 조선 왕조를 일으켜 세운 명신들이 많았다. 삼정승 판서 대사헌 같은 고위직 벼슬아치의 후손이 주를 이루었다. 이들이 멸문을 당하자 조정에 진입하는 가문의 수는 급격히 줄어들었고 우수한 인재는 숨어 버렸다.

정조는 왕권을 강화하고 학문을 진작시켜 올바르게 다스리려고 노력하였으나 발병 15일 만에 갑자기 세상을 떠나 국가 중흥 기회가 무산되었다. 19세기부터 몇몇 척신집단이 대를 이어가며 국정을 요리하니 왕권은 미약했고 나라의 앞날은 망국사를 읊고 있었다.

아픈 상처는 묻어 두고 따뜻한 역사로 회고하고자 한다. 독립문을 세운 서재필은 대구서씨 출신이고, 평양 셔먼호를 불태운 환재 박규수는 반남박씨 출신이다. 헤이그사건 이준열사는 전주이씨, 파리강화회의대표 김규식은 청풍김씨이다. 서간도 독립운동사 우당 이회영은 경주이씨 백사 이항복의 후손으로 명문세가의 귀감이다.

"신이 역사 속을 지나는 순간, 뛰쳐나가 그의 옷자락을 붙잡아야 한다. 그리고 함께 나아가야 한다." 명문가가 되는 일은 그만큼 어렵다.

국반(國班)이라고 나라에서 인정한 양반이 있다. 문중 현인이 문묘 또는 종묘에 종사되면 국반으로 대우를 받게 되는데 문묘와 종묘에 모두 배향공신을 배출한 집안은 국반 중의 국반이다. 문묘는 공자를 모신 사당으로 성균관 대성전이 정전이고 종묘는 조선 왕조의 사직을 모신 사당이고 가묘는 양반 집안에서 조상을 모신 사당이다.

문묘배향 공신은 '동국 18현'이라고 부르는 18명의 성현을 말하는데 고려시대 3명, 조선시대 15명이 선정되었다. 숙종조 이후 배향된 9명은 모두 서인 출신이기에 영남남인이 오랫동안 반대소를 올리는 등 갈등이 심했다.

종묘배향 공신은 국왕의 신주를 봉안할 때 함께 신위를 배향한 인물을 말하며 역대 94명이다. 이들은 왕과 국정을 같이 한 최고 공신 신하들이었다.

국반집안 중 진성이씨 퇴계 이황, 덕수이씨 율곡 이이, 여강이씨 회재 이언적, 광산김씨 사계 김장생, 은진송씨 우암 송시열, 반남박씨 남계 박세채는 문묘와 종묘에 모두 배향되어 그 가문은 나라가 특별히 인정하는 집안이 되었다.

문묘 종사가 얼마나 대단한지 정승 10명이 죽은 대제학 1명에 미치지 못하고 대제학 10명이 문묘 종사 1명에 미치지 못한다고 하였다.

난장판 과거

고려와 조선은 과거의 나라였다. 과거는 피지배계층의 상층부 진입통로이다. 요즈음 말로 계층 사다리인 과거가 조선 후기에는 철저히 망가졌다. '난장판'이란 말은 조선 후기 과거에서 유래했다. 〈난리가 난 과거장의 모습〉이란 뜻으로 당시 과거시험장이 얼마나 무질서하게 갖가지 부정이 저질러졌으면 이런 말이 생겼을까.

특정 세력에 의해 온갖 부정한 수단이 동원되고 다른 파벌 인물들의 등용을 막았다. 어쩌다 급제하더라도 보임은 하늘의 별 따기였다. 몰락가문의 후손들이 다시 가문을 일으키고 나라의 부름에 보답할 기회인 등용문이 망가져 유능한 인재 공급이 끊어졌다. 다른 파벌 인물이 성장할까 봐 씨앗을 제거하는데 몰두했다. 피폐해져 가는 나라 살림에는 관심이 없고 왕조가 망하는 그날까지 다른 파벌이 자기들을 해할까 봐 쌍심지를 켰다.

역사의 흐름을 먼발치에서 들여다보면 1800년 순조 즉위부터 해방될 때까지 150년은 너무 뼈아픈 세월이다.

그 시기에 뛰어난 군주가 한 둘만 나와 세도정치의 횡포를 막았다면, 삼정의 문란을 종식시켰더라면, 탐관오리의 학정을 없앴다면, 안목을 가진 군주가 개화기를 맞이하였더라면 우리 역사는 다르게 흘러갔을 것이다. 동족 사이 피비린내 나는 전쟁도, 분단의 아픔도 겪지 않았을 것이다.

경화사족의 일부는 탐관오리가 되어 삼정을 문란하게 만들었고 백성들은 유랑민이 되어 떠돌아다녔다. 600년 만에 다시 민란이 일어났다. 몇몇 세도가가 권력을 세습하니 매관매직이 다반사였다. 나라가 힘이 없으니 국권을 빼앗겼고 빼앗긴 나라에서도 그들은 친일 귀족으로 살아남았다.

을사오적이 전부 노론이고 일본 작위를 받은 인물이 76명인데 그중 당파를 알 수 있는 64명 가운데 56명이 노론이라 한다. 물론 집권세력이었으니 당연히 많을 수밖에 없지만 고인 물이 썩은 결과이다. 그들도 군자의 도리를 배웠으련만 어찌 아세(阿世)로 뜻을 버렸는지. 오호 통재라, 친일사족이여!! 오호 통재라, 친일사족이여!!

재지양반

경화사족에 대하는 말로 재지양반이 있다. 재지양반(在地兩班)은 조선시대 향촌사회에 머물며 땅에 기반을 둔 지식 계층을 말한다. 주로 삼남지방에 거주하며 특히 인조반정 이후 중앙정계 진출이 막힌 영남남인 후손들은 땅에 터전을 박고 대표적인 재지양반으로 자리를 잡았다.

재지양반은 정쟁과 사화를 피해 낙향한 선조를 입향조로 하여 배산임수를 터전으로 집성촌을 이루었다. 부성이나 현성과 적당한 거리에 터를 잡았다. 30~40리 반나절 거리가 적당했다. 필요할 때 고을수령의 도움을 받고 또 간섭에서 벗어나 독자적인 영향력을 행사할 수 있는 장소에 씨족마을(집성촌)을 만들었다. 1930년대 조사에 따르면 전국에 14,672개 동성마을 가운데 1,685개가 반가 집성촌이었다.

이들은 서원을 세워 문중 현인을 배향하고 강당을 열어 친족 학동을 교육시켰다. 풍광이 좋은 곳에 정자를 세워 시회(詩會)도 열고, 가전비주의 비법을 개발해 대대로 전수하기도 했다. 향안을 만들어 입록자 수를 통제하고 자신들의 지위를 공고히 했다. 저수지와 수로를 만들어 농토를 개간하고 노동력을 확보하고자 노비 수를 늘였다. 노비 관리가 경제적 성공의 관건임을 알았고 노비의 노동력을 조직화하여 생산의 도구로 활용했다. 재지양반은 노비와 땅으로 가문을 보전했다.

1823년 노비의 신분 세습법이 폐지되고 1894년 갑오개혁 때 사노비제도가 없어졌으나 새경을 받는 머슴으로 존속하였다. 1909년 민적법 시행으로 노비와 머슴들에게 성과 본적을 주어 평민으로 만들었다. 민적법은 일제가 을사늑약 이후 조선병합을 목적으로 만든 사회 악법이다. 이 때 노비와 머슴의 대부분은 주인의 성을 따랐다. 노비가 적은 경화사족보다 노비가 많은 재지양반의 성씨 인구가 증가하기도 했다.

식민지 시대와 한국전쟁을 겪으면서 양반과 평민은 모두 살아남기에 바빴고 구별할 방도가 없어졌다. 왕후장상의 씨가 따로 있는 것도 아닌데 경화사족도 재지양반도 그렇게 역사 물줄기에 섞여 평민, 노비와 동성이 되었다.

조선 왕조가 위태위태하면서 500년 왕업을 유지한 이유 중 하나는 아이러니하게 재지양반과 노비이다. 지역에 따라 차이는 있겠지만 조선 백성의 40%는 노비였다. 양반은 7~10%에 불과했다. 재지양반은 지방에 대규모 농장을 보유하고 많은 수의 사노비를 거느렸다. 소위 지방 명문세가이다.

명문세가는 향약으로 향촌을 장악하고 중앙 조정에 불만을 가진 불평 세력을 초기부터 잠재웠다. 이들의 친위 세력이 사노비이다.

중앙 진출이 막힌 지 100년이 훨씬 지났지만 재지양반들은 아직도 충효와 근왕정신으로 가득 차 있었다. 민초의 불만을 싹부터 자르고 왕조를 수호하려는 지방 세가의 의지가 조선왕조 오백 년 왕업을 이어오게 하였다. 그러한 심정을 노계 박인로는 이렇게 읊고 있다.

"미미한 향반의 후예일지라도 이 세상에 남길 만한 이름은 효도, 우애, 청백이며 가슴속에 간직한 것은 충과 효, 두 글자이다"

몰락잔반은 세상을 바꾸어 보자고 동학운동에 가담하기도 했고 이소

(離騷)를 읊으며 울분을 삼키기도 했다. 경상좌도 재지양반은 안동 풍산들, 예천 풍양들, 의성 안계들, 선산 해평들, 경주 안강들을 개간하고 모두 차지했다. 이웃 고을 삼십 리 길을 남의 땅을 밟지 않아도 다닐 수 있었다. 경주 최부자댁, 청송 심부자댁 같은 만석꾼이 생겼다.

최부자댁 가훈에는 흉년에 농토를 넓히지 말라는 이야기가 있는데 바꾸어 말하면 흉년이 들면 먹을 것이 없는 농부는 절량농가의 굶주림에 피 같은 전답을 내어놓았고 수많은 재지양반들은 헐값에 사들여 농토를 넓혔다.

구한말과 식민지 시절에는 재산을 풀어 신식 학교를 세웠다. 지방사학의 대부분은 재지양반들이 건립하였으며 사립대학 설립에 적극 동참했다. 독립 군자금을 몰래 대 주었으며 일부 후손들은 독립운동을 위해 서간도로 떠나기도 했다.

오랜 세월 동안 중앙 정계와 멀어져 있었지만, 그들만의 특색있는 양반문화를 꽃피웠다. 서울과 기호지방의 경화사족들이 식민지 시절과 전란으로 피폐해져갈 동안 삼남지방 재지양반들은 조상을 받들고 품격있는 고택과 수백 년 세거지를 지키며 견디어 왔다. 자칫 사라질 뻔하였던 선비 불씨를 가슴에 품고 지켜 왔다. 경화사족도 재지양반도 오늘을 사는 우리 후손에게 달콤한 고전이다. 들을수록 감칠 맛 나는 선조들의 이야기이다. 조상이 양반이든 노비든 그들의 이야기는 전설이 되고 역사가 되었다.

여름밤 76.5×50cm 장지에 분채

명현의 명문장 네 편

정몽주의 제문 / 퇴계의 자찬비명 / 류성룡의 묘갈명 / 정약용의 자찬묘지명

　우리 조상들은 전부 글을 잘 지었다. 특히 뛰어난 인물들은 어릴 적부터 소학을 시작으로 사서삼경을 공부하고 시와 부를 암송하고 짓는 학습을 해왔으니 문장의 체득화가 되었다. 조상의 대단한 시문 능력에 비해 우리 후손들은 옛 문장의 멋과 아름다움을 제대로 계승하지 못하고 글솜씨가 오히려 퇴보하고 있지 않은가 하는 생각이 든다.
　옛사람들은 지인들의 죽음을 보면서 자신을 가다듬고 삶의 의미를 되새기며 고인을 위하여 제문이나 묘갈을 지었다. 또한 자기의 죽음을 맞이하면서 두려움을 이겨내고 스스로 일생을 마무리하기 위하여 자신이 직접 자기의 묘표와 묘지를 짓기도 했다. 묘표에 운문(韻文)이 첨가되면 묘비명(墓碑銘)이라 했고 묘지에 운문이 첨가되면 묘지명(墓誌銘)이라 했다. 묘표는 무덤 앞에 세우는 것이고 묘지는 땅속에 묻는다.

옛사람의 글 중 가슴에 와 닿는 글이 어디 한두 개뿐이겠냐마는 그중에서 포은 정몽주의 제문, 퇴계 이황의 자찬비명, 서애 류성룡의 묘갈명, 다산 정약용의 자찬묘지명을 읽어 본다.

정몽주의 제문

아아, 황천(皇天)이시여, 나의 죄가 무엇입니까? 아아 황천이시여, 이것은 누구의 잘못입니까? 대개 듣건대 선인에게 복을 주고 악인에게 화를 내림은 하늘이요, 선인에게 상을 주고 악인에게 벌함은 사람이다.(福善禍淫 上善罰惡) 하였습니다.

하늘과 사람이 비록 다르다고 하나 그 이치는 하나인즉, 옛사람이 말하기를 하늘이 정하면 사람을 이기고 사람이 많으면 하늘을 이긴다.(天定勝人 人衆勝天) 하였으나, 하늘이 정하면 사람을 이긴다는 것은 무슨 이치이며 사람이 많으면 하늘을 이긴다는 것은 또한 무슨 이치입니까?

지난날 홍건적이 침입하여 임금이 수도를 떠나시니 국가의 운명이 한 가닥 실 끝에 달린 것처럼 위태롭거늘, 오직 공이 먼저 대의를 외치자 원근에서 분연히 일어났고 몸소 만 번 죽을 계책을 내어 능히 삼한의 대업을 회복하였으니 무릇 이제 백성이 이 땅에서 먹고 잠잘 수 있는 것이 그 누구의 공입니까?

비록 죄가 있더라도 공으로써 덮는 것이 옳을 것이요, 죄가 공보다 무겁더라도 반드시 그 죄를 승복시킨 후에 죽임을 내리는 것이 또한 옳을 것입니다.

그런데 이제 말의 땀이 마르지 아니하고 개선하는 노래가 아직 끝나지도 않았는데 이렇게 태산 같은 공을 세운 분을 오히려 칼날의 피가 되게 하는 것입니까? 이것이 내가 피눈물로 하늘에 묻는 까닭이외다.

나는 그 충성스러운 혼백과 비장한 영혼이 천추(千秋) 만세(萬世)토록 반드시 구천에서 울음을 머금는 것을 알고 있습니다.

아아, 명(命)이로구나, 어찌 하오리오! 어찌 하오리오!

포은 정몽주가 24살 때 지은 제문이다. 비장미가 넘치는 글귀와 이십대의 글이라고 느껴지지 않는 동양철학의 운명론과 삶의 진중함을 담고 있다. 포은이 22살에 과거 급제할 때 지공거(과거 담당관)가 상주출신 정당문학 김득배(1312~1362)였다. 고려 말 홍건적의 난이 일어났을 때 김득배가 도병마사로 수도 개경을 수복하는 공을 세우자 이를 시샘하던 평장사 김용의 간계로 처형 효수되는데 이 사건이 1362년 공민왕 때 일어난 '김용의 난'이다.

당시 살벌한 정국의 분위기로 아무도 나서지 않았지만 관리 생활 3년차 약관의 정몽주는 효수당한 김득배의 시신을 수습할 수 있도록 공민왕께 허락을 청한다. 자기를 합격자로 뽑아 준 의리로 문생과 좌주 사이 끊을 수 없는 인연으로 직접 제문을 지어 망자를 위로한다. 이때 지은 제문이 이것이다.

고려 후기 원나라 간섭에서 벗어나 자주 왕정으로 복구하고 관료체제를 개혁적으로 바꾸는 과정에서 좌주(시험관)과 문생(합격자) 간에 서로 밀어주고 이끌어주는 관계가 성행했다. 불확실성 시대였고 혼란기였던 당시 정치세계에서 살아남기 위한 방편이었다. 좌주·문생이 정치권력을 형성하자 공민왕은 이 같은 패거리 정치를 싫어해 정치적 기반이 없고 깨끗하다고 여겨 신돈을 중용했다.

김득배의 문생 임박, 문익점, 이존오 등 30명을 대표하여 장원급제한 정몽주가 공민왕께 청하여 김득배의 시신을 거두고 제문을 지어 억울한 죽음을 달램으로써 훗날 김득배의 누명이 벗겨지고 그 자손도 관직에 오르게 되었다.

배원 친명주의자 포은은 명나라 금릉을 수차례 다녀왔으며 주원장도 인정하는 뛰어난 외교관이었다. 주원장을 배알하고 금릉객잔에서 "금릉 땅 저잣거리에서 가인과 더불어 취했노라.(金陵市上醉佳人)"고 호기도 부렸다. 수년 전 혼자 배낭여행 다니던 시절 난징 진회하 밤거리에서 이 시구가 떠올라 가슴이 뜨거웠던 기억이 있다.

포은이 일생동안 스쳐간 포항, 영천, 용인, 서울 등지에 거의 경쟁적으로 이름과 호를 따서 그를 기리고 있다. 고향 포항에서는 고향동네 이름을 포은의 시호인 문충(文忠)을 따 '문충리'로 지었다. 시내 도로 이름을 '정몽주로'로 지었고 '포은중학교'도 있으며 포항시립도서관 이름이 '포은도서관'이다.

경북 영천에는 '포은초등학교'와 '포은고등학교'가 있다. 포은을 배향하는 임고서원 앞 도로가 '포은로'이며 태어난 생가를 복원하였고 개성 선죽교를 본 따 가설 선죽교를 만들었다. 포은의 외가인 영천에서 태어났다.

경기도 용인에서는 수지대로를 '포은대로'로 명명했다. 묘소가 있는 곳은 모현면 능원리인데 모현은 현인을 그리워하는 뜻이고 능원은 묘가 있는 서원(또는 동산)이다. 문화예술회관으로 '포은아트홀'이 있고 '포은아트갤러리'가 있다.

북한에서도 개성 선죽교를 국보급으로 관리하고 있으며 서울 마포구에 '포은로'가 있으며 유배를 갔던 울산 언양의 반구대에 '포은대'라 부르는 절승지가 있다. 포은 동상은 마포와 용인에 있고 중국 장쑤성 양저우시 최치원기념관 내에 흉상이 있다. 용인 묘소에 신도비, 영천 생가에 유허비, 기장 일광에 유촉비가 있다.

퇴계의 자찬비명

1570년 11월, 70세 고령의 퇴계는 병이 깊어지자 강학을 중단하고 제자를 모두 집으로 돌려보냈다. 세상을 떠나기 나흘 전 음력 12월 4일에 조카 영을 불러 당부했다.

> "조정에서 예장(禮葬)을 하려고 하거든 사양하라. 비석을 세우지 말고 단지 조그마한 돌에다가 '퇴도만은진성이공지묘(退陶晩隱眞城李公之墓)'라고만 새기고 뒷면에 향리, 세계(世系), 지행(志行), 출처를 간단히 쓰고 내가 초를 잡아둔 명문(銘文)을 쓰도록 하라."

12월 8일 퇴계는 매화나무에 물을 주게 하고 고요히 세상을 떠났다. 여기에서 말한 명문(銘文)은 퇴계가 일찍이 자신의 생애에 대해 스스로 기록하고자 하여 뜻한 바를 지어놓았는데 그것이 〈퇴계선생의 자명(自銘)〉이다. 전문 번역이다

"태어나서는 크게 어리석었고, 자라서는 병치레가 많았다.
중년에는 어찌 학문을 좋아했으며, 만년에는 어찌 벼슬을 탐하였던가?
배움은 구할수록 아득해지고, 벼슬은 사양할수록 얽매어지네.
벼슬길 나가서는 잘못이 있었고, 물러나면 숨어서 올곧았도다.
깊이 나라 은혜에 부끄럽고, 진실로 성인 말씀이 두렵도다.
산은 우뚝 높이 솟아 있고, 물은 끊임없나니,
벼슬살이 벗어나 한가롭고부터, 뭇사람 비방에서 벗어났도다.
나의 뜻이 이렇게 막히니, 나의 학문을 그 누가 공부하리.
옛사람을 그리워하나니, 실로 내 마음 미리 알았도다.
어찌 알랴, 오는 세상에, 내 마음이 알아줄 이 없다고,
시름 가운데 즐거움이 있고, 즐거움 속에 시름이 있도다.
승화하여 돌아가리니, 다시 무엇을 구하리오."

퇴계는 자명 4언 24구로 자신의 일생을 정리했다. 스스로 묘비를 쓴 것은 제자나 다른 사람이 쓸 경우 지나치게 미화하여 꾸밈과 가식이 많을까 봐 염려하였기 때문이다. 평소 행장과 비문을 중시한 퇴계는 자기 묘표(墓表)로써 스스로에 대한 엄정한 평가를 내린 것이다.

그러나 당시 조정의 관례에 따라 장례를 예장으로 성대히 치르고 신도비를 세우지 않을 수 없었다. 유림과 제자들은 협의를 거쳐 호남의 기대승이 비문을 짓기로 했다. 기대승은 퇴계가 적은 묘표를 자신이 지은 글 위에 실었다.

퇴계의 유언에도 불구하고 장례는 예장으로 치러졌지만 묘소는 매우 검소했다. 1576년 문순(文純)의 시호가 내려졌고 1596년 지석(誌石)이 묻혔다. 퇴계의 〈자명〉을 기대승이 지은 〈퇴계선생묘갈명〉보다 앞에 실어 퇴계가 한평생 살다가 간 뜻을 후세인에게 그대로 전해졌다.1)

류성룡의 묘갈명

서애 류성룡이 젊은 시절에 도산서당에서 같이 공부하던 동갑내기 영양 남씨 남치리(1543~1580)가 38살에 세상을 떠나자 당시 조정의 부제학으로 있던 서애가 묘갈명을 지었다. 남치리는 일찍 부모를 여의고 어려운 가정형편으로 과거를 포기하고 학문의 길을 택했다. 퇴계의 제자 중 고졸한 학행으로 이름을 떨쳤다. 위기지학(爲己之學)을 실천한 대표적인 인물로 산림처사로 있으면서 향촌유림을 이끌었다.

고향 안동에 거주하는 옛 친구 남치리의 이른 죽음을 애석해하면서 지은 서애의 묘갈명은 보통 이름난 명사가 쓴 현학적이고 사변적인 묘갈명과 달리, 서정적이고 인간미 넘치는, 옛 친구를 그리워하는 아쉬움과 안타까움이 배어 있다. 장년기에 접어든 서애의 뛰어난 글솜씨를 엿볼 수 있다.

---

1) 참고문헌 : 내면기행 (심경호, 2009. 이가서)

비문을 새겨 무덤 앞에 세우는 것을 석비 또는 비석이라 하고, 석비 형태가 둥근 것은 묘갈(墓碣), 사각 비로 된 것은 묘비(墓碑)라고 구분했다. 나중에 혼용해서 사용하다가 묘갈로 통칭했다. 남치리 묘갈명 후반부이다.

"아! 지금 세상에 선비로서 유학을 닦는다고 칭하는 자는 많으나, 능히 출세를 위한 학문에만 관심이 있고 성현의 학문에 있음을 알아 뜻을 두는 자가 어디 있으며, 또한 뜻을 두어 갈고 닦으며 독실하게 수양하되 얻음과 잃음, 기쁨과 슬픔에 마음이 흔들리지 않는 자가 또 어디 있겠는가?

그대의 재능과 지식으로 족히 세상에 드러낼 수 있음에도 유독 나아가 취함에 급급하지 않음은 가식을 멀리하고 의리를 좇는 마음이 빛나 실질을 구해 나아갔으니 그 뜻은 이미 존귀하다 할 것이다.
아울러 평생토록 가난과 근심으로 살림이 불편하여 모든 사람이 감당하기 어려울 지경이었는데 그대는 편안히 순리대로 받아들여 이와 더불어 진학 역행(進學力行)을 함께 하며 스스로를 격려하고 죽을 때까지 원망하거나 후회하는 빛이 없었으니, 어찌 내 몸에 얻은 바 없이 힘써 할 수 있겠는가?
속이 진중한 자는 바깥일을 경시하지 않음이 없나니, 그대는 이 점에서 남보다 지나친 바가 있다.

나는 지난날 그대의 사람됨을 보고 안존하고 독실함을 아꼈고, 학문을 논함에 있어 비록 절실함을 알았으나 오히려 장애가 있을까 두려워하였다. 그대가 세상을 떠나기 며칠 전 그대의 서찰을 얻어 읽은 적이 있는데, 그 논하는 바가 명백하고 활달하여 옛날 본 것에 비할 바가 아니었다.

그러므로 나는 그대의 학문이 날로 깊이를 더해 장래 헤아릴 수 없을 것임을 알았거늘, 하늘이 나이를 더해 주지 않아 이에 이르렀으니, 명(命)이라 하겠다. 이어서 명(銘)을 쓰노니, 명에 이르기를,

좋은 씨앗 곡식이 있어 기름진 밭에 때맞추어 씨 뿌려 부지런히 가꾸어 그날이 오기를 기다려 쌓아 놓고 먹으려 했는데, 가을이 못되어 시들었으니 그 누구에게 허물을 돌릴 것인가? 묘표(墓表)에 명(銘)을 하여, 길이 생각토록 하였네."

가슴에 찡한 감동이 물밀듯이 밀려오는 묘갈명이다. 남치리는 광산김씨 유일재 김언기에게서 처음 배웠으며, 21세에 봉화금씨 금난수와 함께 퇴계를 찾아 가르침을 받았다. 퇴계의 여러 제자 중 유일재파의 학풍을 계승하였다. 과거에 두 번 실패하고 난 뒤 수양을 위한 학문에 열중하였다. 문장이 뛰어나고 고졸한 품성으로 퇴계 문하의 안자, 퇴문안자(退門顔子)라 불렸다.

남치리는 경제적으로 어려웠다. 당시 경제적으로 뒷받침이 되지 않으면 과거공부가 불가능했다. 과거 필수과목인 대학이나 중용의 책값이 면포 서

너 필 값과 맞먹었다. 임란 후 군역 대신 나라에 바친 군포가 연 두 필이었으니 책값은 무척 비쌌다. 과거준비는 긴 세월 동안 경제적 지원과 노력이 요구되므로 가난한 선비에게는 꿈같은 일이었다. 부잣집으로 장가들어 처가의 도움을 받기도 하였고 아내의 삯바느질과 형설지공으로 입신양명했다는 이야기는 소설 속의 이야기이지 현실은 가혹했다.

퇴계가 세상을 떠났을 때 남치리는 동문의 추대로 상례(相禮)를 맡았으며, 1578년 선조 11년 그의 나이 36세에 산림에 숨은 인재로 유일(遺逸)에 뽑혔다. 조정으로 천거된 산림인물 9명 가운데 한강 정구에 이어 두 번째가 남치리였다. 안동의 수선서원인 여강서원(호계서원 전신)에 서애와 학봉의 위패를 퇴계 좌우에 배향될 때 남치리를 추가 배향하자는 논의가 수십 년간 안동 유림사회를 시끄럽게 했다. 그만큼 남치리는 향촌 유림에서 존경받았던 인물이었다. 1649년(인조 27) 안동유림의 공의로 안동 일직에 노림서원을 세워 그의 학문과 덕행을 추모하고 위패를 모셨다.

정약용의 자찬묘지명

다산 정약용이 18년 유배생활을 마치고 향리로 돌아간 뒤 4년 후 1822년에 스스로 묘지(墓誌)를 지어 평생 자기가 살아온 바를 밝혔다. 다산은 무덤에 묻을 묘지와 문집에 실을 묘지를 따로 지었는데 그 두 글의 끝에는 각각 명(銘)을 붙였다.

다산이 묘지명을 스스로 지은 것은 후대 사람들이 자신의 일생을 왜곡하지 않도록 하기 위해서였다. 정조의 특별한 사랑을 언급했고 자신의 학문적 성과를 자부했다. 하지만 당시 학자들은 다산의 학문을 크게 인정하지 않았다. 특히 추사 김정희는 서찰을 보내 다산의 경학연구가 한나라 경학을 제대로 인정하지 않았다고 비판했다.

다산은 또 자찬묘지명에서 평생 자기를 시기하고 자신의 정치 인생을 막았던 대구서씨 서용보와의 악연을 네 번이나 언급했다. 다산이 33세 1794년 경기도 암행어사로 나가 관찰사 서용보의 잘못을 탄핵했을 때부터 악연이 시작되었다. 1801년 신유년 천주교 박해 때 서용보가 고집하여 장기로 유배되었던 일, 1803년 계해년에 정순왕후가 다산의 석방을 명했지만 서용보가 거부한 일, 1810년 향축방리를 명하였으나 의금부가 막은 일, 해배되어 1819년 조정에서 다시 다산을 등용하려 했으나 영의정으로 있던 서용보가 저지한 일이다.

다산을 18년이나 유배생활을 하도록 만든 인물, 서용보(1754~1824)는 누구이며 정약용과 어떤 악연일까? 그는 대구서씨 약봉가의 뛰어난 인물로 열일곱 약관의 나이에 초시와 대과를 동시에 합격했다. 다산보다 나이는 다섯 살 위이지만 과거급제는 15년이나 빨랐다. 영조의 정비 정성왕후가 왕고모(할아버지 누이)이고 정조와 영조계비 정순왕후의 총애를 받았다.

다산의 인생 굴곡은 정조의 수원화성 행차와 관련이 있다. 한양 도성에서 수원으로 가는 길은 원래 과천길이 있었으나 정조의 행궁 나들이가 잦자 과천 옛길은 오가는 행인과 역마가 많아 백성들에게 불편을 끼치게 되었다.

경기도 관찰사인 서용보는 행궁 나들이의 편의를 위해 금천 시흥 안양 의왕을 거쳐 수원행궁으로 가는 새 도로를 만들기 시작했다. 지금 국보급 문화재로 내려오는 〈1795년 정조대왕 화성능행차 8일 병풍도〉에 나오는 그 행차 길이다. 서용보는 새 도로를 만들면서 금천 시흥 백성에게 수익자 부담으로 세금을 과하게 징수하여 백성의 원성이 잦았다.

당시 경기도 암행어사로 나간 다산은 이 사실을 정조에게 보고하고 서용보의 탄핵을 올렸다. 정조는 옛길의 불편함도 새 도로의 공사도 알고 있었고 아끼는 신하끼리 알아서 해결해 주면 좋으련만 암행어사가 탄핵의 징계를 고집하니 처리하지 않을 수 없어 난감했다. 정조는 편법으로 서용보를 관찰사직에 파면하고 바로 18일 뒤 규장각 직제학으로 재등용하였다. 서용보와 정약용의 악연은 이렇게 시작되었다.

순조가 즉위하자 서용보는 우의정이 되었고 영의정에 올랐다. 50년 관직에 신망도 두터웠다. 다산은 자찬묘지명에서 스스로를 행동하고 실천하는데 과감했고 이 때문에 앙화를 불러들였다고 후회했다. 안동김씨 노론 시파가 등장하기 전 대구서씨 약봉가는 당대 제일의 세력 집안이었다.

다산의 자찬묘지명의 일부이다.[1)]

---

1) 참고문헌 : 내면기행 (심경호, 2009. 이가서)

약용은 유배되었던 십 년하고도 팔 년이나 되는 기간에 경전 연구에 마음을 기울였다. 시·서·예·악·역·춘추·사서에 관한 기술이 모두 230권인데 정밀하게 연구하고 오묘하게 깨우쳐 옛 성인의 근본 뜻을 제대로 파악했다.

시문집으로 엮어놓은 것은 모두 70권인데 대부분 벼슬살이할 때 지은 것들이다. 그 밖에도 나라의 전장 및 목민이 하는 일, 옥사를 심리하는 일, 무력을 갖춰 방비하는 일, 국토의 강역에 관한 일, 의약에 관한 일, 문자의 분석에 관한 일 등에 편찬한 것이 거의 200권이다.

이것은 모두 성인의 경전에 근본을 두면서 이 시대의 문제에 적용할 수 있도록 힘썼으므로 없어지지 않는다면 더러 인용해서 쓸 내용이 있을 것이다.

약용의 사람됨은 착한 일을 즐겨하고 옛것을 좋아했으며 행동하고 실천하는데 과감했다. 그러다가 마침내 이 때문에 앙화를 불러들였으니 이것은 운명이다. 평소 죄악이 아주 많아서 가슴 속에 후회가 가득 쌓였다.

금년(1822년)에 이르러 임오년을 다시 맞게 되었으니 세상에서 말하는 회갑이니 마치 다시 태어난 것 같다. 마침내 긴요하지 않은 잡무들을 죄다 제거하고 깨끗이 씻어 없애어 아침저녁으로 자기 성찰에 힘써서 하늘이 내려주신 본성을 회복하여 지금부터 죽을 때까지 이지러짐이 없기를 바란다.

나의 무덤은 집안 뒤란에 있는 자좌(子坐)의 언덕에 정했다.

부디 바라는 바와 같게 되었으면 한다. 명(銘)은 이렇다.

임금의 은총을 한 몸에 안고
궁궐 깊은 곳에 들어가 모셨으니
참으로 임금의 심복이 되어
아침저녁으로 가까이 섬겼네
하늘의 은총을 한 몸에 받아
못난 충심을 납유하셨고
육경을 정밀하게 연구하여
오묘하게 해석하고 은미한 데를 통했네
간사하고 아첨하는 무리들이 기세를 폈지만
하늘은 그로써 너를 곱게 다듬었으니
잘 거두어 속에 갖추어 두면
장차 아득하게 멀리까지 들려 올리리라.

고요 46.5×43.5cm 장지에 분채

학도병 정철수와 대륙의 딸 장융

두 이야기의 전개 / 학도병 정철수 / 태항산의 조선독립군 / 정철수의 중국 생활 /
대륙의 딸 장융

두 이야기의 전개

정철수(1923~1989)는 학도병이다. 일제 말기 학도병으로 중국으로 끌려가 KBS 이산가족 찾기 방송으로 40년 만에 귀국한 소설 속의 주인공 같은 인물이다.

연일정씨 정몽주의 23대 종손으로 태어난 정철수는 보성전문 졸업을 앞두고 1943년 12월 일본군 학도지원병으로 강제 징집되어 대구 24부대에 입영하게 된다. 훈련을 마치고 중국 산둥성 지난(제남)의 일본군 부대로 배치된다. 동료 2명과 함께 일본군 부대를 탈출하여 태항산의 조선의용군

김무정 부대를 만나 일원이 되어 독립운동을 하다가 해방을 맞이한다. 그 후 40년간 중국대륙을 떠돌다가 1983년 KBS 방송에서 노모가 찾는다는 소식을 듣고 이듬해 귀국하여 노모와 재회한 뒤 1986년 가족과 함께 영구귀국한 소설 같은 실화의 주인공이다.

〈대륙의 딸〉은 중국 현대사의 기록문학이다. 1900년대부터 1970년대까지 70년간 저자 장융이 외할머니, 부모, 자기까지 3대에 걸쳐 일어난 가족 이야기를 영어로 쓴 영문소설이다. 이 책에는 반우파 투쟁, 대기근, 문화혁명의 실상, 홍위병과 하방 등 20세기 현대 중국의 비밀을 고스란히 드러냈다.

저자는 1952년 쓰촨성 이빈에서 태어나 마오쩌둥의 사망 후 중국 최초의 국비장학생으로 1978년 영국 요크대학에 유학가서 언어학 박사를 받은 인물이다. 〈대륙의 딸〉은 어머니의 구술을 바탕으로 영국인 남편의 도움을 받아 극히 서구적인 기법으로 3년에 걸쳐 완성시킨 수준 높은 작품이다. 1991년 발표되어 30여 개 언어로 번역되었고 1천만 부 이상이 팔렸다. 현대 중국의 암울한 현실을 기록한 경이로운 작품으로 평가받고 있으며 뛰어난 묘사와 품위 있고 세련된 언어로 전 세계 독자에게 많은 감동과 충격을 주었다. 중국에서는 아직까지 금서이다.

두 이야기의 공통점은 둘 다 동시대 지식인으로 중국 현대사를 생생하게 체험하였다는 사실과 장융의 아버지와 정철수는 동 연배이다. 1940년부터 1980년까지 40년간 현대 중국의 격동의 세월을 서로 다른 지방에서 겪었다. 국적은 한국인(조선인으로 살았다)과 한족으로 서로 다르지만 그 당시에는 그게 중요하지 않았다.

배경은 정철수는 화북과 연변이고 장융은 남만주와 쓰촨성 청두이다. 두 사람을 서로 비교하는 것은 불가능하다. 상황이 다르고 중국 현대사에 등장된 배경과 여건이 너무 상이하기 때문이다 그럼에도 불구하고 두 사람의 이야기가 묘하게 닮은 것처럼 보이는 것은 죽의 장막인 현대 중국사의 피해자이면서 역경을 경험한 과정이 너무 비슷한 까닭이다. 같은 듯 다른 두 사람의 이야기 속에 우리가 피상적으로 알고 있었던 중국 현대사의 비밀이 녹아 있다.

정철수가 학도병을 징집된 1943년 12월에는 국내 유명인사들이 친일로 변절하고 학도병으로 징집되면 피할 방도가 없는 2차 세계대전 전쟁 막바지였다. 장융의 외할머니는 군벌장군의 첩으로 전족을 마지막으로 한 세대였다. 군벌은 지역의 소황제였다. 전족의 출발은 성노리개이다.

"전족을 한 여인은 '미풍에 흔들리는 연약한 어린 버드나무 가지처럼' 걷는다. 여인이 전족으로 비틀거리며 걷는 모습은 남자들을 성적으로 자극하고 그녀의 무방비성이 보는 사람에게 보호본능을 유발시킨다. 전족의 관습은 천 년 전 황제의 첩으로부터 시작되었다. 여자들이 작은 발로 뒤뚱뒤뚱 걷는 모습은 관능적으로 생각되어졌을 뿐만 아니라 남자들은 수놓은 비단 신발 속에 감추어진 전족을 만지작거리며 흥분하곤 했다."

전족에 대한 묘사부터 가슴을 뛰게 하며 〈대륙의 딸〉은 시작된다.

일본군이 만주국을 통치할 때 우리 생각보다 훨씬 잔인하게 한족과 만주족을 지배했고 일제 때까지 만주족은 나름대로 독창적인 만주문화를 가지고 있었다.

학도병 정철수

1944년 3월 25일 중국 산둥성 지난의 일본군 부대를 탈출한 정철수는 팔로군 간부 고용을 만나 도움을 받고 살아남기 위해 중국이름 고철로 개명한다. 고철은 고용의 '고'와 연일정씨 항렬 '철'을 합쳐 만들었다. 21살 보성전문 졸업반의 조선인재는 중국 대륙에서 고철이란 이름으로 개명하여 청·장년기를 떠돌아다니게 되었고 그 후 40년간 생존을 위한 그의 정체성이 되었다.

두어 달 동안 끝없는 화중평야를 가로질러 태항산의 조선독립군 부대를 찾아간다. 산둥 지난에서 허베이 태항산까지 천 리가 넘고 태항산은 중국 산둥과 산시를 가로지르는 큰 산맥이다. 조선독립군 부대는 태항산을 주무대로 삼고 있었다. 5월 태항산에서 조선독립연맹을 만난 정철수는 조선의용군에 가입하게 된다. 정철수가 태항산에 도착한 1944년에는 임시정부 계열인 김원봉의 조선의용대는 이미 태항산을 떠나 충칭의 광복군 소속으로 들어갔고 남아있는 조선의용군은 공산당 계열의 김무정 부대였다.

정철수는 좌·우 진영 선택권이 없었고 공산당 계열의 조선독립연맹을 운명처럼 만났다. 비슷한 시기에 장쑤성 쉬주에서 탈출한 학도병 김준엽과

장준하는 국민당 부대를 만나 충칭 임시정부 광복군 부대로 들어갔고 학도병 신상초와 임영식은 팔로군 부대를 만났다. 정철수는 9월부터 화북조선혁명 군사정치간부학교에서 해방이 될 때까지 학도병 탈출의 선전 활동을 하게 된다.

태항산의 조선독립군

1942년경 허베이 태항산에 주둔하고 있던 일본군 부대에는 조선인 병사가 많았다. 조선인 병사를 회유하기 위해 조선의용군이 농가 담벼락에 쓴 흰 페인트로 쓴 한글 글씨가 아직 남아있다. 산시성 쬐취엔(左權)현 윈터우디(雲頭低)촌 담벼락에 있는 글씨이다.

"왜놈 상관들을 쏴 죽이고 총을 메고 조선의용군을 찾아오시오"
"강제병으로 끌려나온 동포들, 조선의용대가 있으니 총을 하늘로 쏘시오"

마을 주민은 조선의용대가 주둔하면서 일본군과 맞서 싸웠다는 이야기를 어릴 적부터 듣고 자랐다고 한다. 마을에 한글을 아는 사람은 없지만, 비바람에 글씨가 희미해지면 다시 칠을 입혀 영원히 지워지지 않도록 하고 있다.

조선독립군의 전설 같은 이야기가 아직 남아 있는 곳이 또 있다. 여기서 북쪽으로 270km에 있는 허베이성 후자좡(胡價庄) 초등학생들은 요즈음도 〈조선의용대 추모가〉를 한국어 발음으로 부른다고 한다. 일제 말기 일본군이 마을을 침입했을 때 맞서 싸워 준 조선독립군을 기리기 위해 매년 추모행사를 개최하면서 부르는 노래라고 한다.1)

요즘 한국 관광객은 태항산을 많이 여행한다. 고속철을 이용하여 산시 타이위안과 허베이 스자좡을 쉽게 갈 수 있기 때문이다. 태항산은 춘추전국시대부터 중원의 주 무대였다. 이백은 한시 행로난에서 장등태항설암천(將登太行雪暗天 태항산을 오르자니 눈이 내려 하늘이 어둡구나)이라 했다. 태항산을 여행하는 한국인들은 그 옛날 나라를 빼앗긴 시절에 나라를 찾기 위해 목숨을 초개처럼 버린 수많은 우국지사가 태항산의 별이 되어 잠들고 있음을 기억해 주길 바란다.

정철수의 중국 생활

해방 후 조선의용군은 길림성 옌지로 이동하게 되고 1946년 중국 국공 내전에 참가할 부대로 재편성된다. 이때 다수의 학도병 출신은 의용군 부대를 이탈하여 두만강을 건너 북으로 갔고 정철수는 만주에 남았다.

정철수는 1946년 5월부터 1948년까지 길동군분구 정치부 선전과에서 활동하였다. 야전부대를 지휘하기보다는 군대내 문화 선전부 같은 곳이었다. 출신 성분이 우수하지 못한 정철수는 군인으로 성공한 것 같지 않았다.

---

1) 참고: 2018.8.15. 중앙일보

1948년 군에서 제대하여 연변일보사에 들어 가 편집 일을 보다가 1948년 12월부터 1950년 3월까지 옌지현 교육과장으로 자리를 옮겼다.

해방 후 연변의 조선인들은 장래가 불확실했고 늘 귀국을 생각했다. 정철수도 마찬가지였다. 부모가 남한 지주계급이고 학도병 출신이므로 출신 성분이 좋지 않았다. 중국 공산당 내에서 출세는 출신성분이 가장 우선시되었다. 이후 중국생활을 마칠 때까지 35년간 출신성분에 따른 불이익은 늘 따라다녔다.

1950년 3월 옌지현 교육과장에서 길림 조선족중학교 초대 교장으로 부임하였다. 말이 교장이지 열악한 시설에 처음으로 문을 연 소수민족 조선족 학교였다. 1952년 4월에는 '삼반오반운동'에 연루되어 그해 11월까지 길림교도소에 수감되어 감옥소 생활을 경험했다.

1957년 8월부터 1958년 4월까지 중국작가협회 연변분회 잡지 〈아리랑〉 편집부장으로 근무하다가 반우파 투쟁이 한창이던 1958년 5월에 자산계급 우파로 몰려 길림성 화룡현 와룡항으로 강제 이주를 당했고 이어 노동개조형에 처해졌다. 길림성 화룡현은 1920년 김좌진 장군이 일본군과 싸워 승리를 거둔 청산리대첩 싸움터 인근이다. 비참한 생활을 1962년 8월까지 4년 3개월 동안 겪으면서 죽을 고비를 몇 번 넘겼다.

1962년 9월에 옌지로 돌아 와 1978년 7월까지 16년 동안 연변 인쇄창에서 보일러공으로 일했다. 밑바닥의 노동자 생활이었다. 이때가 문혁의 광풍이 몰아치던 시기였다. 문화혁명이 끝나고 우파 지식인의 복권이 일어나던 1979년 11월, 중국 인민해방군의 상장까지 지냈던 조선족 조남기의 도움으로 연변대학교 일어계 교수로 채용되어 1984년 3월까지 근무하였다.

1983년 KBS 라디오방송 '북간도 동포에게'를 통해 노모가 자신을 찾는다는 소식을 듣고 1984년 40년 만에 고국을 방문하여 모친과 재회를 하게 된다. 이듬해 〈중국조선민족발자취총서〉 편찬에 참여하였다. 1986년 10월에 부인과 아들 내외와 함께 대한민국으로 영구 귀국하여 용인 모현의 고향에 정착하였다. 1989년에 병으로 세상을 떠나 파란만장한 일생을 마감하였다. 2011년 광복절에 정부에서 대한민국 독립유공자 표창을 하였다.

조선의 젊은 지식인은 1945년 해방부터 1979년 연변대학교 교수가 될 때까지 35년간 중국 현대사의 광풍을 온몸으로 맞았다. 하도 비참한 생활이어서 이때의 이야기를 정철수의 육성 유고집 〈나의 청춘, 한 학도병이 걸어온 길〉에는 전혀 언급하지 않았다. 아직 중국과 국교 수립 전이고 친지들이 생존해 있던 상황이어서 먼 훗날을 위해서 남겨 두었다. 그 시절 중국 현대사의 비밀스러운 모습은 대륙의 딸 장융이 겪은 이야기 속에 고스란히 담겨져 있다.

대륙의 딸 장융

장융의 아버지는 국공내전에서 게릴라 부대를 지휘하고 어머니는 공산당 지하활동을 하다가 1949년 당의 승인을 받아 남만주 진저우에서 결혼하고 고향인 쓰촨성 청두로 자리를 옮겨 부모 모두 공산당 간부가 되고 저자를 비롯하여 형제들이 태어난다.

　1957년 마오쩌둥의 담화에서 시작된 반우파 투쟁은 현대 중국인 특질 중 하나인 '침묵하는 인간' '무관심의 종족'으로 만들었다고 저자는 말하고 있다. 반우파 투쟁은 작가, 교사, 예술가, 과학자 등 전문직에 종사하는 지식인을 이유 없이 우파분자로 낙인찍었다. 하루아침에 고발당하여 직장에서 추방되고 공장노동자로 전락되고 강제 수용소에서 중노동을 해야 했다. 일순간 그들과 그들 가족은 사회의 하층민으로 전락했다. 언제 누구로부터 우파로 지목되어 고발당할지 몰라 모두가 경계의 대상이 되었고 고발자처럼 보였다. 그 누구도 믿을 수 없는 세상이 되었고 살아남기 위하여 입을 닫았다.

　이후 중국인은 어떤 불평불만도 드러내지 않고 못 본 체 하였다. 무관심이 일상화되어 이웃의 생명이 위태로워도 모른 체하였고 침묵하게 만들었다. 인류의 보편적 가치를 잃어버린 무의미한 종족으로 변해 가는 모습을 작가는 담담하게 그리고 있다.

　이어서 1958부터 1962년 일어난 대기근의 원인과 대약진운동의 허구를 생생하게 이야기한다. 중국 현대사의 비밀을 고스란히 노출시켰다. 쌀 한 말에 딸을 팔아야 하는 비참한 현실과 "쌀 없이도 밥을 지을 수 있다."는 허황된 구호 아래 중국 대륙이 신음하는 소리를 디테일하게 묘사하였다.

　1960년부터 마오쩌둥이라는 단어는 중국인 머릿속에 신으로 세뇌되었고 숭배사상은 한계를 넘었다. "아버지도 가깝고 어머니도 가깝지만 마오쩌둥 주석만큼은 가깝지는 않다"고 했다. 중국 현대사의 비극은 여기서 출발했다.

1965년부터 문화혁명이 시작되었다. 문화혁명은 "먼저 파괴하면 건설은 저절로 이루어진다."고 했다. 주자파와 전통과 인습은 물론 마오쩌둥 어록 외에 모든 것이 파괴 대상이었다. 어제의 스승이 오늘은 반동 부르주아로 인민재판을 받고 교실이 감옥으로 변하고 선생은 엎드려 목숨을 구걸하고 어린 학생은 광기에 사로잡혔다. 홍위병의 구타와 고문은 순식간에 전국을 휩쓸었다. 마오쩌둥 주석의 홍위병은 하늘로 올라갈 수도 있고 땅으로 뚫고 들어갈 수도 있었다. 모범생인 저자 장융도 홍위병이 되어 마오쩌둥을 보기 위하여 1966년 11월 베이징 순례를 어렵게 다녀오고 난 뒤 점차 회의에 빠지게 된다.

그해 연말 공산당 고급간부인 부모들은 주자파로 몰려 공격을 당한다. 죄는 씌우려고 마음먹으면 증거는 있는 법이었다. 영혼을 팔지 않고 굳건히 견디려는 장융의 아버지는 1967년 동료들에게 체포되고 어머니는 폭도들에게 붙잡혀 추운 겨울 거리에서 규탄대회를 당한다. 그 어려움 속에서 '친구는 어려울 때 도와준다.'(雪中送炭)는 중국 전통의 미덕이 저자 곁에 꿋꿋이 살아있다.

1968년부터 학생들을 농촌에 내려보내 육체노동에 종사하게 하는 하방(下放)이 시작된다. 하방이라는 단어는 많이 들어 보았지만 구체적으로 하방하여 무엇을 하였고 왜 그러한 일이 일어났는지, 중국이란 나라가 참으로 묘하다는 것을 알게 해 준다. 내가 하방이 되어 실제로 그곳에 있다는 생각이 들 정도로 생동감이 넘친다.

하방은 노동을 통한 사상개조였다. 장융은 히말라야 가장자리 동티벳 횡단산맥의 이족자치구로 하방된다. 여성들도 하늘의 절반만큼 떠받을 수 있다고 하여 남성과 동일한 일을 하여야 했다. 인민들은 책을 많이 읽을수록 더욱 어리석어 진다고 해서 장융은 가축을 키우고 시골의사의 조수가 되어 맨발의 의사가 된다.

부모들은 1969년부터 각기 다른 히말라야 수용소로 가고 가족은 해체된다. 장융은 다시 도회지로 나와 공장노동자가 되어 전기공이 된다. 감전 등 수차례의 죽음의 위기를 넘기고 동료들의 도움으로 학업에 충실하여 1973년 10월 쓰촨대학교 영문과에 입학하게 된다.

아버지는 정신병을 얻어 병원에 입원하게 되고 장융은 아버지에게 진심어린 사과와 사랑을 고백한다. 아버지는 복권을 하지 못한 채 1975년 죽음을 맞이한다. 여기가 천국이라면 지옥은 어떤 곳일까? 마오쩌둥이 죽고 덩샤오핑이 개방정책을 펼치자 장융은 날아오르기 위한 싸움에서 이겨 아버지는 복권이 되고 쓰촨성에서 최초 국비장학생이 되어 1978년 영국으로 유학을 떠난다.

중국인이 쓴 소설이지만 중국 냄새가 전혀 나지 않는다. 언어학 박사인 저자가 영국인 남편의 도움을 받아 쓴 영문소설이기 때문이다. 유려한 문체와 빼어난 상황 설명은 중국 고전 시문학의 풍성함을 이어받았고 작가는 감정을 최대한 절제하고 있는데 독자가 도리어 전율을 느낀다. 맛있는 중국 정통요리를 먹으면서 진짜 중국다운 중국을 여행한 기분이 드는 책이다.

보현산의 가을 96×60cm 장지에 분채

참고자료

웹사이트
한국사데이타베이스(국사편찬위원회)
한국고전종합DB (한국고전번역원)
한국역대인물종합정보시스템 (한국학중앙연구원)

참고논저
권내현, 「노비에서 양반으로 그 머나먼 여정」 역사비평사, 2014
김봉규, 「현판기행」 담앤북스, 2014
김서령, 「안동장씨, 400년 명가를 만들다」 푸른역사, 2010
김성우, 「인동작변을 둘러싼 다중의 시선들」 역사와 현실, 2011
김시황, 「의성김씨 화여세계」 경북대학교 퇴계연구소, 1993
김종성, 「조선노비들 천하지만 특별한」 역사의 아침, 2013
마르티나 도이힐러, 「조상의 눈 아래에서」 너머북스, 2018
「한국의 유교화 과정」 너머북스, 2013
문숙자, 「68년의 나날들, 조선의 일상사」 너머북스, 2009
문옥표외, 「조선양반의 생활세계」 백산서당, 2004

박종기, 「고려사의 재발견」 휴머니스트, 2015
서수용, 「종가기행」 한국일보사, 2007
설석규, 「퇴계학파의 분화와 병호시비」 경북대학교퇴계연구소, 2009
심경호, 「내면기행」 이가서, 2009
안춘근, 「역사를 빛낸 한국여성」 범우사, 2002
연호택, 「오지의 사람들」 성하출판, 1999
이상익, 「주자학과 조선시대 정치사상의 정체성 문제」 한국철학논총, 2004
이유진, 「여섯 도읍지 이야기」 메디치, 2018
이이화, 「한국사 이야기」 한길사, 2001
장 융, 「대륙의 딸(상,하)」 까치, 2006
정 민, 「다산독본」 한국일보, 2018
조용헌, 「명문가」 랜덤하우스, 2009
조운찬, 「문집탐독」 역사공간, 2018
조찬용, 「1728년 무신사태 고찰」 아이올리브, 2003
차창섭, 「조선후기 벌열과 당쟁」 한국학술정보, 1996
최효식, 「임진왜란기 의병연구」 국학자료원, 2003

영남좌도 역사 산책

이도국 저

인쇄--2020년 2월 10일
발행--2020년 2월 20일

글쓴이--이도국
그 림--김성복
펴낸이--변기수
펴낸곳--도서출판세종
대구광역시 중구 서성로 21-3
E-mail : sejongks@hanmail.net
전화 053)427-0383, 622-8456

등 록 일--1999년 6월 9일
등록번호--제03-01-401호

ISBN 979-11-88234-02-8 03910

값 16,000원

이 도서의 국립중앙도서관 출판예정도서목록(CIP)은 서지정보유
통지원시스템 홈페이지(http://seoji.nl.go.kr)와 국가자료종합목록
구축시스템(http://kolis-net.nl.go.kr)에서 이용하실 수 있습니다.
(CIP제어번호 : CIP2020005185)